国家出版基金项目
NATIONAL PUBLICATION FOUNDATION

"一带一路"沿线国家教育研究书系

王英杰 刘宝存 主编

『十四五』时期国家重点出版物出版专项规划项目

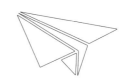

Singapore

马东影 卓泽林 著

新加坡教育研究

广西教育出版社 南宁

**图书在版编目（CIP）数据**

新加坡教育研究 / 马东影，卓泽林著 . -- 南宁：
广西教育出版社，2023.3
（"一带一路"沿线国家教育研究书系 / 王英杰，
刘宝存主编）
ISBN 978-7-5435-9283-4

Ⅰ . ①新… Ⅱ . ①马… ②卓… Ⅲ . ①教育研究－新
加坡 Ⅳ . ① G533.9

中国国家版本馆 CIP 数据核字 （2023）第 058732 号

**新加坡教育研究**
XINJIAPO JIAOYU YANJIU

策　　划：廖民锂
责任编辑：陶春艳
责任校对：杨红斌　何　云
装帧设计：李浩丽
责任技编：蒋　媛

出 版 人：石立民
出版发行：广西教育出版社
地　　址：广西南宁市鲤湾路 8 号　邮政编码：530022
电　　话：0771-5865797
本社网址：http://www.gxeph.com
电子信箱：gxeph@vip.163.com
印　　刷：广西民族印刷包装集团有限公司
开　　本：787mm×1092mm　1/16
印　　张：19
字　　数：309 千字
版　　次：2023 年 3 月第 1 版
印　　次：2023 年 3 月第 1 次印刷
书　　号：ISBN 978-7-5435-9283-4
定　　价：61.00 元

# 序

2013 年，习近平总书记提出共建"丝绸之路经济带"和"21 世纪海上丝绸之路"的重大倡议（以下简称"一带一路"倡议）。2015 年 3 月 28 日，我国政府正式发布《推动共建丝绸之路经济带和 21 世纪海上丝绸之路的愿景与行动》。建设"丝绸之路经济带"和"21 世纪海上丝绸之路"（以下简称"一带一路"），是党中央、国务院主动应对全球形势深刻变化、统筹国内国际两个大局做出的重大战略决策。"一带一路"建设秉持和平合作、开放包容、互学互鉴、互利共赢的理念，全方位推进与沿线国家的务实合作与交流，打造政治互信、经济融合、文化包容的利益共同体、命运共同体和责任共同体，促进沿线国家经济繁荣发展，加强文明交流共享，促进世界和平发展，全面推动人类命运共同体建设。

"一带一路"贯穿亚欧非大陆，沿线各国资源禀赋各异，经济互补性较强，彼此合作的潜力和空间很大，合作的主要内容是实现沿线各国之间的政策沟通、设施联通、贸易畅通、资金融通、民心相通（以下简称"五通"）。在推进"一带一路"建设和促进人类命运共同体建设的进程中，教育有着举足轻重的地位，承担着独特的使命，发挥着基础性、支撑性、引领性的作用。所谓基础性作用，主要是指教育是"五通"的基础，特别是民心相通的基础。沿线国家历史文化不同，宗教信仰各异，政治体制多样，地缘政治复杂，经济发展水平不一。因此，"五通"首先要民心相通。要实现民心相通，主要是通过教育，促进"一带一路"沿线国家人民的相互了解、相互理解、相互信任、相互尊重，增进彼此间的友谊。所谓支撑性作用，主要是指教育特别是高等教育具有人才培养、科学研究、社会服务、文化交流等多种职能，可以通过其知识优势、智力优势、人才优势为"一带一路"倡议提供全方位的支持，为探索和建设新的国际合作以及全球治理新模式贡献宝贵智慧。所谓引领性作用，则是指教育不但要与"五通"的方向和要求相一致，而且必须优先发展，为其他方面的发展奠定坚实的基础。

因此，2016年，教育部牵头制订了《推进共建"一带一路"教育行动》，通过积极推动教育互联互通、人才培养培训合作和共建丝路合作机制，对接"一带一路"沿线各国意愿，互鉴先进教育经验，共享优质教育资源，聚力构建"一带一路"教育共同体，形成平等、包容、互惠、活跃的教育合作态势，促进区域教育发展，全面支撑共建"一带一路"。"一带一路"教育共同体建设，要求加强对"一带一路"国家和区域的教育体系的研究，实现我国与沿线国家教育发展的战略对接、制度联通和政策沟通，实现区域教育治理理论的突围及重建，构建兼顾统一性与差异性的区域教育合作框架，构建科学的教育合作和交流机制，并在教育体系方面做出相应的制度安排及调整。"一带一路"沿线地域广袤，除了中国，还涉及东亚、东南亚、南亚、西亚、中东欧、中亚等地区的国家，这些国家在政治制度、经济发展、文化传统等方面都存在较大差异，因此也导致教育体系上有很大差异。我国在制定相应教育合作政策时不可能采取"一刀切"的粗放式做法，必须根据各个国家教育体系的实际情况采取差异化政策，有效实现与"一带一路"沿线国家的教育战略对接、制度联通、政策沟通。然而，客观地讲，我们对"一带一路"沿线国家的教育发展情况了解不多。传统上，由于改革开放后我国教育制度重建和经验借鉴的需要，以国外教育为主要研究对象的比较教育学科长期聚焦美国、英国、法国、德国、"俄罗斯/苏联"、日本等少数几个国家，即使是在20世纪90年代以后逐渐扩大研究对象国，澳大利亚、加拿大、新加坡、韩国、印度、芬兰、瑞典、挪威、西班牙、荷兰、南非、巴西等国相继被纳入研究范围，关于大多数"一带一路"沿线国家教育的研究仍然处于简单介绍的阶段，对于不少国家的研究仍然处于空白状态，严重影响了我国与"一带一路"沿线国家的教育合作与交流，影响了"一带一路"教育共同体的建设。

正是在这样的大背景下，我们申报了教育部哲学社会科学研究重大课题攻关项目"'一带一路'国家与区域教育体系研究"并成功获批。该课题是一项关于"一带一路"国家与区域教育体系的综合性研究，根据课题设计，研究内容虽然也包括关于"一带一路"国家与区域教育体系的基本理论，但是重点在于对东亚、东南亚、南亚、西亚、中东欧、中亚等地区的国家和区域教育体系的研究，了解不同国家的教育文化传统、现行学制和教育行政管理制度、最新教育政策、教育合作及交流政策与需求，弄清区域组织的教育政策及其对各国教育体系影响的途径与机制、区域内主要国家对区域教育政策及其他国家教育体系影响的途径与机制以及不同区域教育体系的基本特征。在国别与区域研究的基础上，课题进行"一带一路"国家与区域教育体系的比较研究，分析"一带一路"国家和区域教育文化传统、教育制度、教育政策、教育发展水平的共同性与差异性，弄清"一带一路"国家和区域教育体系的共同性与差异性的影响因素。在比较研究的基础上，课题再聚焦"一带一路"教育共同体建设的理论构建与战略选择，讨论"一带一路"教育共同体建设的理论突围，区域和全球教育治理理论模型构建，兼顾统一性与差异性的教育合作框架构建，我国与"一带一路"沿线国家的教育战略对接、制度联通和政策沟通，面向"一带一路"共同体建设的教育合作和交流机制构建，我国在教育体系上的制度安排与调整等政策性问题。

该课题的研究工作得到广西教育出版社的大力支持。广西教育出版社出于出版人的社会责任感和使命感，与我们联合策划了"'一带一路'沿线国家教育研究书系"，选择28个"一带一路"沿线国家开展系统研究，每个国家独立成册,分辑出版。为了全面反映"一带一路"沿线国家教育的全貌,并体现丛书的特征,我们统一了每册的篇章结构,使之分别包括研究对象国教育的社会文化基础、历史发展、基本制度与政策、学前教育、基础教育、高等教育、职业教育、教师教育以及教育改革走向。在统一要求的同时,各册可以根据研究对象国教育的实际情况,适度调整研究内容,使之反映研究对象国教育的特殊性。

"'一带一路'沿线国家教育研究书系"涉及国家较多,既有研究相对薄弱,在语言、资料获取等方面也困难重重。我们有幸获得一批志同道合者的大力支持,他们来自国内外不同的高等院校和研究机构,在百忙之中承担了各册的撰写任务,使得丛书得以顺利完成,在此我们谨向各册作者表示崇高的敬意和衷心的感谢!

"'一带一路'沿线国家教育研究书系"的出版,只是我们"一带一路"国家和区域教育体系研究的阶段性成果,粗陋之处在所难免,且各对象国研究基础存在差异,各册的研究深度也难免有一定差距,希望得到各位专家学者的批评指正。我们也衷心希望在"一带一路"教育领域涌现更多、更高水平的研究成果,为"一带一路"倡议的实施和"一带一路"教育共同体的建设提供有力的支撑,为教育学科特别是比较教育学科的繁荣发展赋能。

王英杰　刘宝存
于北京师范大学
2022 年 2 月

# 前　言

　　新加坡在过去几十年的建设过程中能够迅速成为发达经济体，其中的原因有很多，但有一个必须提及的是新加坡能够及时准确地把握机遇、迅敏机动地适应变化，这与其独具特色的教育发展之路息息相关。几十年来，新加坡的教育系统不仅为国家的经济发展输送了大批高素质人才，也成为创建和谐文明社会的重要支柱，在国际上声誉颇好。比如，新加坡的教育制度改革在亚洲经济体里是比较成功的，其大学大部分是理工科大学，为企业培养了大量人才。显然，新加坡的教育发展成果不是一朝一夕铸成的，而是基于其特有的经济、政治、文化以及种族等现实背景，在不断地碰撞和磨合过程中逐渐取得的。

　　教育作为新加坡对外的亮丽名片，有许多值得借鉴学习之处，也有一些值得反思之处。社会文化作为教育的源头活水，是教育得以发展的重要助推器和催化剂。为此，本书先从新加坡的历史、社会、文化以及宗教等基本要素出发，探索和分析新加坡教育的发展根基和多元取向，以新加坡教育在不同的历史时期呈现出的特征将其发展阶段主要划分为独立前与独立后两个发展阶段，并以语言教育为主线理清教育发展脉络。接着，从学前教育、基础教育、高等教育、职业教育和教师教育五个领域分析新加坡独特的学校教育制度、教育行政管理制度以及教育宏观政策，辅之从培养目标和实施机构、课程与教学、保障体系等较为微观的视角探索总结新加坡教育发展的经验。为了深入挖掘新加坡教育成功的奥秘，本书还以新加坡五所典型的理工学院为主要案例展开详细分析，回顾新加坡职业教育的发展历程。随着时代浪潮和世界局势发生深刻变化，新加坡的教育发展也将不可避免地面临许多问题和挑战，需要根据现实情况和未来趋势进行改进和调整。本书最后立足新加坡教育的过去、现在与未来，综合全书内容，总结新加坡教育的特色和经验，浅析新加坡教育可能面临的问题和挑战，以及预测新加坡教育未来的发展走向。

本书得以付梓离不开许多参与者的积极贡献和尽心帮助。首先，感谢本套丛书的主编王英杰先生和刘宝存教授对我们的信任和指导，感谢国家出版基金管理委员会的认可和资助。其次，杨曼潮、王展程、李悦、王丹、王春凤、徐星蕾、马艺鸣、彭怡嘉参与了本书前期的资料收集和整理工作，周文伟负责书稿的校对工作，在此表示感谢。马东影和卓泽林负责全书的撰写和统稿。最后，还需要感谢广西教育出版社的领导和编辑对本书的大力支持！

期望本书的出版能够助力与新加坡相关的交流和研究。当然，书中难免存在纰漏不足之处，也恳请各位读者批评指正。

马东影

2022 年 3 月 10 日

# 目 录

# 第一章
## 新加坡教育的社会文化基础

社会文化是教育的源头活水，与教育相辅相成，并推动教育的发展。新加坡的历史、社会、文化以及宗教都是教育发展的助推器和催化剂。首先，从历史的角度来看，尽管新加坡仅有200余年的开埠史和50多年的建国史，但其走向现代化亦经历了曲折且不平凡的发展历程，其中，教育政策与举措也随之演变和发展。其次，从社会的各种因素出发，新加坡具有得天独厚的地理优势，多元融合的不同种族，执政有力的人民行动党以及面向国际的港口贸易，这一切都为新加坡教育的多元性、开放性以及国际化奠定了社会基础。而且，新加坡提倡宗教之间与族群之间互相容忍和包容的精神，实行宗教自由政策，这也影响到新加坡教育的发展，为其多元化延伸提供动能与活力。最后，从文化的角度着手，纵向来看，在发展历程中，新加坡不仅受英国与日本等国文化的影响，而且自身还孕育着走向现代化的文明特色；横向来看，新加坡是以华人为主体的多元种族社会，中国的儒家思想、马来族群的文明、印度文明、欧洲文明等都在这个社会中闪耀着独特的光辉，让社会氛围变得更加多彩与鲜活。

## 第一节　新加坡教育的历史基础

"虽然新加坡是一个年轻的国家，但我们的民族历史悠久，不管我们在种族上属于华人、印度人、马来人还是欧亚裔。我们决不能失去对过往历史的感知，因为在危急来临时，它将成为最强的精神力量的源泉。"[①] 时任新加坡环境发展部部长王邦文在 1981 年发表讲话时指出："我们的社会要寻求其发展的根基，我们国民就要尽可能地保存历史，这对我们来说是非常重要的。"

本书以 1819 年为起点，追溯新加坡的历史发展并将其历程划分为四个阶段，分别是 1819—1942 年的英殖民统治时期，1942—1945 年的日本占领时期，1945—1965 年的寻求自治与独立时期，以及 1965 年独立后至今的现代化与国际化发展时期。

### 一、英殖民统治时期

1819 年 1 月 30 日，英国东印度公司的重要官员斯坦福·莱佛士（Stamford Raffles）与当地的酋长——柔佛的天猛公（Temenggong）签订了一项初步协议，允许英国在当地建立一个贸易站点。新加坡的近代发展历程由此拉开了序幕。1819—1942 年英国殖民统治期间，新加坡先后经历了早期的开拓发展，由海峡殖民地转向英国王室直辖殖民地的坎坷过渡以及第一次世界大战后的经济腾飞。

#### （一）早期的开拓发展

莱佛士与早期该地的驻扎官威廉·法夸尔（William Farquhar）和约翰·克劳福德（John Crawfurd）一道为当地的政治、贸易和文化发展做出了杰出

---

① 藤布尔. 新加坡史［M］. 欧阳敏，译. 上海：东方出版中心，2016：导言 3.

的贡献。1820—1823 年，法夸尔掌管新加坡的发展事宜。他征收少量的港口清洁费以支付船务总管的薪金费用，随后又引入包税商制度等，依靠这些收入去开启公共工程建设计划。1820 年 5 月，法夸尔成立了第一支常规警察队伍，设立警司、警员、监狱看守、文书等主要官职。

1822 年重返新加坡后，莱佛士在港务、司法、废除奴隶制以及教育等方面所做的努力为新加坡的现代化发展写下了良好的开端。他积极推行自由贸易政策，提升当地司法法规的地位，于 1823 年 5 月颁布了一项禁止奴隶贸易的法规，并将发展教育列为早期规划中的核心内容，提出了莱佛士书院发展规划。

1823 年克劳福德任驻扎官，他一方面继续完成法夸尔与莱佛士遗留的工作，另一方面又推陈出新，在之前的规划之上根据实际情况进行调整。克劳福德沿用了废除奴隶制的举措，并全心全意地推行莱佛士所制定的商务和港务方面的有关政策，废除了港务相关的收费制度，从而使新加坡成为独一无二的自由港。这一举措既免除关税，同时又免收港务费用，大力推动了港口贸易的发展。

## （二）从海峡殖民地到直辖殖民地的过渡

1826 年，新加坡、马六甲和槟榔屿合并形成了海峡殖民管区（Presidency of Straits Settlements），结束了新加坡早期的独立开拓，但随之而来的经济等方面的问题使得新加坡的发展陷入危机。1857 年，新加坡的欧洲商会向伦敦提出申请，要求将海峡殖民地纳入王权的直接管辖之下。1867 年，新加坡在申请递交十年后正式由海峡殖民地转为英国王室直辖殖民地。

## （三）一战后经济的飞速发展

第一次世界大战后，随着战后世界秩序的恢复以及对进口商品需求的与日俱增，新加坡海港贸易进入了繁荣时期，大大促进了新加坡橡胶业的发展。

为方便居民的日常生活，新加坡冷藏公司率先在马来亚推行卫生的食品供应链。20 世纪 20 年代后期，这家公司开始兴建奶牛场；30 年代初，又开办了面包厂和一家百货公司。冷藏设备的推行使得新加坡可以大量接受各地空运过来的新鲜蔬菜、水果、牛奶等食品，同时也在一定程度上推动了国际贸易的流通和发展，加强了新加坡与外部世界的联系。

## 二、日本占领时期

1942 年 2 月 15 日，英军战败，新加坡成为日本的殖民地。日本政府接管政权后，除了迅速恢复当地秩序与治安，还加紧开展日本文化宣传工作。

在日本殖民统治时期，新加坡的工业在一定程度上取得了进步。日本鼓励其发展替代性工业，这些替代性工业生产出的产品解决了当时新加坡物资紧缺的燃眉之急。另外，在 1942 年 11 月，新加坡制造的第一艘蒸汽轮船也开始启用。由华人机械师改造出来替代出租车等交通工具的三轮车在当时是一种重要的交通工具。

## 三、寻求自治与独立时期

1945 年日军投降，英军重返。1945—1965 年，这短短的 20 年中，新加坡经历了新马合并到新马分离并独立建国的曲折历程，这是新加坡发展的重要阶段。

### （一）迈向自治

第二次世界大战后，世界形势骤变，由于新加坡具有重要的战略意义，英国对战后新加坡的管理尤为关注。英国在重回新加坡后将其设置为直辖殖民地，置于英国政府更加直接的管理之下。20 世纪 50 年代，英国开始缓慢地推进新加坡的政治改革。1953 年，英国殖民政府通过由林德爵士组建的委员会提交了改革报告，1954 年"林德宪制"出台，1956—1958 年，新加坡政府与英国政府前后共进行三次宪制会谈。1958 年 8 月，英国国会通过《新加坡国家法令》，新加坡获得了较大的自治权。1959 年 5 月，新加坡举行第一次大选，人民行动党执政。

### （二）新马合并又分离

1959 年执政后，人民行动党积极制定举措，寻求与马来亚合并的道路。在英国的支持与国际力量的推动下，1963 年 9 月，新加坡正式与马来亚、沙巴、沙捞越合并成马来西亚联邦。合并后的马来西亚联邦拥有 13 万平方公里的土地，约 1000 万人口。新加坡在马来西亚联邦中有一定的独立性，李光耀担任新加坡总理。[①]

---

① 凌翔.李光耀传［M］.北京：中国友谊出版公司，2014：154.

由于种族之间存在着血缘、外貌、宗教和文化等多方面的差异，区别指标较多，新加坡与马来西亚的种族问题日益凸显，随即逐步升级。除此之外，两地社会的基本经济需求也具有很大的差异。在这些因素的影响下，1965 年 8 月，新马分离，新加坡成为一个独立的国家，并于当年 9 月获准加入联合国。

## 四、独立后发展时期

### （一）1965—1990 年：迅速崛起的鱼尾雄狮

从独立伊始至 1990 年这 25 年的光景中，新加坡加快发展经济和贸易，实施外向型经济发展战略。尽管只是一个小经济体，新加坡却一直是全球贸易自由化的积极推动者。20 世纪 70 年代后，新加坡尤为重视其在东南亚的经济战略地位，这个时候的现代化目标是使新加坡成为东南亚的经济活动基地。20 世纪 70 年代末 80 年代初，新加坡进入经济发展的新阶段，"第二次工业革命"启动，旨在从劳动力密集型工业转向科技含量更高的产业模式。

1967 年，东南亚国家联盟成立时，新加坡成为它的初始成员。东南亚各国唇齿相依，利益关系紧密，唯有相互合作方能保障区域的安全，促进区域经济的发展。

### （二）1990 年至今：对标世界城市前行

让世界成为新加坡的腹地，把一系列城市连接起来，这样能够"在不同重要程度上分享和指引世界范围的经济系统"①。这是 1972 年时任新加坡外交部部长拉惹勒南（S.Rajaratnam）谈及他对于新加坡作为一个全球城市或世界城市的愿景。20 世纪 90 年代后，这成为新加坡的发展蓝图与指向，这个城市国家（city-state）也不断推进其作为世界城市的建设与发展。

1999 年 8 月的国庆日，时任总理吴作栋先生提出要让新加坡成为"一个世界级的文艺复兴式的城市"的展望，不仅要拥有傲人的经济，而且在教育、艺术和体育方面也要非常卓越。在经济方面，新加坡积极进行金融改革。从 1998 年开始，新加坡便着手对金融监管体制进行调整和改革。进

---

① 施春风.在全球化世界中的城市与大学的互动发展：小岛国家的视角［J］.黄超英，译.复旦教育论坛，2005（6）：13-15.

入 21 世纪后，新加坡政府更是大力支持金融中介和金融市场的市场化和开放化发展，同时，新加坡也更加支持成为国际金融中心的基础建设。在教育方面，新加坡政府积极推行"环球校园"计划，力求依托该计划提供国际化教育，让自身逐渐成为国际教育枢纽。[①] 在信息技术方面，新加坡于1992 年提出一项名为"IT2000"的总体规划，设想将整个新加坡连接成一个"智慧岛"。新加坡政府为满足城市居民当前及未来发展中不断出现的新需求，又分别于 2006 年和 2014 年制订了 iN2015 和 iN2025 分阶段实施计划，其目的是依靠先进的信息技术建立一个全民共享的智慧服务体系，满足新加坡世界城市建设对于信息化和智能化的需求。

## 第二节　新加坡教育的社会基础

新加坡的地理环境、种族与人口、政治体制、经济产业以及多元宗教等要素都是支撑新加坡社会走向现代化的重要基础，同时也是推动和影响其教育发展的重要力量。

### 一、地理环境

新加坡是东南亚的一个岛国，梵文意为狮子城，又被称为"星洲"或者"星岛"。新加坡位于马来半岛南端、马六甲海峡出入口，领土由新加坡岛和附近 63 个小岛组成，地理位置十分优越。新加坡北面与马来半岛隔着柔佛海峡，两边有长堤相连，交通便利；南面隔着新加坡海峡同印度尼西亚相望。新加坡如今不但是世界航运中心、世界金融中心、世界贸易中心，而且是世界三大炼油中心之一、世界三大石油贸易枢纽之一、亚洲石油产品定价中心、亚洲最大的转口港。新加坡是国际石油石化公司进军东南亚的桥头堡。

新加坡积极利用地理位置来发展石化工业。自 18 世纪早期，新加坡就开始石油贸易活动。2001 年 6 月，新加坡政府通过"全球贸易商计划"，获得全球贸易商计划证书的公司仅需缴纳 10% 的企业税，而一般企业税为

---

① SIDHU R. Building a global schoolhouse：international education in Singapore［J］. Australian journal of education，2005（1）：46-65.

17%。截至 2013 年，这一计划已吸引了 240 多家石油贸易商和石油公司在新加坡落户。[①]

## 二、人口与种族

截至 2022 年 6 月，新加坡人口总数为 564 万，同比上年增长了 3.4%。[②]2018 年，在新加坡所有常住居民人口中，华人占 74.3%，马来人占 13.4%，印度人占 9.0%，其他人种占 3.2%。[③]新加坡的华族是最大的种族。新加坡的华人（Chinese）多数来自闽粤两地，他们基本是按照方言聚集的，所使用的方言主要为福建话、潮汕话、广东话三种，此外还有客家话、海南话等方言。其他人种主体为欧亚人（Eurasian），他们的数量很少，多半是英、葡、荷、西、法等国的欧洲人与亚洲人的混血后裔。此外，还有少数新加坡独立后入籍的犹太人、日本人等。这些人的数量近年呈上升趋势。

种族和谐是新加坡人追求的三大目标之一。新加坡政府自独立以来便采取多项措施来促进种族和谐。在经济方面，新加坡政府力图缩小不同种族之间的经济差距，以消除造成种族之间矛盾的经济根源。政府在教育、住宅和社会福利方面给予马来人适当的优惠条件，增加其就业机会，实行公平分配。在政治方面，政府在解决种族矛盾冲突的问题上扮演了积极的角色。政府将每年的 7 月 21 日定为种族和谐日。在社会生活方面，新加坡政府的房屋住宅安置计划为种族融合做出了积极的贡献。在新加坡独立之初，各族居民还是聚族而居，互不往来。政府利用大规模新造住宅区的机遇，采取抽签分配的方式，有意实现多种族混居，加强各种族之间的交流和沟通。

## 三、政治体制

一方面，新加坡采用了西方式的议会民主制、普选制、政党制等治理

① 柯立群，徐庆，张镍．地理位置成就新加坡石化工业［J］．中国石化，2013（4）：83-84.

② Singapore population［EB/OL］．［2020-04-12］.https：//www.singstat.gov.sg/modules/infographics/population.

③ Singapore in figures 2022［EB/OL］．［2023-03-12］.http：//www.singstat.gov.sg/publications/reference/singapore-in-figures/population-and-households.

形式和管理方式，这是法律意义上的政治体制；另一方面，它又并非全盘照搬西方，而是根据国情做出了相应的调整，在强调国家利益和社会秩序至上的同时，倡导儒家思想和"亚洲价值观"，因而具有明显的东方色彩。

### 四、经济贸易

英国占领新加坡后，莱佛士就宣布："新加坡是个自由港，因而对每个国家的船只都一视同仁，免税敞开贸易之门。"[①]新加坡的经济贸易发展是建立在莱佛士的宣言之上的。自1969年新加坡政府在裕廊工业区裕廊码头建立第一个自由贸易区以来，新加坡的经济贸易便迅速发展，为新加坡的经济创收做出了极为重要的贡献。如今，新加坡有多个自由贸易区，除了新加坡机场物流园是空港，其他均为海港。凭借其稳定的政治环境、优越的地理位置、完善的基础设施和完整的英语语言环境，新加坡的商业环境非常优越。

近10年来，中国与新加坡的货物贸易额呈现波动增长的趋势。2013年"一带一路"倡议的提出又将两国贸易合作推向了一个更高的层次。

### 五、宗教信仰

新加坡的主要宗教有佛教、天主教、基督教、伊斯兰教、印度教、锡克教、犹太教以及拜火教等。多元宗教是新加坡多元种族和多元文化教育的载体，促进了文化教育的和谐发展；而多元种族和多元文化教育又为多元宗教的发展提供了基础和平台。

## 第三节　新加坡教育的文化基础

在新加坡，文化的多元环境促使不同文化间相互传播和渗透，也促进了不同文化间的相互交流、汲取和融合，共同构成新加坡发展的真正源泉和动力。

---

① 贺圣达. 东南亚文化发展史［M］. 昆明：云南人民出版社，2010：353.

## 一、西方文化

西方文化在新加坡的传播始于 19 世纪初英国莱佛士舰队在新加坡的登陆，当时便开始建立英式的管理制度和运作机制。1945 年第二次世界大战结束后，英国重返新加坡，为了加强在该地的殖民统治，英国政府推行了一系列的西化政策，尤以西方政治文化为重。

西方文化强调推行英文教育。独立之初，新加坡政府做出加强西化的战略选择[①]。人们倾向于将子女送入以英语为教学语言的学校。据统计，到 1968 年时，以英语为教学语言的学校中有超过 30 万学生，华语学校仅有 13.5 万，而马来语和泰米尔语小学的入学率在下降。[②]

## 二、儒家文化

新加坡是以华人为主体的多元民族社会，儒家文化在新加坡颇为盛行。儒家文化鼓励华文教育的推广。新加坡早期的私塾中就有教授《三字经》、《千字文》、"四书"、"五经"等。可以说，早期的私塾也是新加坡儒家文化的传播机构。1955 年，新加坡历史上第一所华人高校南洋大学成立，其创办目的是传承中国传统文化的精髓。1966 年，新加坡开始推行"双语政策"，英语被定为第一语言。但同时，为了让新加坡人接触到他们本身的文化并传承这种文化，新加坡人必须学习母语作为第二语言。这对于以华人为社会主体的新加坡而言，无疑是对华文教育和儒家文化的复兴。之后，新加坡政府于 1979 年发起"讲华语运动"，且每年都会举办一些特别的活动来彰显政府对华语以及儒家文化的关注。

## 三、伊斯兰文化

16 世纪时，伊斯兰教已在东南亚得到广泛传播，并成为大多数马来人所信仰的宗教。伊斯兰文化历史悠久，其理念非常深邃，不仅涵盖天地人各个层面，涉及宏观与微观、精神与物质各个领域，而且也呈现出开放性和包容性的特点。在伊斯兰文化中，和平和包容是财富的基础，倡导和平、理解、包容是伊斯兰文化的重要思想。伊斯兰教的这种和平包容思想对于

---

① 李志东. 新加坡国家认同研究：1965—2000［M］. 北京：中国人民大学出版社，2014：48.
② 藤布尔. 新加坡史［M］. 欧阳敏，译. 上海：东方出版中心，2016：425.

新加坡的文化发展具有重要意义。

## 四、语言文化教育与宗教

在新加坡，一般来说，只会说母语者多信仰本民族宗教，只会说英语者多信仰基督教，会说两种以上语言的人的宗教信仰则比较复杂。20 世纪 70 年代，一位在新加坡大学社会学系任教的学者曾对 922 名各种宗教信徒的语言背景和宗教信仰进行调查和统计。调查结果表明，在新教徒中，62% 是接受英文教育者，37% 是接受华文教育者；在罗马天主教徒中，接受英文教育者占 81.5%，接受华文教育者占 16.7%；在穆斯林中，59.6% 为接受马来语教育者，28.8% 为接受英语教育者，1% 为接受华文教育者；在印度教徒中，接受英文教育者占 70.3%，接受泰米尔文教育者占 24.3%；在佛教徒中，接受华文教育者占 60.1%，接受英文教育者占 30.4%；在道教徒中，接受华文教育者占 80.5%，接受英文教育者占 15.9%。①

---

① 曹云华.新加坡多元宗教透视［J］.东南亚纵横，1994（2）：6-11.

# 第二章 新加坡教育的历史发展

总体来说，新加坡教育的历史发展可以划分为两大阶段，分别是独立前的教育发展阶段和独立后的教育发展阶段，而语言教育是新加坡各层次教育的关键任务。在此，笔者拟以语言教育为主线，从 1819 年莱佛士登陆开始来梳理新加坡教育发展的总体概况，并着重概述独立前的教育演变历程。

## 第一节　独立前的教育发展

新加坡独立前的教育发展可以划分为五个阶段，分别是 1819—1826 年的殖民地初期，1826—1867 年的海峡殖民地时期，1867—1942 年的直辖殖民地时期，1942—1945 年的日本占领时期，1945—1965 年的走向独立时期。各个时期的教育发展根据其政治、经济、文化等要素的变化而变化，各有侧重和发展特色。

### 一、殖民地初期：莱佛士的教育理想

莱佛士登陆新加坡后，曾先后就本地的教育问题提出两大设想，分别是 1819 年对于建设马来学院的提议和 1823 年对于成立新加坡书院的构想。

莱佛士对于马来学院预设了如下三点教育目标：第一，在马来贵族和华人绅商群体中培养具有"现代精英"意识的年轻人，使他们接受英文教育；第二，为在新加坡工作生活的欧洲人提供教育场所，使他们继续接受英文教育；第三，对社会中的文化、习俗进行梳理，形成一个丰富的科学实验室和研究中心。[1]虽然马来学院一直是莱佛士设想中的机构，未付诸现实，但是对于这所学校的构想为后来规划和成立新加坡书院奠定了良好的基础。1823 年，莱佛士在关于马来学院提议的基础上，正式提出了建设新加坡书院的规划和畅想。

对新加坡书院（Singapore Institution）（1868 年更名为"莱佛士书院"）的打造是莱佛士离开新加坡之前所实施的教育改革中最为核心的部分。

---

① WICKS P . Education，British colonialism，and a plural society in West Malaysia：the development of education in the British settlements along the Straits of Malacca，1786–1874 [J] .History of education quarterly，1980（2）：163-187.

1823 年 4 月，莱佛士召开了一次旨在启动书院建设计划的重要会议。首先，他确立了这所书院成立的宗旨，即"培养各民族的领袖和公务员，使书院成为马来群岛与东方文化的研究中心"①。其次，他指出了这所书院建成后将要承担的多重使命和功能。它不仅要指导东印度公司的官员进行学习，还要肩负对邻近地区贵族阶级子弟的教育重任，同时也要培育亚裔教师和公务员。最终让所有的西方人和东南亚人都能在这里受到教育。② 克劳福德在莱佛士离开新加坡后全面接手他的工作。莱佛士在创办新加坡书院时，曾将它定位为一个高级教育机构，但克劳福德认为，前来就学的人还没有足够的知识基础，因此不能直接接受高级教育。为此，克劳福德提出先放缓对高级教育的重视，应着力加强初级教育。东印度公司接受了克劳福德的建议，放缓了高级教育的发展，但却没有加强对初级教育的关注。因此，克劳福德在任时期，初级教育和高级教育都没能够引起东印度公司官员的重视，二者都呈现出了滞后的发展态势。

## 二、海峡殖民地时期：多元教育形态的萌芽

1826 年，由新加坡、槟榔屿以及马六甲共同组成的海峡殖民地正式成立，由东印度公司进行管辖，首任总督是槟榔屿总督罗伯特·浮尔顿（Robert Fullerton）。浮尔顿和其他同僚都将经济和贸易的发展作为建设新加坡的优先选项，对于学校和教育的发展状况并不关心。③ 在 1830 年厉行节约运动期间，东印度公司的官员甚至取消了本就微薄的专项学习补贴。因此，在该阶段，建设学校、兴办教育更多是依赖个人、教会以及其他社会团体的捐助。尽管未能得到足够的官方力量的支持，各种教育机构仍在这个岛国上拔地而起，并为后期教育的发展谱写了良好的开端。

---

① 李大光，刘力南，曹青阳. 今日新加坡教育［M］.广州：广东教育出版社，1996：24.

② WICKS P . Education, British colonialism, and a plural society in West Malaysia: the development of education in the British settlements along the Straits of Malacca, 1786–1874［J］.History of education quarterly, 1980（2）：163-187.

③ CHIA Y T. Education, culture and the Singapore developmental state: "world-soul" lost and regained？［M］.London：Palgrave Macmillan, 2015：17.

### （一）新加坡书院的发展

新加坡书院在莱佛士离开新加坡后便一直呈现出萧条的态势。1835 年，一群欧洲商人募集到一笔资金，完成了新加坡书院的修建工作。该学校由一所以英文进行授课的高中和一所半用英文半用马来语、泰米尔语、布吉语和多种中国方言等当地语言教学的初中组成。新加坡书院的组织方式建构了英语教育的"主导性"和"先进性"。尽管学生可以选择多种语言进行学习，但是绝大多数学生会选择英文班和教授英文的老师对自己进行指导。

### （二）华文教育的兴起

新加坡华人的教育事业起步较晚。新加坡私塾始于何年难以考证，据德国传教士汤森（Rev. G. H. Thomsen）记载，清道光九年（1829 年）新加坡即有三间私塾，两所为粤人所办，分别收生徒 12 人和 8 人，一所为闽人所办，收生徒 22 人。[①]由于私塾能够容纳的学生数量较少，设备也较为简陋，教学内容呆板，师资良莠不齐，华人私塾对新加坡教育事业发展的影响较为有限。相比于私塾，由各方言群体所建立起来的规模较大、师资水平较高的义塾对于新加坡华人教育事业的影响则更为深远。华人义塾大多是受到各方言群体中商人的捐助而兴办起来，日常经费也由各籍华商捐助，因此，它们带有很强的地域和商业色彩。

1854 年建立的新加坡萃英书院（Chinese Free School）是第一所由华人创办的义学。萃英书院开办于天福宫内，聘请三位文化水平较高的知识分子作为蒙师，负责教习幼童学习华文。萃英书院的考试形式仿照西人学塾的体例，于每年冬季会考一次。考试结果按成绩高低来区分等级，并登载于报刊。书院还给予考试优异的学生以嘉奖，鼓励他们继续努力学习。

### （三）教会教育的壮大

1822 年，伦敦传道会在新加坡开办了第一所学校，共招收了 12 名学生，教授马来语和英语。到 1829 年时，伦敦传道会已在当地开办了 4 所学校。1834 年，美国国外布道部在新加坡设置了对华传教的总部，不到三年时间，

---

① 汪鲸.新加坡华人族群的生活世界与认同体系（1819—1912）[D].广州：暨南大学，2011：132.

该部已在新加坡设立了 19 所教会学校，招收了 300 名华人学生。1852 年，法国神父让·马里·伯雷尔（Jean Marie Beurel）创建了著名的圣约瑟书院，又于两年后创立了其姊妹学校——耶稣圣婴女修院。为获取支持学校运转的经营费用，伯雷尔自掏腰包并鼓励私人募捐，使得这两所学校能够长久生存下去。教士纪魄礼（Benjamin Peach Keasberry）也为早期新加坡的教育事业做出了贡献。他为马来儿童建立起一所学校，前期的经费主要来自他所经营的印刷厂的利润，后期获得了社会各界的广泛资助，使得这所学校的生源不断增加。1875 年，纪魄礼教士突然离世，该校也走向衰落。此外，1853 年，英国国教东方女性教育促进会的一名传教士索菲亚·库克（Sophia Cooke）在一所面向女性的学校担任校长，这所学校受到了当地人民的欢迎。库克小姐于 1895 年在新加坡去世后，这所学校被更名为"圣玛格烈中学"，它成为新加坡历史最悠久的女子学校，并一直延续到21 世纪。

### 三、直辖殖民地时期：多元语文教育的萌芽

一直到第二次世界大战之前，新加坡教育体系始终是按照族群和社会各阶层分离开来的，英国殖民政府也没有出台始终一贯的教育政策来驱动教育的发展。[①]这个时期各种语文教育都随着各个种族移民潮的发生而得到不同程度的发展，当时族群主要包括华人、马来人和印度人。1860—1947年新加坡三大族群（华人、马来人、印度人）人口年均增长率如表 2-1 所示，多元语文教育的发展与移民增长率的提升密切相关。

表 2-1　1860—1947 年新加坡三大族群人口年均增长率[②]

单位：%

| 时期 | 华人 | 马来人 | 印度人 |
| --- | --- | --- | --- |
| 1860—1871 | 0.4 | 4.4 | −1.5 |
| 1871—1881 | 4.8 | 2.4 | 0.2 |

---

① CHIA Y T. Education，culture and the Singapore developmental state："world-soul" lost and regained？［M］.London：Palgrave Macmillan，2015：17.

② 苏瑞福.新加坡人口研究［M］.薛学了，王艳，黄兴华，等译.厦门：厦门大学出版社，2009：13.

续表

单位：%

| 时期 | 华人 | 马来人 | 印度人 |
|---|---|---|---|
| 1881—1891 | 3.5 | 0.1 | 2.9 |
| 1891—1901 | 3.0 | 0.0 | 0.6 |
| 1901—1911 | 3.0 | 1.5 | 5.0 |
| 1911—1921 | 3.7 | 2.5 | 1.5 |
| 1921—1931 | 2.9 | 2.0 | 4.6 |
| 1931—1947 | 3.5 | 3.6 | 1.9 |

### （一）马来语教育发展的基本情况

马来语学校全部由政府开办，所有马来儿童都可以享受免费的小学教育。这种教育还带有强制性，凡是住在离马来语学校一英里（注：1 英里 ≈ 1.61 千米）以内的地区，家长必须将适龄子女送去接受教育。海峡殖民地政府于 1884 年出台的海峡殖民地教育报告曾指出：数以千计的马来亚男童在学校中学习他们的本土语言。他们不仅能了解马来亚的地理知识，同时还学会书写马来亚文，在学校中，他们还能体验到各种娱乐活动，使得身心得到全面、健康的发展。另外，他们在学校学习的过程中，亦能养成勤奋、整洁等优良品质……[①]1916 年，理查德·温斯泰德（Richard Winstedt）受命担任海峡殖民地与马来联邦教育副总监，1921 年任总监，他重视马来语教育的发展。1919 年起，官方出台法令，优秀的马来学生可以转往英语学校就读，且学费全免。而且，专门针对这类转校生而开设的英语强化班也于 1924 年开办。

### （二）华文教育发展的基本情况

19 世纪末期，大多数华人都倾向于将自己的子女送往英语学校进行学习，一些英语学校的中文班级数量也随着招生人数的降低而逐渐减少。但陈金声所创办的萃英书院依然坚持着华文教育的传播。除萃英书院外，由颜永成创办的英华义学（Anglo-Chinese Free School）也曾轰动一时。英华

---

① CHIA Y T. Education，culture and the Singapore developmental state："world-soul" lost and regained？［M］.London：Palgrave Macmillan，2015：17.

义学使用中国传统的蒙学教材，使得学生在接受华文教育的同时，也接受了儒家文化的思想。

进入 20 世纪，殖民政府对华语学校依旧只是以少量津贴的形式辅助其发展，基本上都是华人商人集资来创办学校。1919 年，陈嘉庚出面筹款，创建了新加坡南洋华侨中学。

### （三）英文教育发展的基本情况

在 20 世纪以前，尽管官方并未出台正式的激励措施，但政府对那些大多数由基督教传教团创办的私立英语学校进行资助，且英语学习能够带来求职方面的优势，这着实推动了新加坡英语教育的发展。该阶段新加坡英文教育的发展主要体现在两个方面：第一是教会学校数量的增长，第二是女王奖学金的引入。

这一阶段，新的教会学校如雨后春笋般不断涌现出来，如圣安德烈学校和圣安东尼学校。美国卫理公会传教团也于 1885 年在新加坡建立了基地，并分别于 1886 年和 1887 年创建了英华男校和美以美女校。直到 1915 年，美国卫理公会已经在新加坡创办了 7 所学校。

除此之外，女王奖学金的引入在一定程度上为英文教育提供了保障，促进了英文教育的提升。19 世纪末期，时任总督克莱门蒂（Sir Cencil Clementi）为海峡殖民地成功地争取到两项一年一度的女王奖学金，并引入了高级剑桥会考（Senior Cambridge examination），以此作为评定授予女王奖学金的依据。在莱佛士书院中，很多杰出学生凭借其优异的成绩获取女王奖学金，到牛津大学、剑桥大学、伦敦大学、爱丁堡大学和其他英国学府修读医学、法律和工程等专业。[①]据相关文献记载，得到女王奖学金赴英留学的学生们返回新加坡后，大多会从事律师、医生、教师等职业。

### （四）泰米尔文教育发展的基本情况

泰米尔文教育以印度国内的教育体制为蓝本，其教材和教师也出自印度本土。泰米尔文的教育发展相对缓慢，到第二次世界大战之前，学校数量较少，教学水平也相对较低。1920 年，新加坡开始实行学校登记注册制度，当时当地仅有一所泰米尔语学校。1923 年后，政府开始发放助学款，这类

---

① 李光耀 . 风雨独立路：李光耀回忆录［M］. 北京：外文出版社，1998：30-31.

学校的数量开始逐渐增多。到 1941 年时，新加坡共有 18 所泰米尔语学校登记注册，均由印度人团体或者基督教传教团运营。除了开办泰米尔语学校外，发行泰米尔语报纸也是印度人在新加坡积极推行泰米尔语教育的重要途径。

## 四、日本占领时期：教育的"偏离"发展

1942 年 2 月 15 日，新加坡被日本占领。在这一时期，日本官方摒弃了英国人关注各门学科知识学习的教育目标，转而青睐那些强调人格塑造、体能训练的初级教育和职业教育。

在接管各种初级语言学校后，日本官方在诸多方面进行了统整和改革，如鼓励师生学习并使用日语，强制所有的初级学校采用日本式的课程设置，学校中大部分的学习时间被体能训练、园艺耕作等活动占据，为教师提供薪资补贴及提供平台加强教师的语言培训。

日本官方创办的职业和技术学校所教授的课程主要集中于日语语言学习、日本精神等相关科目。在海军建设与工程中心开办的一项为期六个月的学习课程中，有一半的课时都会用来教授日语。在师范学院和主要的官员培训学院中，教师会利用绝大部分的时间向学生们讲授日语、日本精神以及鼓励学生参与各种园艺耕作活动。

## 五、走向独立时期：教育的全面恢复与提升

英军在 1945 年 9 月日本投降之后返回新加坡。面对战后诸多不堪和破败的景象，英国当局积极进行修整，很快对人们最为急切的教育需求做出规划和安排，让教育重新焕发生机。1959 年，新加坡实现自治，开始全力打造具有新加坡特色的教育体系，奠定了双语教育平稳发展的根基。

### （一）恢复学校运营和教学

英军重返新加坡后，在三个星期之内就重新开办了 14 所马来语学校和 14 所英语学校。尽管教学设施设备欠缺，但是教师们都以极大的热情投入到教学工作中，满足人们对科学知识的迫切需求。此时，华人富商也纷纷捐赠，重办华语学校。据统计，到 1945 年底，已经有 66 所华语学校开始正常举办教学活动。这些重新开办的学校除招收适龄学生入学外，同时也

会招收之前耽误学业的大龄学生,政府希望他们能够重返校园并完成学业。因此,从1945年底到1946年6月这半年期间,入学人数显著攀升。据统计,到1946年3月,在校学生人数达到了6.2万人。[①]

### (二)出台《十年教育计划》

1947年,政府当局出台了《十年教育计划》,旨在向儿童提供六年的初级教育,儿童可根据家长的意愿在四大主流语言中选择一种进行学习。该计划的主要目的是通过普及小学教育来发展当地各种源流的语文教育。在该计划推行之后,政府继续资助马来语学校,同时也给符合其标准的华语学校和泰米尔语学校提供补贴。但是政府还是将大部分资源倾注于英语教育中,来满足当时人们对英语教育的巨大需求。英语教育备受关注的主要原因有两个方面:其一是有利于满足学生升学的需要,在初级教育阶段接受英语教育的学生,更容易升入中等学校和高等院校继续学习;其二是能够迎合谋职就业的需求。

### (三)为推行双语教育而奠基

1959年6月3日,在大选中取得胜利的人民行动党开始上台执政。在执政的第一天,以李光耀为首的人民行动党党员便公布了竞选纲领中所提及的教育政策,其中包括平等对待华、巫(马来语)、印、英4种语文教育源流;小学实施2种语文教育,中学则实施3种语文教育;接纳马来语为国语,同时复兴马来教育;等等。这些政策的出台为双语教育政策的推行以及双语教育实践的推广起到了重要的奠基作用。具体的政策解读如下。

第一,平等对待4种语文源流。针对"平等对待华、巫、印、英4种语文教育源流"的教育政策,人民行动党政府制定了多项措施以确保政策的有的放矢。首先,将华文中学的三三制改为四二制,即中学的前4年相当于4年的英校学习,中学的后2年相当于大学的先修班。无论是哪一种语文教育,都可从小学直接升入中学进行学习,而且,都有进入大学继续深造的机会。其次,政府倡导要统一各语文源流的师资培训以及统一各语文源流教师的待遇。再次,政府决议要平衡各语文学校的建校计划,在资源分配上进行妥善处理和安排。最后,政府决定要举办多种语文的文凭考试,

---

① 藤布尔.新加坡史[M].欧阳敏,译.上海:东方出版中心,2016:304.

以便检测学生的学业水平和教师的教学质量。

第二，实行小学 2 种语文教育与中学 3 种语文教育。首先，华语学校的数理课改为英语教学，英语学校的公民、史地等相关课程改为华语教学等。其次，规定各种文凭考试中第二语文为必考科目。再次，设立混合学校，可以是华、英 2 种语文教育源流的混合，也可以是华、英、巫 3 种语文教育源流的混合。多种语文源流的教育环境有助于加强各族青少年对种族差异、文化差异的关注和理解，更有利于社会的和谐与稳定。

第三，采用以国家为主的课程设置及教科书。首先，政府聘请专家来编写以国家为主的共同课程纲领。其次，政府自编教科书或审定书坊的教科书并推荐给各类语文源流的学校使用。再次，政府要求各学校要安排公民训练和课外活动，以此来加强各族青少年对其他族群文化习俗的理解，加深各族青少年的交往和情谊。最后，政府积极提倡在教师节、青年节和儿童节等重要节日开展各种比赛活动，加强各族人民之间的沟通，深化彼此的友谊。

第四，推行国语运动和复兴马来教育。首先，政府认定华、巫、印、英 4 种语文作为官方语文，并以罗马拼音的巫文为国语。新加坡定巫文（即马来语）为国语，是由新加坡与马来西亚的历史联系和地理位置决定的。其次，政府将马来教育体系进行延伸，从马来小学扩展至马来中学，并为马来人提供从小学到大学的免费教育。最后，印度人的泰米尔教育，在必要时可参照马来教育进行创办。

## 第二节　独立后的教育发展

自 1965 年独立以来，新加坡正式实施双语教育政策。独立后最初十几年即 20 世纪 60 年代末至 70 年代末，新加坡双语教育政策一直在学校体制中贯彻执行。对于民族学校而言，双语教育政策使民族学校第一次正式引入英语作为教学科目，并且在小学高年级以上作为一门教学语言来使用，这使民族学生通过双语教育既学习了民族语言，又学习了英语。对于英文学校而言，这意味着学生在掌握英语的基础上也学习了民族语，有助于了解本民族的文化传统。另外，双语教育在学校体制中的贯彻执行，也有利于英语学校和民族学校课程的统一，为进一步在全国推行统一的"国民型"学校奠定基础。

大部分民族学生在学校学习的语言和在家庭中常用的语言不一致，导致其英语学习难度增加。面对双语教育带来的诸多问题，新加坡政府于1979年开始实施新教育体制，改革双语教育。这些变革措施反映在新教育体制的具体规定中，并与分流教育相结合。从小学四年级开始，不同的学生由于其语言能力水平的差异，要接受不同程度和水平的双语教育，主要体现在课程内容的差异性方面。中学以上的课程大多使用英语来开展教学。从1987年开始，全国中小学都实行统一源流的教学，即推行以英语为第一教学语言、民族语为第二教学语言的统一的"国民型"学校。

20世纪90年代后，新加坡教育主管部门派遣考察团前往德国、日本等国以及中国台湾等地区进行考察，目的是学习其先进的教育制度，推动新加坡基础教育的改革和创新。根据考察结果，政府制定了一系列的改革措施，如计划为每一位学童提供至少10年的普通教育，包括6年小学教育和4年中学教育，并对初、中等教育中的双语学习都提出了具体的要求。在该时期，对于大部分学生而言，英语是主要教学用语，民族语则为一门语言课程。学校中诸如数学、科学等科目都是以英语为教学语言进行教授，而涉及民族文化和价值观等方面的课程，则采用民族语进行教学。

进入21世纪，全球化竞争力已经成为新加坡经济发展的重要软实力，双语教育也继续为其经济发展开辟多元领域与更广阔的市场提供多元化人才。

# 第三章
## 新加坡教育的基本制度与政策

新加坡政府在实施经济战略的过程中，把教育作为立国之本，赋予其优先发展的特殊地位，不断提升教育品质，也因此打造出独特的学校教育体系、教育行政管理制度，并制定出具有深远影响的教育宏观政策。这些制度和政策的出台与实施，极大地提升了学生的能力和素质，培育了时代和社会所需的高质量人才，从而也有助于提升国家形象和国际竞争力。

## 第一节　学校教育制度

陈桂生指出，学校教育制度指一定国家或地区范围内学校系统中有关各级各类学校机构设置的基本制度[①]。新加坡被英国殖民统治 140 多年，其各级各类的学校机构及其规则也沿袭了英联邦的教育体制传统。图 3-1 即目前新加坡学校教育制度的具体体现。

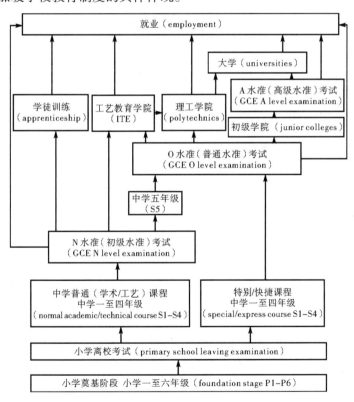

图 3-1　新加坡学校教育制度[②]

---

① 陈桂生.常用教育概念辨析［M］.上海：华东师范大学出版社，2009：37-39.

② Education System［EB/OL］.［2020-04-25］.http://www.moe.gov.sg/education/education-system.

从图 3-1 分析来看，新加坡的教育体系总体而言可以分为四个阶段（这里暂不包括学前教育阶段），分别是小学教育（primary education）阶段、中学教育（secondary education）阶段、中学后教育（post-secondary education）阶段以及大学教育（university education）阶段。

新加坡小学教育通常年限为 6 年，主要开设的课程有英语（English language）、母语（mother tongue language）、数学（mathematics）、科学（science）、艺术（art）、音乐（music）、体育（physical education）、社会（social studies）以及品德与公民教育（character and citizenship education）。[①] 小学开设以上课程的主要目的是为所有学生都提供同样的学习机会，使他们足够了解自己，并最大限度地开发自己的潜能。[②]

新加坡中学教育具有一定的弹性空间，其学制为 4 年或者 5 年。特别（快捷）课程的年限为 4 年，修读完所有课程后可直接参加剑桥"O"水准考试（英国剑桥普通教育证书普通水准考试）。普通学术课程或者普通工艺课程的修读年限均为 4 年，课程修读完毕后，学生可参加剑桥"N"水准考试（英国剑桥普通教育证书初级水准考试）。考试后，大部分学生直接进入工艺教育学院（Institute of Technical Education，ITE）进行学习，少数成绩优异的学生再继续修读中学五年级，并参加剑桥"O"水准考试继续升学。这里的工艺教育学院是指直接隶属于新加坡教育部的政府公立高职院校，由新加坡政府全资资助。目前，工艺教育学院在新加坡有 11 所分校，不同的分校分别开设不同的课程，为那些不直接进入理工学院和大学的中学毕业生提供为期两年的技能培训。[③] 较为有名的工艺教育学院有南洋艺术学院（Nanyang Academy of Fine Arts）、新加坡国立工艺学院（Singapore National Institute of Technology）等，它们旨在为中学毕业生提供全面的技术培训，使学生能够掌握一技之长来发展自身，并服务社会。

参加剑桥"O"水准考试后，大部分学生会直接进入理工学院继续学习。与工艺教育学院主要培养技能型人才不同，理工学院主要负责培养应用型

---

① Overview of primary school curriculum［EB/OL］.［2020-05-01］.https：//www.moe.gov.sg/primary/curriculum/overview.

② 同①.

③ 卢艳兰.新加坡高等院校人文素质教育研究［M］.北京：人民出版社，2012：7.

人才，学制 3 年，为专科层次。目前，新加坡公立性质的理工学院共有 5 所，分别是新加坡理工学院（Singapore Polytechnic）、义安理工学院（Ngee Ann Polytechnic）、淡马锡理工学院（Temasek Polytechnic）、南洋理工学院（Nanyang Polytechnic）以及共和理工学院（Republic Polytechnic）。这些理工学院大多会开设材料、工科和商业类课程，文凭受国际认可。参加"O"水准考试后，学生除了会选择进入理工学院学习，也会有部分成绩优异的学生选择进入初级学院，学制 2 年，完成课程后可参加剑桥"A"水准考试（英国剑桥普通教育证书高级水准考试），成绩优异者可直接报读新加坡国内或英、美、澳等国的名校。

目前，新加坡公立性质的大学共有 6 所，分别是新加坡国立大学（National University of Singapore）、南洋理工大学（Nanyang Technological University）、新加坡管理大学（Singapore Management University）、新加坡科技设计大学（Singapore University of Technology and Design）、新加坡理工大学（Singapore Institute of Technology）和新加坡新跃社科大学（Singapore University of Social Sciences）。新加坡的大学主要服务于以下四个目标：一是培养高层次专业人员、经理、规划者和研究者；二是创造社会知识氛围；三是保持新加坡教育高质量的基准；四是创造财富。[①]

在这 6 所公立大学中，最值得一提的是南洋理工大学和新加坡国立大学，作为世界上"后发型"一流大学的杰出代表，它们在新加坡国内和国际上都享有很高的声誉。南洋理工大学的前身是于 1981 年创办的南洋理工学院，其在发展过程中始终坚守"创业型大学"的发展理念，与社会、企业高度对接，不断发扬"继承传统、勇于超越"的奋斗精神。该校在学科布局上采用文理工商协同推进的模式，结合知识生产和协同育人的要求，构建跨学科、多学科渗透的学科生态体系，使得该校在国际上的学术影响力和人才培养质量在较短的时间内实现跨越式提升。[②]新加坡国立大学是由新加坡大学与南洋大学于 1980 年合并而成的一所公立高校，也是新加坡第

① 卢艳兰.新加坡高等院校人文素质教育研究［M］.北京：人民出版社，2012：12-13.

② 武建鑫.全球顶尖年轻大学的学科布局及其战略选择：兼论后发型国家建设世界一流学科的制度空间［J］.中国高教研究，2017（5）：68-75.

一所公立大学。新加坡国立大学是首屈一指的世界级顶尖大学，在国际框架下开展优质的教育与科研活动，突出展现亚洲的视角和优势。该校以"引领世界、形塑未来"为愿景，提供跨学科、跨院系的广泛课程，全心投入优质教育，开展影响深远的研究项目，打造高瞻远瞩的新企业，是一所为国家和社会服务的顶尖大学。[①]

总体来说，独特且完善的学校教育制度是新加坡教育的重要基石，它融合了东西方教育的精华，展现了教育多元化、分流化、国际化的多重特点。

## 第二节　教育行政管理制度

教育行政是国家权力部门为实现特定的目的，根据一定的政策，对教育事业所进行的组织、管理和领导。教育行政管理制度可分为以下三种：第一种是中央集权制，即由国家对教育进行直接干预和监督指导，地方办学须遵守中央政府制定的方针政策，如法国、中国等实行的；第二种是地方分权制，教育主要由地方各自进行管理，中央政府仅处于指导和资助的地位，如美国、加拿大等实行的；第三种是中央和地方合作的混合制，即中央和地方通力合作、各司其职，共同领导和管理教育事务，如英国、日本等实行的。[②]

新加坡正式实行自治后，政府便意识到国家掌控教育的重要性，逐步将学校的管理、领导、资助和教师的任免等权力收归政府，以加强国家对教育的管控。因此，新加坡目前的教育行政管理制度为典型的中央集权制。新加坡全国各级各类教育都由代表国家的教育部集中统一管理，有关各级教育的方针、政策、内容、方法、规章制度及人事安排等，均由教育部及

---

① 薛珊，刘志民."后发型"世界一流大学建设的路径及启示：以新加坡两所大学为例［J］.高校教育管理，2019（4）：27-38.

② 刘玲.浅谈欧美发达国家的教育行政管理制度及其对我国的借鉴作用［J］.才智，2009（17）：241-242.

其下属的各局、各处直接负责，学校无权过问。新加坡最高教育行政机构为教育部（Ministry of Education），负责制定和实施有关教育体系、课程、教学和评估等方面的方针和政策，领导和管理受政府经费资助的各级各类学校的运营和发展，包括中小学校、工艺教育学院、理工学院和综合类大学。[①]

## 一、新加坡教育部下设的职能部门

新加坡教育部系统较为庞杂，下设的职能部门较为多元。目前，新加坡教育部共包含 17 个分支部门，分别是新加坡教师联合会（Academy of Singapore Teachers）、联络和社会参与局（Communications and Engagement Group）、课程计划和发展局（Curriculum Planning and Development Division）、课程政策办公室（Curriculum Policy Office）、教育技术局（Educational Technology Division）、财政经费管理局（Finance and Procurement Division）、高等教育中心（Higher Education Group）、人力资源局（Human Resource Group）、信息科技局（Information Technology Division）、基础设施及服务中心（Infrastructure and Facility Services Division）、内部审计局（Internal Audit Branch）、计划局（Planning Division）、研究和管理信息局（Research and Management Information Division）、学校局（Schools Division）、特殊教育需求规划中心（Special Educational Needs Division）、学生就业和服务部门（Student Placement and Services Division）、学生发展课程中心（Student Development Curriculum Division）。[②]各个部门各司其职，共同为新加坡教育事业保驾护航。

---

① Ministry of Education，Singapore.About us［EB/OL］.［2020-05-10］.https：//www.moe.gov.sg/about-us.

② Our organisation structure［EB/OL］.［2020-05-10］.https：//www.moe.gov.sg/about-us/organisation-structure.

## 二、新加坡教育部的工作职能

教育部下设各个部门都在其相关领域发挥着重要的职能，这里以高等教育中心为例进行说明。高等教育中心下设有五个部门：（1）高等教育政策部（Higher Education Policy Division），主要负责为公立大学、私立院校、理工学院、工艺教育学院等机构制定、实施、评估教育政策。（2）高等教育业务部（Higher Education Operations Division），主要负责与人力资源战略相关的重要事宜，例如中学后教育机构设置、高等教育质量评估框架设定以及服务质量评判等。（3）学术研究部（Academic Research Division），主要是为大学、理工学院、工艺教育学院等机构制定、实施和评估与学术研究相关的教育政策，同时也关注各机构利用教育经费的情况。学术研究部还负责制定与社会科学、人文科学相关的方针政策，并为学术研究理事会和社会科学研究理事会设置秘书处以协助政策的制定、实施与监控。（4）"技能创前程"部（SkillsFuture Division），它是新加坡教育部下的法定委员会，主要负责推动和协调国家"技能创前程"（SkillsFuture）项目的实施，旨在弘扬终身学习的文化，加强新加坡优质教育培训生态系统的建立。通过对该项目的系统规划和有序实施，新加坡政府能够让更多新加坡本土人民学习更多的技能，体验到更充实的生活。与此同时，"技能创前程"部也积极与多方进行合作，确保学生和成人能够获得和行业相关的高质量培训，来满足不同经济领域的不同需求，从而造就一支富有创新精神的劳动力队伍。（5）高等教育规划办公室（Higher Education Planning Office），负责监督制定相关规划政策，推动高等教育和职业技能教育领域战略举措的发展。同时，该部门还需为政府提供数据分析报告，以支持政策制定，监督与高等教育相关计划的实施与执行。

## 三、集权中的分权：高等教育行政管理的新发展

21 世纪初，新加坡政府开始提出在管理财政和人力资源方面给予高等教育机构更多的自主权，国家放宽对高等教育的控制权，以便为高等教育机构的公司化铺平道路。当然，高等教育机构获得更大的自主权并非没有先决条件，政府要求这些机构能够遵守公共事务和财政问责的原则，实现质量保证和审计系统的制度化，同时机构的各项业绩也要受到外

部审查。国家在高等教育领域的突出作用不仅限于审查制度绩效，作为最重要的资金提供者，新加坡政府仍然向高等教育机构提供大量财政补贴。这种行政管理制度上的变化可以说成是"集权化的分权"（centralized decentralization）或是"集权与分权相结合"的新战略，这是高等教育行政管理的新发展和新方向。首先，它意味着国家在高等教育中所扮演角色的变化；其次，它强调权力下放并不是要在学术机构之间分享决策和管理权力，而是将权力更加集中于高层管理人员；最后，它对高等教育机构进行重新定位，使其更有可能成为企业型的公共服务机构。[①]

## 第三节　教育宏观政策

一国的教育宏观政策深受本国的历史、种族、政治和经济影响，对于新加坡这样国情较为特殊的国家而言，以上这些要素对于教育政策的制定和实施便显得更加重要。[②] 双语教育政策和教育分流政策的制定和实施，是推动新加坡教育实现跨越式发展的两项重要的宏观政策。

### 一、双语教育政策

新加坡的双语教育政策具有独特的演变过程及特点。其双语教育政策发展的历程大致可以分为四个阶段。

1965 年以前是独立建国前双语教育的启蒙与探索阶段。由于新加坡特殊的地理位置，长期的多元民族、多元语文和外向型经济的发展模式，新加坡较早进行了双语教育的尝试。新加坡实现自治后，政府便公布了新的教育政策，并为政策的准确实施拟定了关键的计划举措，如：平等对待 4 种语文教育源流，实行小学 2 种语文与中学 3 种语文教育；采用以国家为主的课程及教科书；推行国语运动和复兴马来教育；修正现有课程，注意

---

① 乔桂娟，杨丽.新加坡高等教育发展趋势、经验与问题：基于近三十年研究主题变化的探测［J］.黑龙江高教研究，2018（10）：96-99.

② GONG WG.Singapore's societal features and its education policy-making［J］.荆州师专学报，1994（6）：83-85.

实际科目的安排以配合工业化的要求；鼓励学习当地语文，鼓励各民族群众开展文化交流，以形成融合文化；等等。这些举措的实施都为双语教育政策的正式推行奠定了重要的基础。

1965—1986 年是生存与发展主题下双语教育政策的确立与实践阶段。在这期间，政府围绕双语教育的一系列改革探索了双语教育的模式，实现了教育源流的统一。进行这一改革的主要原因之一是在 20 世纪 70 年代，学生的双语成绩令人沮丧。1975 年，国防部对受英文教育、中学四年级会考及格的国民服役人员的英文识字水平进行调查，发现能足以应付日常英文需要的人数仅占总数的 11%。国防部另一项英文程度测验发现，英文源流学生的及格率是 64%，而非英文源流学生的及格率只有 4%。英文作为第一语文和作为第二语文之间程度的巨大差异，让政府倍感压力。① 自此之后，政府通过推行分流制度、开办特选学校以延续华文体系、改组南洋大学等一系列行动来逐步确立双语教育政策，统一语文源流学校。

1987—2007 年是经济腾飞主题下双语教育政策的修正和完善阶段。这一阶段推行的三次华文教学改革和新的双语教育分流制度使双语教育政策自身的调整与改革得到了进一步深化。到 1987 年，不同语言源流的学校不复存在，所有学校的统一教学媒介语为英语。在这一阶段中进行了三次华文教学改革。第一次的重点是把华文教学由重视书写能力转移到培养听、说、读的能力上。此外，还对不同等级华文课程的名称进行了规范。第二次主要实行"量体裁衣，因材施教"的华文教学新政策，并再次重申了双语教育的重要意义。第三次的主要目标是"探讨如何改进华文课程、教学法和评估方式，更好地激励和激发学生学习华文的兴趣，致力使华文在新世纪继续成为新加坡华人生活上常用的'活'语文。……建立一套灵活的教学制度，让不同语文学习能力、不同家庭用语背景的华族学生都能尽量掌握华文，尽可能取得最佳华文学习成果。我们一定要尽量营造一个使用华文的环境，让华文成为在课堂以外实际应用的语文"。②

---

① 李光耀.李光耀回忆录：我一生的挑战：新加坡双语之路［M］.南京：译林出版社，2013：43.

② 周进.新加坡双语教育政策发展研究［D］.保定：河北大学，2014：141-162.

2008 年至今是重塑新加坡主题下双语教育的深入推进阶段。从中央课程到校本课程，双语教育的创新性进一步强化。独立初期，新加坡施行的中央统一的课程设计理念已经无法满足形势发展的需要，特别是在教育分流制度实行以来所形成的英语学校与特选学校等不同教育形式，对课程设置提出了更新的要求。2008 年，在教育部支持下，新加坡的特选中小学校开始设置具有校本特色的旗舰课程以浸染中华传统文化。

双语教育政策是新加坡教育发展的基石。它深受新加坡政治、经济和社会发展等因素的影响，同时也反作用于政治、经济和社会的发展。双语教育政策将东方和西方文化的精华，有力地融汇在新加坡人身上。李光耀曾评价说："新加坡的双语教育政策，让数百万人在四十年间构建了可能是世界最大最复杂的语言实验室之一。"[①] 可见，双语教育政策的推行和实施对新加坡产生了极其重要的影响。

## 二、教育分流政策

新加坡教育分流政策的制定和出台并非一蹴而就，而是跟随社会发展的脚步，以人才需求为标尺，兼顾社会稳定与民族团结，并基于其实际国情，几经改革，才确立了今天以"300 精英治国理念，大力发展职业教育"为核心的教育分流制度。[②]

### （一）教育分流政策的演变

20 世纪 60 年代，在新加坡独立初期，为了发展本国经济，为工业化的起步提供充足的人力资源，新加坡采取生存导向性的教育模式，尽可能地普及基础教育并开设大量的职业技术学校。

20 世纪 70—90 年代，新加坡的经济发展模式由劳动密集型转为资本和技术密集型，相应地，对于人力资源的文化素质以及技能熟练程度提出了更高更新的要求。为减少上一阶段的教育资源浪费，让更多的小学生能够进入中学继续学习，政府于 20 世纪 70 年代末开始正式采取措施来解决学

---

① 新加坡国家档案馆.李光耀执政方略［M］.北京：人民出版社，2015：80.
② 夏惠贤.教育公平视野下的新加坡教育分流制度研究［J］.上海师范大学学报( 哲学社会科学版 )，2018（5）：98-107.

生高辍学率的问题，对新加坡的教育问题进行梳理和评估，提出了新的教育分流建议，建议规定一个最低的成绩标准，为学业水平不同的学生开设不同的课程（学术课程和工艺课程），以使更多的学生完成初级教育，培养起码具有一种语言读写能力的中学毕业生。[①]

20 世纪 90 年代至今，知识密集型产业、全球化、多元化、创新创业以及终身学习等理念层出不穷，为适应新的经济发展模式和发展环境，新加坡政府不断完善分流制度，使之更具灵活性和选择性，满足学生多样化的学习需求，让每个学生的潜能得到最大限度的开发和发展。经过 30 年的实践，教育分流不仅降低了学生的辍学率，同时也提高了新加坡公民的识字率，提升了他们的学习能力和水平。据统计，新加坡 15 岁及以上人群的识字率从 1970 年的 69% 提升至 1992 年的 93%；小学辍学率由 1980 年的 11% 下降到 1998 年的 0.4%；在 1960 年，新加坡的小学毕业率仅 45%，而到了 2009 年，近 99% 的学生接受了至少 10 年的教育。[②]

### （二）教育分流政策的实施方式

新加坡从 1979 年开始在三个阶段实施"分流"。

第一阶段是"小三分流"（1995 年改为"小四分流"）。儿童在 5 岁接受一年的学前准备教育后进入小学的基础学习阶段。小学的前三年，学生主要学习英语、母语与数学方面的基础知识，并接受符合他们年龄的公民与道德教育。在三年级末时，学校会根据学生的兴趣、爱好、能力进行分流。分流的主要方式是进行校级考试（试题来源于教育部题库），学校领导和教师会根据学生的英语、母语、数学等科目成绩以及家长的意愿来决定学生接受何种语言教育。

第二阶段是"小六分流"。小学六年级末，所有学生都要参加全国统一的小学毕业（离校）考试（primary school leaving examination，PSLE），并在此基础上进行第二次分流。经过分流后，学生会学习不同的课程。特别课程专门为成绩优异的学生而开设，约占 10% 的成绩优异的小学毕业生

---

① 凌翔 . 李光耀传［M］. 北京：中国友谊出版公司，2014：213-214.

② 夏惠贤. 教育公平视野下的新加坡教育分流制度研究［J］. 上海师范大学学报( 哲学社会科学版 )，2018（5）：98-107.

可进行这类课程体系的学习；50% 左右的学生进入快捷课程体系学习；剩下约 40% 的学生则进入普通课程体系学习。普通课程分为普通学术性课程和工艺性课程。进入普通课程体系学习的学生，完成学业后大部分选择接受职业技术教育或就业。

第三阶段是"初中毕业统考分流"。经过 4 年的初中学习，在特别课程体系和快捷课程体系中学习的学生会达到英语 GCE 考试"O"级水平，而在普通课程体系进行修习的学生经过 5 年的学习，一般也能达到这个水平，可以与前两类学生一起参加初中毕业统考，进行第三次分流。初中毕业统考后，学生会接受中学后教育。中学后教育包括初级学院、理工学院和工艺教育学院三类。据统计，大约有 25% 的学生会升入初级学院，初级学院即大学的预科班；39% 的学生会进入理工学院，这是兼顾升学和就业的学校；21% 的学生会进入工艺教育学院，这是为直接就业做准备的学校；15% 的学生会选择出国深造或从事其他工作。[①]

### （三）教育分流政策的作用

教育分流政策的推行获得了显著的成效，并产生了广泛的影响。教育分流政策的第一个作用是从根本上确立了英文的主导地位；第二个作用是构建了阶梯式的人才培养模式，使得人尽其用，减少了教育资源的浪费；第三个作用是分流制度具有灵活性，学生可以根据自己的需要灵活地改变自己的选择。

首先，教育分流政策从根本上确立了英文的主导地位，为"英文为主，母语为辅"的双语教育奠定基调。三阶段的分流——小三分流、小六分流和中学毕业统考分流，都是以英文考试成绩作为衡量标准的。尤其是进入第三次分流之前的剑桥"O"水准考试，更加能够检验学生的英文水平。剑桥"O"水准考试制度其一能实现本国教育和国际教育的顺利接轨，其二便于学生申请国外的高中和大学进行深造。包括剑桥"O"水准考试在内的分流测验毫无疑问将英文学习推向很高的地位，使英文成为评判学生学习能力和水平的重要尺度和衡量标准。所以说，分流教育政策从根本上确立了英文的主导地位，这也能够提升全社会对英文学习的关注程度。

---

① 刘虹豆. 从族群关系视角看新加坡教育分流政策 [J]. 高教学刊，2015（20）：10-11.

其次，教育分流政策构建了阶梯式的人才培养模式，能够适应和满足社会多元化的需求。初中阶段的三种课程——特别课程、快捷课程和普通课程体现了因材施教的教育理念，即根据学生的能力和水平来施行不同程度的教育，为具有不同能力的学生搭建学习的平台，构建了具有层次性、多元化特征的人才培养体系。

最后，教育分流制度具有一定的灵活性。这种灵活性主要体现在两个方面，一是教育分流不仅依据考试成绩，也要兼顾家长的意愿和学生的学业水平；二是这种分流可以随时进行调整，如果修习普通课程的学生经过努力，学习水平有了一定程度的提升，也可以转到快捷课程班级或特别课程班级继续学习。这种后期的调整可以随时弥补前期分流的失误，保障了学生学习的机会和权利，减少了教育和人才的浪费。

# 第四章

# 新加坡学前教育

作为整个教育体系中基础教育的关键阶段，学前教育指的是对从出生到六岁前这一年龄区间的儿童所进行的教育，通常来说并不具备强制性。[①] 在新加坡，学前教育既不属于义务教育，也未被纳入正式教育系统，这主要是为了避免学龄前儿童过早面临过度结构化和学术化的定向课程，而挫伤了其终身学习的积极性。政府仍承认早期教育对于儿童的全面发展至关重要，应加以重点关注以满足幼儿的发展和学习需求。[②] 儿童是民族的未来，而紧密关注儿童成长的学前教育势必会在未来占据更加重要的地位。本章将基于培养目标和实施机构、课程与教学、保障体系三大方面对新加坡的学前教育体系进行剖析。值得注意的是，本章内容所提到的婴幼儿年龄界定在 0～3 岁，而提及的儿童、幼儿和孩子则同属于 3～6 岁年龄区间。

① 黄人颂.学前教育学［M］.3 版.北京：人民教育出版社，2015：3.

② TAN C T. Enhancing the quality of kindergarten education in Singapore：policies and strategies in the 21st century［J］. International journal of child care and education policy，2017（7）：2-3.

## 第一节　学前教育的培养目标和实施机构

新加坡自 1965 年独立以来就秉持"办教兴邦"的理念，视教育为立国之本。在这样的背景下，新加坡的家长与学前教育实施机构大多将知识传授置于首位。21 世纪伊始，为促进学前教育高质量发展，新加坡政府通过一系列改革重新定位了学前教育的培养目标，即注重儿童情感、态度以及价值观的培养，并强调学前教育应是孩子成为终身学习者的开端。此外，新加坡的学前教育机构多以私营性质存在，但学前教育普及率非常高。近年来，政府逐渐加大对学前教育的重视度与参与度，公立学前教育机构应运而生，为广大家长和幼儿提供了更加多样化的教育选择。

### 一、学前教育的培养目标

纵观新加坡的学前教育发展历史，该国于世纪之交所推行的基础教育改革尤其值得关注，这一改革极大促进了学前教育在新加坡的发展，无疑是其学前教育发展的重大里程碑。受当时国际教育环境和趋势的影响，学前教育领域通过一系列课程教学改革修正了在快速发展时期由于过分注重知识传授出现的"小学化"倾向。改革前，学前教育机构多为私立，其教育活动出发点在于满足家长"知识教育为主"的需求，强调对于儿童阅读和写作能力的培养，以期孩子能够在此后的学术竞争中掌握先机。改革彻底改变了过去以学术培养为先的培养方式，将重心转向幼儿个性和社交能力的培养，主张培育终身学习者。2000 年，新加坡教育部针对学前教育培养目标提出了"八项理想成果"，即儿童在完成幼儿园教育时应该达到的目标[①]：

（1）明辨是非对错（know what is right and what is wrong）；

（2）愿意与他人分享（be willing to share and take turns with others）；

（3）能够与他人交流（be able to relate to others）；

（4）充满好奇心，能够探索（be curious and able to explore）；

（5）能够带着理解进行倾听和表达（be able to listen and speak with understanding）；

（6）自我感觉舒适且快乐（be comfortable and happy with themselves）；

（7）培育肢体协调能力和健康生活习惯（have developed physical co-ordination and healthy habits）；

（8）爱家人、朋友、老师和学校（love their families，friends，teachers and school）。

上述目标不再仅仅局限于幼儿的学术培养，而是在保证幼小衔接顺利过渡的基础之上着重培养幼儿的社交能力和积极个性，格外强调发展幼儿的自主学习能力与问题探索能力，为终身学习奠定良好基础。而"八项理想成果"经过实践发展，将成果第七项进一步补充为"发展肢体协调能力，养成健康的生活习惯，参与并享受各类艺术体验"（have developed physical co-ordination，healthy habits，participate in and enjoy a variety of arts experiences），成为学前教育阶段的关键阶段成果，与小学教育、中学教育和中学后教育三大阶段的关键阶段成果共同构成递进的系统，通过各个教育阶段的阶段性关键成果的逐步实现，使得儿童最终能够被培养成为一个自信的人、自主学习者、积极贡献者和关心他人关心社会的公民。[②]

此外，新加坡教育部在其官方文件《培育幼儿：新加坡学前课程框架》中总结了幼儿学习目标和学习品质（learning disposition）。学习目标

---

① Pre-School Education Unit，Ministry of Education，Singapore. Nurturing early learners：a framework for a kindergarten curriculum in Singapore［EB/OL］.［2021-08-02］. http：//ncm.gu.se/media/kursplaner/andralander/singaporeforskola.pdf.

② Pre-School Education Unit，Ministry of Education，Singapore. Nurturing early learners：a curriculum framework for kindergartens in Singapore［EB/OL］.［2021-08-03］. https：//www.nel.moe.edu.sg/qql/slot/u143/Resources/Downloadable/pdf/kindergarten-curriculum-framework.pdf.

分为美学与创意表达（aesthetics and creative expression）、发现与探索世界（discovery of the world）、语言和读写能力（language and literacy）、运动技能发展（motor skills development）、算术（numeracy）、社交与情感发展（social and emotional development）六大领域。而学习品质的官方概括为"PRAISE"，六个字母分别对应以下单词或词组的首字母：坚持性（perseverance）、反思性（reflectiveness）、赏识性（appreciation）、创造性（inventiveness）、好奇心（sense of wonder & curiosity）、专注性（engagement）。这六大学习品质是儿童成为终身学习者的重要支撑。值得注意的是，教师在针对学习品质培养开展相关课程时，还应考虑到儿童的语言文化背景、所属家庭和大社群的价值观，灵活调整教学，力求为幼儿提供一个更有安全感和归属感的环境。①

表 4-1　新加坡教育期望目标概况表 ②

| 学前教育 | 学前阶段的关键阶段成果 | 关键阶段 | 教育预期结果 |
| --- | --- | --- | --- |
| 学习目标<br>·美学与创意表达<br>·发现与探索世界<br>·语言和读写能力<br>·运动技能发展<br>·算术<br>·社交与情感发展<br><br>学习品质<br>·坚持性<br>·反思性<br>·赏识性<br>·创造性<br>·好奇心<br>·专注性 | ·明辨是非对错<br>·愿意与他人分享<br>·能够与他人交流<br>·充满好奇心，能够探索<br>·能够带着理解进行倾听和表达<br>·自我感觉舒适且快乐<br>·发展肢体协调能力，养成健康的生活习惯，参与并享受各类艺术体验<br>·爱家人、朋友、老师和学校 | 小学教育<br>初中教育<br>初中后教育 | 自信的人<br>自主学习者<br>积极贡献者<br>关心他人、关心社会的公民 |

---

① Pre-School Education Unit，Ministry of Education，Singapore. Nurturing early learners：a curriculum framework for kindergartens in Singapore［EB/OL］.（2013-02-20）［2021-08-03］. https：//www.nel.moe.edu.sg/qql/slot/u143/Resources/Downloadable/pdf/kindergarten-curriculum-framework.pdf.

② 同①.

上述培养目标的提出使得新加坡学前教育机构首次有了统一的方向和指引，而下文将要探讨的公立、私立学前教育机构在探索其独特的教育路径的同时也都以此培养目标为基础。至此，新加坡学前教育体系得到了进一步规范，迎来了蓬勃发展的黄金时代。

## 二、学前教育的实施机构

在新加坡，学前教育的实施部门可分为托儿中心和幼儿园，它们分别是为了满足不同的政策目标所设立的。托儿中心始于 20 世纪 40 年代，旨在为来自低收入家庭的儿童提供监护服务，后为满足 60 年代和 70 年代劳动密集型产业增长的需求，托儿中心的数量飞速上涨；幼儿园是在 20 世纪 40 年代和 50 年代由教堂、非营利组织和私人实体为教育目的而设立的。[①] 上述二者在年龄要求、课程开放时间、班级划分等方面有明显差异：（1）年龄要求方面。托儿中心为 18 个月至 7 岁的儿童提供幼儿服务及学前发展计划，一些托儿中心还为 2 至 18 个月的婴儿提供婴儿护理服务；幼儿园主要为 2 至 7 岁的儿童提供学前发展计划。（2）课程开放时间方面。托儿中心可提供全日、半日及弹性课程，以配合家长不同的工作时间；幼儿园一般提供 2～4 小时的计划以供选择。（3）班级划分方面。托儿中心分为 18 个月至 3 岁的豆豆班、2 至 3 岁的幼儿一班、3 至 4 岁的幼儿二班、4 至 5 岁的幼稚一班以及 5 至 6 岁的幼稚二班；幼儿园分为 2 至 3 岁的幼儿预备班（pre-nursery）、3 至 4 岁的启蒙班（nursery）、4 至 5 岁的幼儿园一年级（kindergarten 1）和 5 至 6 岁的幼儿园二年级（kindergarten 2）。[②]

此外，新加坡学前教育的实施机构依据实施主体不同分为公立和私立学前教育机构，二者在目标和课程体系上存在一定差异：政府组织开设的公立教育机构遵循统一的目标和教育理念；私立机构在目标和理念的制定

---

① TAN C T. Enhancing the quality of kindergarten education in Singapore: policies and strategies in the 21st century [J]. International journal of child care and education policy, 2017 (1): 3.

② The Early Childhood Development Agency, Singapore. About the early childhood landscape [EB/OL]. (2020-05-26) [2021-8-10]. https://www.ecda.gov.sg/pages/aboutus.aspx.

上则拥有极大的自主权，尚未形成统一标准。为此，下文将分别探讨公立机构和私立机构的基本情况以及目标设定。

### （一）公立机构的组成及其目标设定

1.公立机构的组成。

2014年以前，新加坡学前教育机构基本都以私立形式存在，而新加坡政府只负责审批和监管。为使当局在学前教育领域中发挥更加积极有效的作用，新加坡教育部于2013年宣布将开始自办公立性质的幼儿园，即教育部幼儿园（MOE Kindergarten，MK）。[①]在此后的2014年至2016年的两年时间里，政府陆续兴办了15所教育部幼儿园，并为之开发了统一的课程大纲和教材。

教育部幼儿园每年保证将至少三分之一的学额保留给家庭月收入不超过3500新元，或人均月收入不超过875新元的中低收入家庭[②]，这无疑为这些家庭的幼儿提供了接受高质量学前教育的机会，更促进了教育公平。截至2021年，新加坡共开设了36所教育部幼儿园。不仅如此，为推进高质量公办教育的普及，教育部每年都部署新的公办幼儿园建设计划，到2025年将开设近60所公办幼儿园。[③]据教育部官网给出的最新信息，新加坡将于2024年和2025年开设7所新的教育部幼儿园，为家长提供更多能负担得起的高质量学前教育机会。这7所新幼儿园将根据儿童的不同需要提供母语（华语、马来语和泰米尔语）学习以鼓励学生早期的双语学习，为其以后的语言学习打下坚实基础。教育部幼儿园还为有需要的家长提供幼儿园护理服务（kindergarten-care）。护理服务项目包括膳食和活动，旨在为儿童提供足够的时间和空间进行游戏、探索和发现，具体分为室内和室外的模块化活动，此外还开展室内和室外的游戏。[④]

---

① 普琳焱.《培育幼儿：新加坡学前课程》研究［D］.重庆：西南大学，2015：42.

② 中国驻新加坡大使馆教育处.新加坡学前教育现状及发展趋势［J］.基础教育参考，2016（21）：67-70，74.

③ Ministry of Education，Singapore. Overview of preschool［EB/OL］.（2021-04-15）［2021-08-20］. https://www.moe.gov.sg/preschool/overview.

④ Ministry of Education，Singapore. Kindergarten care at MOE kindergarten［EB/OL］.（2021-08-30）［2021-08-30］.https://www.moe.gov.sg/preschool/moe-kindergarten/kindergarten-care/.

针对政府缺乏适用于低年龄段（4 岁以下）幼儿保育和教育的相关公立机构的弊端，新加坡教育部推行了联合培养模式（MK-early years centre pilot model），即通过教育部幼儿园与 PCF Sparkletots 幼儿园（新加坡人民行动党旗下幼儿园）和 My First Skool 幼儿园（新加坡全国总工会旗下幼儿园）所兴办的托儿中心合作的形式完善公立学前教育培育体系，为 2 个月到 6 岁的幼儿提供中低收入家庭也能够负担的教育。在这一模式下，满 2 个月但不到 4 岁的幼儿将在与政府合作的托儿中心接受保育和教育，而当幼儿满 4 周岁后，便可以顺利衔接至对应的公办幼儿园展开幼儿园一年级阶段的学习。①这一模式极大程度上填补了教育部幼儿园在低年龄段的教育空缺，更好地保障了幼儿接受高质量学前教育的权利。

2. 公立机构的目标设定。

学前教育公立机构的目标设定是全国统一的。依据幼儿的年龄特点和身心发展水平，教育部分别为 0 ～ 3 岁的婴幼儿和 4 ～ 6 岁的幼儿设置了不同的目标，并出台了相应的国家政策文件加以支持，鼓励新加坡各类学前教育机构尤其是公立学前教育机构以此为引导，拟订切合儿童实际需要的课程目标与方案。

（1）0 ～ 3 岁婴幼儿目标设定。

2011 年 1 月，为提高托儿中心针对 0 ～ 3 岁婴幼儿的保育质量，新加坡社会发展、青年及体育部颁布了《婴幼儿培育框架》（Early Years Development Framework），力求为 2 个月到 3 岁的婴幼儿整体发展奠定稳固基础。《婴幼儿培育框架》旨在通过游戏和探索的形式开展学习，重点在于建立积极的互动和温暖的培养关系。在此基础上，幼儿培育署于 2017 年进一步推出了《婴幼儿培育框架教育工作者指南》，作为《婴幼儿培育框架》的补充。《婴幼儿培育框架》依据婴幼儿的发展需要设置了优质的照顾和培育标准，涉及婴幼儿全面发展和学习的各个领域，其中对于促进婴幼儿发展的预期目标有三个：①婴幼儿充满安全感、自信和健康；

---

① Ministry of Education，Singapore. Overview of preschool［EB/OL］.（2021-04-15）［2021-08-20］. https：//www.moe.gov.sg/preschool/overview.

②婴幼儿获得参与感并积极探索；③托儿中心、家庭和社区紧密联系。[①]

上述三个预期目标相较于 4～6 岁幼儿的目标设定，更强调婴幼儿安全依恋关系的发展，而非特定的学习领域能力培养。第一个预期目标指向婴幼儿正向内隐记忆（对情绪、动作、感觉和知觉的记忆）的生成，为其良好人格的形成奠定基础；而第二个预期目标推动婴幼儿在探索周遭环境的过程中寻找物体间的内在联系，通过游戏和互动推动概念的建构；第三个预期目标则作为前两个目标达成的基础和保障进行补充。除上述三大目标外，《婴幼儿培育框架》还将 3 岁以下婴幼儿培育的预期成果进一步细化为"让孩子具有安全感和自信"，其子目标为以下三点：①孩子能感觉到安全且与他人有情感连接；②孩子自信和独立性增强；③孩子在与教职工交流中能体现尊重、回应性和互动性。[②]

三个子目标对"让孩子具有安全感和自信"这一预期成果起到了深化的作用，进一步促进三大预期目标的达成，推动婴幼儿身心健康成长，为后续阶段的教育开展奠定了坚实基础。

（2）4～6 岁幼儿目标设定。

为配合世纪之交如火如荼开展的课程改革，新加坡政府针对学前教育阶段缺乏统一的课程和教学大纲来指导教学这一问题制定了全新的课程框架，即 2003 年 1 月正式推行的主要面向 4～6 岁学前儿童的《培育幼儿：新加坡学前课程框架》（Nurturing Early Learners：a Framework for a Kindergarten Curriculum in Singapore，以下简称《课程框架》），这标志着国家层面的学前教育官方课程框架的诞生。随着社会不断发展，《课程框架》逐渐难以适应时代与教育的新需要。于是新加坡政府广泛征询专家意见，参照世界上其他发达国家的研究和实践成果，在保留原有精华内容的前提下，针对学前教育目标、学前教育理念和学前教育内容等方面做出修改，于 2013 年颁布经过修订的《培育幼儿：新加坡学前课程框架》（以下简称《NEL 课程框架》），并配套推出了七本教学指南作为补充，帮助教师

---

① The Early Childhood Development Agency，Singapore. Early years development framework［EB/OL］.（2020-05-09）［2021-08-12］. https：//www.ecda.gov.sg/PressReleases/Pages/Early-Years-Development-Framework-（EYDF）.aspx.

② 同①.

更好地将框架中所阐述的教学和学习原则用于教学实践。《NEL课程框架》明确了教育部关于学前教育的理念和目标，将目标的着眼点放在了如何推动孩子更好地进行发展和学习上。目标具体被分为六大领域——美学与创意表达、发现与探索世界、语言和读写能力、运动技能发展、算术、社交与情感发展。每个领域下都包含一系列清晰的具体目标，下面是六个领域的具体目标。

①美学与创意表达：享受艺术、音乐和运动活动；通过艺术、音乐和运动表达思想和情感；通过实验和想象创造艺术、音乐和运动；分享关于艺术、音乐和运动的想法和感受。

②发现与探索世界：对自己所生活的世界表现出兴趣；通过简单的调查，找出事情发生的原因和工作原理；培养对周围世界的积极态度。

③语言和读写能力：聆听信息并享受其乐趣；通过讲话表达含义并与他人交流；带着理解和享受阅读；使用绘图、标记、符号和文字（包括传统拼写和发明拼写）来表达思想和信息。

④运动技能发展：喜欢参加各种体育活动；在大肌肉运动任务中表现出控制、协调和平衡；在精细运动任务中表现出控制和协调；在家庭、学校和公共场所养成健康的习惯和安全意识。

⑤算术：识别简单的数字模型和关系并使用，如匹配和排序；在日常生活中使用数字；在日常生活中识别并使用基本形状和空间概念。

⑥社交与情感发展：培养个人身份意识；管理自己的情绪和行为；尊重多样性；能够与他人沟通、互动并建立关系；对自己的行为负责。①

以上六大领域具体目标的设置，一方面为新加坡的幼儿园和托儿中心提供方向指引，使其在课程设置上更加明确和精细，制定出适合幼儿学习的课程内容，更加全面地培养幼儿的基本能力；另一方面，六大领域具体目标与前文提及的六大学习品质相辅相成，关注幼儿的全面发展，让每一个孩子挖掘自己的独特潜能，最终将其培养为终身学习者。

---

① Pre-School Education Unit, Ministry of Education, Singapore. Nurturing early learners: a curriculum framework for kindergartens in Singapore［EB/OL］.［2021-08-03］. https://www.nel.moe.edu.sg/qql/slot/u143/Resources/Downloadable/pdf/kindergarten-curriculum-framework.pdf.

　　此外，双语教育一直以来是新加坡教育的基石。鉴于其重要性，新加坡教育部于颁布《NEL 课程框架》的同年增发了《学前母语课程框架》（NEL Framework for Mother Tongue Languages），并配套推出三种官方母语（华文、马来语、泰米尔语）的教学指南，以期推动新加坡双语教育在学前教育阶段的发展。在双语教育政策下，幼儿同时修读英语和母语。其中英语作为通用语言在不同种族间的交流中起到重要作用；母语学习则培养新加坡人对母族文化的认同，并传承其传统价值观。简言之，双语教育对于新加坡作为多元文化和多元种族社会的持续发展起保障作用。[①]《学前母语课程框架》的主要愿景为使儿童感受学习和使用母语的乐趣，有信心地使用母语交流并能够欣赏本地文化。为实现愿景，《学前母语课程框架》概述了学前母语教学的三大宗旨：沟通、文化和联系。在这样的宗旨和愿景下，框架将主要目标指向了为幼儿的母语学习奠定坚实的基础，从而培养他们养成终身学习母语的习惯。具体可以细化为三大学习目标：幼儿对母语学习感兴趣，幼儿能掌握基础语言能力，幼儿对本地文化有初步的了解。[②]

　　当然，对于母语学习的目标远不止上述几点。除了接受其母语国家的本土文化传承之外，幼儿还将学习如何融入新加坡多元的文化环境，在与不同文化背景的人交流相处中学会尊重和包容。[③]《学前母语课程框架》的目标与《NEL 课程框架》所设置的目标互相补充，为将幼儿培育成更能适应时代需求的新加坡公民奠定良好的基础。

### （二）私立机构的组成及其目标设定

　　除了政府兴办的教育部幼儿园与托育机构外，新加坡还拥有相当数量的私立幼儿园和托儿中心，这些机构也都基本遵循与公立机构相似的一般化特点，同样以《婴幼儿培育框架》《NEL 课程框架》等政策为指引，但

---

① Ministry of Education，Singapore. 学前母语课程框架 ［EB/OL］.（2013-11-21）［2021-08-05］. https://www.nel.moe.edu.sg/qql/slot/u143/Resources/Downloadable/pdf/nel-framework/nel-framework-for-mtls-chinese.pdf.

② 同①.

③ BULL R，BAUTISTA A，SALLEH H，et al. Evolving a harmonized hybrid system of ECEC：a careful balancing act a case study of the Singapore early childhood education and care system［M］.［S.l.］：Teachers college press，2018：39.

通常由私营部门（社区、基层、商业机构等）经营。经营主体的差异性决定了私立机构在教学理念和课程设计等方面拥有更大的自主权和自由度，使得新加坡学前私立机构市场呈现出百花齐放的特点。南洋幼儿园（Nanyang Kindergarten）作为新加坡乃至整个马来半岛上历史最悠久的华人幼儿园（建立于1934年），在深厚底蕴的支持下紧随国家与时代发展，不断推陈出新，焕发新活力，从新加坡众多私立机构中脱颖而出；迈杰思幼儿园（MindChamps Preschool）自进入新加坡学前教育市场以来就长期居于中高端市场首位，成为新加坡特许经营品牌的金奖获得者，最能代表新加坡私立学前教育机构的顶尖水平和质量。基于上述原因，本书选取了这两所颇具代表性的高质量私立机构作为范例，带领读者探索新加坡私立学前教育机构的基本情况及其目标设定。

1. 南洋幼儿园的结构及其目标设定。

南洋幼儿园始建于1934年，是当时整个马来半岛上第一所华人幼儿园，后在第二次世界大战期间遭到日军侵袭被毁。战后，在学校职工和各界人士的共同努力下，学院渐渐恢复了昔日的辉煌。南洋幼儿园目前拥有两个校区——加冕路51号园区和国王路118号园区，前者主要开设幼儿预备班（pre-nursery）和启蒙班（nursery），而后者为幼儿提供幼儿园一年级和幼儿园二年级阶段的教学。[①]幼儿园秉持着每个孩子都是独特的教育理念，相信他们有着独特的天赋和才能，为他们营造愉快放松的学习环境，帮助他们最大限度地发掘潜能，塑造良好的性格和品质，从而为终身学习做好准备。

南洋幼儿园教育愿景在于促进儿童的德、智、体、群、美"五育"平均发展，培养幼儿热爱学习、勤奋、谨慎、有责任感的良好性格，最终促进其身心全面发展。幼儿园的教育目标：培养每个儿童热爱学习的品质，使其成长为勤奋、谨慎、有责任感、能够熟练运用英文和华文的个体。[②]学校的课程与教学围绕着上述教学目标和愿景开展，确保幼儿身心的健康发

---

① Nanyang Kindergarten，Singapore. School information［EB/OL］.［2021-08-15］. http：//www. nanyangkindergarten.com/schoolinfo.html.

② 普琳焱.《培育幼儿：新加坡学前课程》研究［D］.重庆：西南大学，2015：43-44.

展，为其下一学段的学习乃至终身学习奠定坚实基础。

2. 迈杰思幼儿园的结构及其目标设定。

迈杰思幼儿园始设于 1998 年，最早在澳大利亚成立研究中心，2002 年在新加坡成立国际总部。该幼儿园相信教育的重心应专注于教给儿童学习相关的技能和策略，即如何学习，而非具体内容和知识的学习。幼儿园的师资也都经过严格筛选，教师上岗前要经过迈杰思学前培训和认证。另外，在职的教师每年都会得到专业的培训以确保教学质量。不仅如此，迈杰思幼儿园全学段的师幼比都远胜于幼儿培育署所制定的标准，其中在幼儿园二年级学段更是达到了 1：12，远超出幼儿培育署在这一年龄段所设立的标准 1：25，也就保证了幼儿能够在这里获得更多关注并接受更好的照料。此外，具有新加坡公民身份的父母可获得政府的儿童保育补贴。儿童保育方案的基本补贴定为每月 300 新元，如果孩子来自中低收入家庭或单亲家庭，家长还可申请额外补贴[①]，这一举措大大减轻了家长们的经济负担，使得迈杰思幼儿园成为更多家长的选择。

迈杰思幼儿园还与国际专家合作，制定了独特的教育路径来开展教学，也就是三大思维模式（three-mind approach），具体体现为冠军思维（the champion mind）、学习思维（the learning mind）和创造性思维（the creative mind）三大方面[②]，该幼儿园的目标也是在三大思维模式的基础上设立的。此外，该幼儿园还针对旗下的托儿中心和幼儿园的不同特点分别设立了与之适配的目标。

（1）托儿中心。

托儿中心主要招收 2 ～ 18 个月的婴儿，这一阶段迈杰思幼儿园主要强调 SMILES 环境的营造，SMILES 元素是迈杰思幼儿园的特色，是指在以下六大关键领域刺激婴幼儿发展的活动——感官（sensory）、运动（motor）、

① Mindchamps，Singapore. Playgroup，nursery & kindergarten［EB/OL］.［2021-08-16］. https：//www.mindchamps.org/preschool/programmes/admission-info-fees/.

② Mindchamps，Singapore. Our pedagogy［EB/OL］.［2021-08-15］. https：//www.mindchamps.org/the-mindchamps-story/our-pedagogy/.

智力（intellectual）、语言（linguistic）、情感（emotional）和社交（social）[1]，为其终身学习奠定坚实基础。

（2）幼儿园。

迈杰思幼儿园开设了三种不同类型的幼儿园，为家长提供多样化的选择：普通幼儿园、华文幼儿园和艺术表演国际幼儿园。相较于托儿中心，幼儿园除了延续对于 SMILES 环境的营造，还秉持着尊重幼儿、不给其施加压力和恐惧的教学理念，旨在培养幼儿的十项基本品质：自信（I am confident）；懂得感恩（I am grateful）；正直（I have integrity）；懂得自我反省（I am self-reflective）；能够发现和专注于其他人或事物的美（I focus on the beauty in others）；学会拥抱和正视挫折（I embrace setbacks as setups）；珍惜反馈并将其当作成长的动力（I value feedback as a seed for growth）；富有创造力（I am creative）；富有同情心（I am compassionate）；成为一个终身学习者（I am a life-long learner）[2]。

迈杰思旗下的普通幼儿园、华文幼儿园和艺术表演国际幼儿园都致力于培养幼儿的上述十项基本品质，但在课程实施层面的侧重略有不同。

从上述两所典型的私立幼儿园中可以发现，私立幼儿园无论是办学理念、体制还是目标设定上都不同于政府统一领导下的公立机构，更加强调自身特色，推动新加坡学前教育呈现出百花齐放的盛况。

## 第二节 学前教育的课程与教学

由于未被纳入政府的正规教育体系中，新加坡学前教育在过去很长一段时间里都未能得到足够的重视，这直接导致新加坡长期以来一直未能形成统一的学前教育官方课程及标准，也是各学前教育机构的课程内容和教学标准各不相同的原因，并不利于学前教育的高质量发展。基于这个背景，

---

[1] Mindchamps, Singapore. Infant care center Singapore: our curriculum［EB/OL］.［2021-08-16］. https: //www.mindchamps.org/preschool/infant-care/our-curriculum/.

[2] Mindchamps, Singapore. PreSchool, nursery and kindergarten: our curriculum［EB/OL］.［2021-08-16］. https: //www.mindchamps.org/preschool/programmes/our-curriculum/.

新加坡进入 21 世纪后先后制定了《培育幼儿：新加坡学前课程框架》和《婴幼儿培育框架》等一系列促进学前教育规范发展的政策文件，鼓励学前教育机构依据上述框架进行课程和教学的安排。自此，新加坡学前教育的课程与教学走上正轨。此外，在正式探讨新加坡学前教育阶段的课程与教学之前，须先对课程与教学的关系进行定义。纵观历史，对于课程与教学关系的认识自大教学论始，经历近四百年嬗变出大课程论，人们逐渐认识到课程本质上是一种教育过程，即"实践状态"的教育活动，它包含着教学活动，而教学是实施课程、实现教育目标的根本途径。[①] 在课程开发的视角下，"课程实施"与"教学"之间有着千丝万缕的关系，尽管二者不能完全等同，但其界限难以划分。基于此，本章中所提及的课程实施实际上暗含了教学。[②] 根据新加坡学前教育的特点，本节主要遵循课程论包含教学论的大课程观模式。

## 一、课程理念和原则

儿童是好奇的、积极的、有能力的学习者，这是《NEL 课程框架》的中心思想。基于这一理念，该框架提倡 iTeach 原则。iTeach 是指导优质幼儿园的课程教学和学习的六项原则的缩写。《NEL 课程框架》旨在为儿童建立坚实的基础，通过帮助他们在六个学习领域获得知识与技能并习得对学习的积极态度，以实现教育成果。

（一）课程理念：儿童是好奇的、积极的、有能力的学习者

对于"儿童是什么""儿童可以做到什么""儿童怎么学习"的理解决定了教室中的教学实践以及教师行为，这影响到教师是否能够有效地辅助、延伸儿童的思考与学习，同时，还使教师能做出有根据的决定，以在教室内外都能计划并实施有意义的学习体验。

1. 儿童是好奇的学习者。

儿童天性好奇，热衷于积极去理解自己周围的世界。他们不是因为在观察世界而忽略摆在他们面前的挑战、疑惑和不确定性，相反，他们时常

---

① 黄甫全.现代课程与教学论［M］.3 版.北京：人民教育出版社，2014：11-12.

② 杨明全.课程概论［M］.北京：北京师范大学出版社，2010：268-269.

好奇、提问、探索，尝试理解世界并为之赋予意义。对于这个世界，儿童想要尝一尝、碰一碰、举一举、摇一摇、弯一弯甚至打破它。他们以自己独特的方式与这个世界建立联系、表达想法，并持续发现更多的奥妙。

2. 儿童是积极的学习者。

儿童在做中学。只有当儿童积极参与其中时，学习才更有效。研究表明，当儿童积极地参与学习过程时，他们的脑容量会增加。儿童在与实际生活物体和经验相关的亲身参与、亲自探索、自主实验过程中更容易理解记忆技巧和概念，在此过程中，他们可以构建帮助他们思考的，关于世界的知识的精神结构。在儿童与物体、人、想法和活动互动的过程中，他们会向教师阐明他们思考和推理的方法。这使有经验的教师可以认识到每位儿童的兴趣和能力，并据此做出引导儿童全面发展的合理选择。

3. 儿童是有能力的学习者。

只要给予正确的支持和合适的环境，儿童几乎可以学习任何事物。他们是有着不同的长处和能力的个体，能够在多样的文化和社会背景下学习、生活。他们的学习和发展受到生活背景、生活方式、文化背景和已有知识的影响。儿童的想法和推理随着他们在已有知识和经验的基础上构建新知识的过程而改变。在此过程中，他们持续地反思并更新自己对世界运转的理解。他们通过理解从经验得来的新信息进行学习，同时，这也能帮助他们发现走向下一阶段理解的路径。

（二）课程原则：强调多元与整合的 iTeach 原则

iTeach 原则指导计划、设计和实施有意义的、正确的、为儿童服务的学习体验。这些原则是根据新加坡和国际上的关于儿童如何学习和发展的研究以及新加坡国内优秀实践经验而提出的。这些原则是一个优质幼儿园的课程所必备的要素。

iTeach 原则示意图见图 4-1。

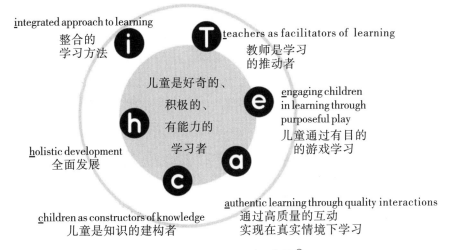

图 4-1　iTeach 原则示意图 [①]

1. 整合的学习方法。

儿童从经验中学习且无法将所学事物划分为不同部分。因此，活动中儿童可获得的学习经验应该被规划为一个充满有意义联系的整体，而不是被分割为不同的科目。整合的学习方法能使教师帮助儿童建立不同学习领域之间的有意义的联系，并理解不同的知识和技能是如何连接起来的。随着儿童在已有经验和新获得的信息中建立联系，他们的大脑会构建一系列图式，帮助他们将周遭世界理解为一个整体，其中一部分联系能够促进以下关联的形成：（1）已存在的想法和新学到的知识；（2）分布在不同学习领域的概念、技巧或主题。

在整合的学习方法中，教师根据建立在儿童的兴趣和现有理解水平上的主题、情境或项目来规划学习活动。这能够成为儿童习得、巩固和延伸知识技能的一个跳板。教师通过开展这样的学习活动来帮助儿童建立与先前学习的联系并扩展已有的理解。

① Pre-School Education Unit，Ministry of Education，Singapore. Nurturing early learners：a curriculum framework for kindergartens in Singapore［EB/OL］.［2021-09-30］. https：//www.nel.moe. edu.sg/qql/slot/u143/Resources/Downloadable/pdf/kindergarten-curriculum-framework.pdf.

2. 教师是学习的推动者。

作为学习的推动者，教师利用自身的专业知识、技能和资源，与家庭携手促进儿童的学习和发展。他们基于以下方面的理解来支撑儿童学习：（1）儿童如何发展和学习；（2）儿童的兴趣和能力；（3）儿童的需要和背景。

因为家庭成员和儿童最亲近，也最了解他们，所以家庭成员可以向教师提供有价值的信息。通过家庭成员分享的儿童的兴趣、能力、经验和日常生活，教师可以和家庭成员合作，帮助儿童在学校和家庭之间建立联系，促进儿童的学习。

在课堂中，教师应根据儿童的最近发展区开展学习活动，即在超出儿童自身所知和能做的范围的前提下，通过必要的帮助，儿童可以完成新的任务。教师应该通过建立有效的交流、互动并根据儿童当前能力和已有经验将指令拆分成一个个小步骤，以优化学习过程。通过观察和提问，教师可以分辨出儿童的最近发展区在哪里。

为推动儿童的学习，教师应广泛选取教学内容并使用丰富多样的教学策略，引导幼儿积极参与。教师应观察并监控儿童学习的方式与内容，并以此激励幼儿构建新的理解和联系。

3. 儿童通过有目的的游戏学习。

游戏是儿童与世界交往、探索所处环境的最主要方式。因此，游戏成为激发儿童学习兴趣的最自然的手段。在儿童游戏的过程中，他们与同伴和教师产生互动，语言能力和社会交往技能得到发展，机体运动能力也得到提升。游戏为合作学习提供了机会，并使儿童有机会去冒险、犯错与面对失败。最重要的是，游戏使得学习过程非常愉快，且能够发展儿童的想象力和创造力。

游戏分为自主游戏、没有或只有一点成人干预的游戏和由教师主导的高度结构化游戏。当认识到以儿童为主的自主游戏的益处以后，《NEL 课程框架》强调教师在有目的的游戏中扮演至关重要的角色。在有目的的游戏中，教师有意地计划游戏活动，并有效地利用环境来增强儿童的学习体验。同时，儿童拥有在教师提供的环境中探索材料和开始游戏的灵活主动性。当儿童进行游戏时，教师通过观察儿童发现他们学习到了什么，并实施相应的教学手段来强化、延伸他们的经验。有目的的游戏包含以下要素：
（1）游戏对于儿童来说应是愉快的；（2）游戏需要儿童积极参与探索，发展、应用知识和技能；（3）游戏包含了教师根据儿童兴趣和能力精心考虑、设计的可学习内容；（4）游戏需要教师的推动，教师的责任包括观察儿童的游戏过程以了解儿童学习到了什么，再据此朝着预设好的方向强化、延伸儿童的学习。

4. 通过高质量的互动实现在真实情境下学习。

儿童应该有机会与物体、物理环境和人（同伴、教师、家人、社区居民等）在真实的、相联系的和有意义的环境下进行互动。这能帮助他们优化学习过程并发展他们的认知和社会情绪技能。高质量的互动包含以下要素：（1）儿童有足够的时间来谈论自己的经验、提问、表达自己的想法和感受并解释他们是如何解决问题的；（2）儿童和教师在共同努力研究一个项目、解决一个问题、厘清一个概念或是讲一个故事的过程中，共同参与到一个开放的、可持续的对话中。

当儿童有机会和他人沟通自己的想法和主意时，他们的理解会由此加深。维果茨基认为高质量的互动和最近发展区是儿童认知发展的关键。此外，正是在这样高质量的互动过程中，儿童实践并锻炼自己的社会交往技能，比如，形成和维护一段友谊，与同伴合作以及协商，感知他人的感受并培养自制力。

5. 儿童是知识的建构者。

儿童依本能而动，通过提问以及寻找问题的答案来探索世界，他们想要了解激发他们好奇心的人、物体、事件和想法。当面对阻碍时，儿童能够生成新的策略来解决困难。儿童通过操作真实物体、探索、反思、互动、做出决定以及与同伴和老师交流他们正在经历的事情来构建知识，他们是毋庸置疑的知识建构者。他们自己找出想探究的事物，并赋予他们周围的人、地点和物体以意义。通过反思和推理，他们会发现能够帮助他们进入下一个理解水平阶段的新联系。

图 4-2 反映了儿童构建知识、习得概念和技巧的四个过程。每一次儿童遇到新的体验时，他们会有意识地迎接新的概念和技巧，然后，他们会继续前进、探索、习得并在实际生活中应用这些概念和技巧。

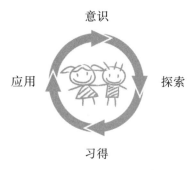

图 4-2　学习循环图 [1]

6. 全面发展。

教育应该使儿童获得整体发展——包括头脑、心灵和双手。儿童发展的每个方面都要受到重视，这样才能最大限度地激发儿童的潜能。学习和发展的所有领域都存在内在联系，在某一个领域的发展影响到其他领域的发展，同时受其他领域发展的影响。在现实中，每一个领域都不能被孤立起来。

为了促进儿童的全面发展，教师应该为儿童提供机会去发展《NEL 课程框架》中提及的六个领域中的关键知识、技能和人格，同时应该引导儿童将这些内容和日常生活经验联系起来，而不是只强调独立的、分散的技能的习得。[2]

上述教育理念与原则从新加坡幼儿园的总体实践情况出发，参考了多方学术专家的建议，是普遍适用于全新加坡公立、私立幼儿园的一份重要参考指南。但是由于公立、私立幼儿园的性质不同，它们在统一理念及原则指导下分别生成的课程体系也有所不同。基于此，笔者接下来将分别论述教育部幼儿园（即公立幼儿园）与私立幼儿园的课程体系。

## 二、教育部幼儿园课程体系

教育部幼儿园课程由教育部课程专家和教育工作者设计，本着为每个

---

① Pre-School Education Unit，Ministry of Education，Singapore. Nurturing early learners：a curriculum framework for kindergartens in Singapore［EB/OL］.［2021-09-30］. https：//www.nel.moe. edu.sg/qql/slot/u143/Resources/Downloadable/pdf/kindergarten-curriculum-framework.pdf.

② 同①.

孩子提供良好开端这一教育愿景，为新加坡广大儿童提供高质量的学前教育。

## （一）课程目标

教育部幼儿园的课程体系主要由三大课程项目组成，即星光英语及母语识字计划（starlight literacy programme for English and mother tongue languages）、高光课程（the HI-Light programme）以及"奇迹周"项目（weeks of wonder projects），这三个项目在课程目标的设置上各有偏重。一是星光英语及母语识字计划，其主要课程目标在于培养幼儿的双语能力。尽管每门语言的课程资源和学习资源是彼此独立的，但它们在教学方法上遵循一致的原则，即注重对儿童听说能力的培养，与此同时也强调培养幼儿对于英语和母语学习的兴趣和信心，为幼儿奠定坚实的语言基础。[①] 二是高光课程，其学习体验往往从整体出发进行规划，让幼儿全面感知周遭事物。该课程旨在通过综合性的学习方式促进幼儿全面发展，与此同时激发他们的学习兴趣与热忱。[②] 三是"奇迹周"项目，这一课程注重培养幼儿的团队协作能力、自主学习和解决问题的能力以及使用英语和母语的沟通技能。孩子们在课程过程中将体验自我激励学习的快乐，这将帮助他们巩固自信以及强化他们的学习意向和培养积极态度。[③]

## （二）课程设计

教育部幼儿园的课程主要包括两个旗舰项目，分别是星光英语及母语识字计划和高光课程。除此之外，每个学期末幼儿园还会开展"奇迹周"项目。表 4-2 展示了新加坡教育部幼儿园典型的一周生活和课程开展，让读者能够更加直观地了解其课程结构设计。

---

① Ministry of Education，Singapore. Starlight literacy programme［EB/OL］.（2021-02-19）［2021-08-07］. https：//www.moe.gov.sg/preschool/moe-kindergarten/curriculum/starlight.

② Ministry of Education，Singapore. HI-Light programme［EB/OL］.（2021-02-19）［2021-08-05］. https：//www.moe.gov.sg/preschool/moe-kindergarten/curriculum/hi-light.

③ Ministry of Education，Singapore. Weeks of wonder projects［EB/OL］.（2021-02-19）［2021-07-22］. https：//www.moe.gov.sg/preschool/moe-kindergarten/curriculum/weeks-of-wonder.

表 4-2　教育部幼儿园周课程表 [①]

| 时间 | 周一 | 周二 | 周三 | 周四 | 周五 |
|---|---|---|---|---|---|
| 7：50—8：00 | 入园与健康检查 | | | | |
| 8：00—8：30 | 户外活动 | 音乐与律动 | 动作技能发展 | 户外活动 | 动作技能发展 |
| 8：30—9：15 | 高光课程 | | | | |
| 9：15—9：35 | 餐点 | | | | |
| 9：35—10：00 | 学习中心 | | | | |
| 10：00—10：45 | 星光英语及母语识字计划（英语） | | | | |
| 10：45—11：45 | 星光英语及母语识字计划（母语） | | | | |
| 11：45—12：00 | 活动反思与庆祝 | | | | |
| 12：00 | 离园 | | | | |
| 12：50—13：00 | 入园与健康检查 | | | | |
| 13：00—13：45 | 高光课程 | | | | |
| 13：45—14：05 | 餐点 | | | | |
| 14：05—14：30 | 学习中心 | | | | |
| 14：30—15：30 | 星光英语及母语识字计划（母语） | | | | |
| 15：30—16：15 | 星光英语及母语识字计划（英语） | | | | |
| 16：15—16：45 | 户外活动 | 音乐与律动 | 动作技能发展 | 户外活动 | 动作技能发展 |
| 16：45—17：00 | 活动反思与庆祝 | | | | |
| 17：00 | 离园 | | | | |

　　教育部幼儿园在课程整体设计上注重课程内容的多样性和协调性。多样化的课程开设保障幼儿各项基本能力都能得到培养。在每天的上午和下午的固定时间里，学习中心都会开放，里面设有各类不同的活动区域并且投放了丰富的玩教具材料，供幼儿进行探索、创造、阅读、绘画和写作。每天离园前还专门设有对教学活动的反思环节，进一步巩固幼儿的学习效果。课程将大量时间分配给了星光英语及母语识字计划，侧面反映出教育

① Ministry of Education，Singapore. MOE kindergarten on to a strong start［EB/OL］.［2021-11-07］. https：//punggolgreenpri.moe.edu.sg/qql/slot/u679/MKindergarten/2019%20MK%20Open%20House%20@%20Punggol%20Green.pdf.

部幼儿园对于幼儿双语能力培养的高度重视。

**（三）课程内容与课程实施**

1. 星光英语及母语识字计划。

鉴于新加坡本土语言的多样性，星光识字计划提供英文和母语两种语言版本，其中母语的学习使得孩子能够接触到其种族的文化遗产，帮助其更好地理解所属民族的价值观和历史，加深身份认同。课程从英语和母语的语言和文化特点出发进行设计①，克服了以往语言学习的传统课程在内容上会相对枯燥的通病，以母语所属地的歌谣和故事为载体，以大图书（big books）为媒介，在欢乐有趣的环境中系统培养幼儿早期识字技能。星光识字计划以故事为基础，通过丰富的故事和童谣来培养幼儿的语言能力。大图书共享阅读是教育部幼儿园在课堂内使用的教学方法。在实际教学中，通过使用大图书和共享阅读的形式创设不同故事场景，开展简短而重点突出的活动，教授幼儿语言和阅读技能，包括字母和发音的关系等基本阅读技能。老师用大图书里的图画书来吸引幼儿。幼儿可以谈论书中的图片，并将它们与自己的经历联系起来。在老师朗读和提问之前，让幼儿根据前面看到的内容预测下面的内容，从而提高他们对故事的兴趣。初次阅读的目的在于获得乐趣以及理解故事大意。除此之外，家长也会加入孩子的学习之中，通过孩子与家人的母语互动、游戏等实现幼儿在幼儿园和家庭中学习的无缝衔接。需要注意的是，如果家长在此计划中为幼儿选择非本种族的母语课程，例如华裔儿童没有选择中文课程，而是选择了泰米尔语或马来语课程，到了小学阶段则需要向政府提交申请才能接受其原本母语课程的学习，而政府也将视实际情况决定是否通过其申请。

2. 高光课程。

高光课程作为新加坡教育部幼儿园的核心课程之一，遵循"iTeach"原则中整合的学习方法这一理念，旨在通过综合性的学习方式促进幼儿全面发展，同时激发其学习兴趣与热忱。这对幼儿来说至关重要，因为幼儿的学习体验具有整体性，并非孤立存在。所谓整合式学习是指以主题活动为

---

① Ministry of Education, Singapore. Starlight literacy programme［EB/OL］.（2021-02-19）［2021-08-07］. https://www.moe.gov.sg/preschool/moe-kindergarten/curriculum/starlight.

主开展教学活动，而主题来源于前文提及的新加坡学前课程框架中的六大领域（美学与创意表达、发现与探索世界、语言和读写能力、运动技能发展、算术、社交与情感发展），从中挑选两到三个主题进行系统性整合，使学科知识之间的界限得以打破，将知识技能以整体形式传授给幼儿。

以下以自然保护区实地考察活动为例，介绍典型的高光课程学习活动的实施过程。首先教师要激发幼儿的学习兴趣，在去自然保护区实地考察之前，教师先在课程中通过相关动植物照片的展示和幼儿关于大自然经历的讨论引导其对自然产生初步认识。这样做的目的是引起幼儿对于活动主题的好奇心，从而促使其自主学习，如鼓励孩子们在前往保护区前自行查阅相关信息（如关于自然保护区的海报），根据收集到的信息进行思考并提出相关问题。其次是互动式学习体验环境的营造，也就是让幼儿实地前往自然保护区进行探索并且记录下对于动植物的观察。结束了实地考察环节后，教师要注意对幼儿学习内容进行引导拓展，让幼儿进行反思。这可以通过让孩子们自由讨论其所见所闻（结合图纸、照片和视频）来实现，最好在讨论之后幼儿能够生成自己的"课堂故事"。[①]

3．"奇迹周"项目。

为了加深幼儿的学习体验，教育部幼儿园每学期末还会根据学期学习主题开展以探索为主的"奇迹周"项目。通常情况下，每个教育部幼儿园一年里需完成四个"奇迹周"项目，其中两个用英语完成，剩余的两个用母语完成。在"奇迹周"项目中，幼儿通过与教师、同伴共同合作探索他们感兴趣的主题，学会团队协作以及自主学习，同时学会如何自己做决定、探索和解决问题、与同伴协作以及用英语和母语进行有效的沟通。在这个过程中，幼儿体验到了自我激励学习的快乐，这无疑有利于帮助他们巩固自信以及强化他们积极学习的倾向和态度。

本书以教育部其中一所幼儿园曾开展过的"漂浮房屋"项目为例，加深读者对于"奇迹周"项目实施的认识。该项目源于幼儿偶然提出的"是否能在水上盖房子"的问题。在挖掘到孩子们的兴趣点后，老师们通过"我

---

① Ministry of Education, Singapore. HI-Light programme［EB/OL］. (2021-02-19)［2021-08-05］. https：//www.moe.gov.sg/preschool/moe-kindergarten/curriculum/hi-light.

想知道，我发现，我知道"的教学过程来指导他们进行项目式学习。首先，幼儿从各个途径获得不同类型的漂浮房屋的信息（如视频、书籍以及相关实验）；其次，了解到物体漂浮的原理之后，幼儿画出了他们心中漂浮房屋的模样；再次，幼儿园鼓励家长也参与进来与儿童一同探索，使用回收材料建造一个漂浮房屋的三维模型；最后，幼儿在课堂上展示和测试他们的漂浮房屋模型。[①]

### （四）课程发展特点

其一，课程理念方面，教育部专门成立课程专科督导，统一对教育部幼儿园的课程进行设计与开发；颁布并完善《培育幼儿：新加坡学前课程框架》作为课程的政策依据和引导，这都为课程的顺利实施提供了理论保证。课程遵循双语教学的原则，这不仅体现在《学前母语课程框架》等支持双语课程开展的政策文件上，更体现在具体的幼儿园课程中，通过星光英语及母语识字计划和"奇迹周"项目等双语课程的开设，保证幼儿在进入小学学习前就打下良好的双语基础。此外，教育部幼儿园始终坚持以幼儿为学习主体的原则，尤其强调幼儿的自主学习，将幼儿的主体价值置于首位。课程的设置与实施都旨在培养幼儿的好奇心和求知欲，这与教育部关于培养终身学习者的教育理念不谋而合，意在推动幼儿成为能够独立思考和自主创造的人。

其二，课程资源方面，课程的设置也考虑到课程资源的充分性、可获得性以及如何合理进行利用的问题，在活动组织形式上通过不断创新实现活动形式多样化，为幼儿带来富有趣味性和游戏性的学习体验。幼儿园不光依托校内资源，更注重开发学校周围丰富多彩的地方资源，定期组织活动带领幼儿到校园外开展实地考察，以便他们更好地了解新加坡的人文地理文化以及他们所生活的世界。幼儿园还重视家庭资源对儿童成长的作用，强调家长参与，鼓励以家庭为基础的学习活动。家长可以共同参与到教学活动中，用更科学、专业和理性的视角来理解孩子的成长和教育，与他们建立更深层次的联系。教育部幼儿园通过充分利用校内资源、家庭资源和

---

① Ministry of Education，Singapore. Weeks of wonder projects［EB/OL］.（2021-02-19）［2021-08-22］. https：//www.moe.gov.sg/preschool/moe-kindergarten/curriculum/weeks-of-wonder.

社会资源，创设多种多样的真实场景，让幼儿在丰富的体验中学习成长，保证其学习环境具有丰富性、刺激性、目的性和动态性。

其三，课程实施方面，教育部幼儿园本着尊重幼儿个性发展的原则，注重培养幼儿丰富多彩的兴趣，根据其不同需求和自身特色灵活调整，制订适宜的学习活动，统筹相关教学资源、方法以及活动空间。①教育部幼儿园的教师们将自己的角色定义为幼儿学习的引导者、促进者与支持者，充分鼓励和尊重幼儿的想法和创意，为每个幼儿提供展示的机会和舞台，借此增强幼儿的自信心与学习的积极性，激发幼儿内在学习动力。②课程也重视幼儿协作能力的培养，通常采取小组合作探究教学模式，活动多以幼儿协作的方式推动问题探索与解决，培养幼儿的团队协作意识，也契合了当今新加坡乃至国际社会重视合作的主流。课程以游戏实践为主，以游戏为媒介，把握幼儿的兴趣点，改变枯燥、传统的教学课堂，顺应幼儿好玩好动的天性，让幼儿亲身参与到游戏活动中，在各种真实情境下更好地学习和探索，使幼儿获得丰富的游戏活动体验，借以启迪幼儿，使幼儿在愉快的游戏中获取知识，开发其无限潜能。

### 三、私立幼儿园课程体系

私立机构方面，由于没有统一的课程框架和标准，各大私立幼儿园的课程与教学特点不尽相同。笔者选取了本章第一节中介绍过的颇具代表性的南洋幼儿园以及迈杰思幼儿园来为读者展示其课程设计与教学实施的独特之处。

#### （一）南洋幼儿园课程体系：传统与变革并存的特色化课程

在经历长期的实践探索后，南洋幼儿园既保留传统，坚持将幼儿华文能力培养置于首位的教学宗旨；又适时变化，紧抓时代和新加坡本土特色不断调整推出新课程，形成了独具特色的课程体系。

---

① Ministry of Education, Singapore. Curriculum and programmes［EB/OL］.（2021-02-19）［2021-07-25］. https：//www.moe.gov.sg/preschool/moe-kindergarten/curriculum.

② 普琳焱.《培育幼儿：新加坡学前课程》研究［D］.重庆：西南大学，2015：49.

1. 课程目标。

作为新加坡著名的华人幼儿园，儿童华文听说读写能力的培养必然是南洋幼儿园课程设计的重中之重，当然，其课程目标的设定也会依据不同年龄段调整。在预备班及启蒙班阶段，课程目标主要通过各种游戏活动来达成，让儿童在快乐的学习环境里学习数学、音乐、艺术、科学等领域的知识与技能，为幼儿全面发展打下基础；而到了幼儿园一年级以后，课程目标在内容上大体与前一阶段相同，只是目标达成的深度和全面性有所提升。除此之外，南洋幼儿园还开设计算机特色课程，旨在发展幼儿基本信息知识储备和信息素养，培养其信息技能。

2. 课程设计。

南洋幼儿园的预备班和启蒙班阶段的课程主要包括音乐与律动、艺术与工艺、烹饪、戏剧、身体发展、沙水游戏、诗歌朗诵、角色扮演、算术、中文等。到了幼儿园一年级和二年级，主要课程包括英语、中文、数学、音乐与律动、艺术与工艺、计算机科学和特别活动。此外，为了扩大幼儿的兴趣面和知识面，南洋幼儿园还为其提供了丰富的个性化课程，课程内容包括珠算练习、中国书法、英语口语与表演、体育运动、汉语拼音、小小艺术家、中文交流与表演、汉语故事阅读与词汇、综合音乐（见表4-3）。幼儿从幼儿园一年级开始双语学习，主要通过歌曲及旋律、诗歌朗诵及语言游戏等活动培养幼儿中英文的听、说、读、写能力。除此之外，幼儿园还拓展了幼儿语言学习的内容，包括中国书法、英语口语与表演、汉语拼音、中文交流与表演、汉语故事阅读与词汇，帮助幼儿了解两国文化，提高语言学习能力。①

① Nanyang Kindergarten，Singapore. Our curriculum［EB/OL］.［2021-08-15］. http：//www. nanyangkindergarten.com/curriculum.html.

表 4-3 南洋幼儿园课程结构

| 课程类型 | 预备班和启蒙班 | | 幼儿园 | |
|---|---|---|---|---|
| 基础课程 | 音乐与律动 | 烹饪 | 英语 | 音乐与律动 |
| | 艺术与工艺 | 戏剧 | 中文 | 艺术与工艺 |
| | 诗歌朗诵 | 算术 | 数学 | 计算机科学 |
| | 角色扮演 | 中文 | 特别活动 | |
| 补充课程 | — | | 素描与泼墨艺术 | 3D 艺术工作坊 |
| | | | 简单编程 | 中文快速识字 |
| | | | 幼儿园热潮 | 汉语拼音 |
| | | | 珠算练习 | 初级武术 |
| | | | 中国书画 | 中文交流与表演 |
| | | | 中文故事阅读与词汇 | 中文看图对话 |
| | | | 英语口语与表演 | 画廊探索者 |
| | | | 中文脑部训练 | "汉学乐"快乐中文阅读 |
| | | | 体操 | 乒乓球 |

资料来源：Nanyang Kindergarten，Singapore. Our curriculum［EB/OL］.［2021-08-15］. http：//www.nanyangkindergarten.com/curriculum.html.

3. 课程内容与课程实施。

预备班和启蒙班阶段的课程规定，儿童的语言学习均以华文（普通话）授课，不进行英文授课。英语学习始于幼儿园一年级。为此预备班和启蒙班为幼儿设置了各式各样的华文学习活动，其中包括简单的汉字笔画、发音与听力、诗歌朗诵等，帮助幼儿掌握基本的华文听说技能。此外，教师通过刺激感官的方法和创造性游戏来拓展幼儿在语言、计算以及社交技能方面的学习。

到了幼儿园阶段，课程内容的设置更加全面。第一，英语课程，结合大图书、歌曲、押韵短诗、语言活动、阅读、拼写和创意写作等形式，促进幼儿听、说、读、写技能全面发展。第二，中文课程，通过故事、歌曲、韵律、语言活动、阅读、拼写和创意写作来指导儿童基本的笔画和汉字学习，培养儿童口语和听力技巧，但更多地关注阅读和写作技巧，为幼儿小学升学做好准备。第三，数学课程，通过与生活相关的日常经验，幼儿获得了早期的基础数学技能，如计数、分组、辨认形状、绘图等。这些数学概念的强化通过游戏和活动得到加强。教师通过引导问题来帮助幼儿观察、推理和解决问题，从而促进其数学思维发展。第四，音乐与律动课程，在英语、中文和数学课程中融入音乐和律动元素的同时，每周幼儿还会有单独的时间与音乐专家一起以富有创造性和想象力的方式探索音乐。第五，在艺术与工艺课程中，教师鼓励儿童提升审美和欣赏能力及创造力，并将艺术活动融入其他课程中。素描、手工艺品、水彩、拼贴画都可以成为儿童表达自己的媒介。除此之外，还有单独的时间给艺术专家开展艺术书法课程。第六，计算机课程，结合幼儿喜欢的主题和传统学术科目，融入有趣的主题和核心学科领域的学术内容，如语言、数学和科学等，促进计算机能力与各学科能力的全面提升。第七，南洋幼儿园的特别活动，例如在学校假期期间举办的"假期营"。"假期营"的目的是让儿童有机会在家长离开的情况下学会独立，并学习照顾自己。通过组织各种游戏、活动和到各种有趣的地方进行实地考察，鼓励儿童与同龄人进行互动，并以团队形式进行问题探索，促使儿童发展自己的优势。[①]

4. 课程发展特点。

第一，在课程理念方面，南洋幼儿园课程以综合主题教学法为基本理念，其课程开展不光遵循中国传统文化和理念，也结合西方的互动学习经验，更在此基础上融入时代特色，该园的特色计算机课程便是很好的证明。中西合璧、与时俱进，既是南洋幼儿园之课程特色，也是新加坡国家之特色，其共同目标是培养出贯通中西文化、具有时代辩证思维的新加坡公民。幼儿园还积极营造包容和支持差异化的教学环境，通过整体教学的方式发掘幼儿的潜能；基于儿童身心发展特征，为不同年龄、不同阶段的儿童设置适宜其发展水平的课程内容与活动形式。此外，重视幼儿信息技术能力的培养，将颇具特色的计算机课程融入其他课程和活动中，使其成为幼儿

---

① Nanyang Kindergarten, Singapore. Our curriculum［EB/OL］.［2021-08-15］. http：//www.nanyangkindergarten.com/curriculum.html.

学习和活动的有机组成部分，不仅促使幼儿掌握信息应用的相关知识技能，更点燃了幼儿强烈的好奇心和求知欲，促进其对学习保持持续的兴趣和热情，最终实现幼儿的主动学习乃至创造性学习。课程强调儿童中英文双语学习，一方面，南洋幼儿园是新加坡著名的华人幼儿园，它格外注重儿童汉语学习能力的培养，并帮助他们了解和学会欣赏中华文化；另一方面，由于英语是新加坡的官方语言，为使儿童在未来能够更顺利地进行不同民族间乃至国际间的交流，幼儿园也特别重视其英语学习能力的培养。

第二，就课程实施来看，为保障幼儿在真实体验中学习，课程往往采取创设真实情境体验和游戏化的形式，鼓励幼儿从课堂之外、课本之外的世界学习。在各色各样不同的学习环境中，幼儿自由地进行探索、想象、创造和学习。其课程活动呈现出多样化和个性化特色，这不仅有利于增强幼儿在活动中观察和发现问题的能力，更能推动幼儿的创造性思维能力和问题解决能力的提高。课程还格外重视幼儿对中西文化的综合性学习，一方面，促进幼儿在综合活动中发展自己的创造力和探索自己的才能，从而增强自信心；另一方面，还可以使儿童通晓东西方文化，促进其全面发展。到了幼儿园一年级和二年级，课程活动更加丰富多彩，进一步拓宽儿童的兴趣面和知识面，促进儿童形成积极的学习态度并掌握基础的知识与技能，为他们以后的学习打下坚实基础。幼儿园专门配备中文教师负责预备班和启蒙班的教学工作，而到了幼儿园一、二年级，则安排中文教师和英文教师共同来引导幼儿的有效学习。这样的安排既保证了幼儿的母语学习，又确保其基本英语技能的掌握。除此之外，南洋幼儿园还为幼儿安排各种社交活动，这不但促进了他们的合作意识，也使其学会感知自己的需要和他人的需要，学会与他人沟通并保持友好的关系。

### （二）迈杰思幼儿园课程体系：SMILES 元素贯穿的模块化课程

迈杰思幼儿园之所以能够成为全球闻名的幼儿教育品牌，靠的不仅仅是高质量的师资队伍和软硬件设施，更离不开以 SMILES 元素为导向的模块化课程体系的支持。

1. 课程目标。

迈杰思旗下托儿中心的课程目标与 SMILES 元素密切相关，即课程的开设是为了促进婴幼儿感官、运动、智力、语言、情感和社交六大能力的萌发和成长，为其进入幼儿园的生活和学习奠定良好基础。

迈杰思旗下的三类幼儿园的课程目标相较于托儿中心则更加具体化，不同模块的具体课程目标也不尽相同，尽管如此，它们仍都以 SMILES 元素六大能力培养为基本方向。其中，普通幼儿园和华文幼儿园的课程目标主要侧重对儿童语言（早期听说读写）和数理能力的培养，华文幼儿园在此基础上会更加注重华文交流与汉语学习环境的营造，通过深度体验的课堂活动促进儿童语言能力发展。艺术表演国际幼儿园则侧重对儿童艺术素养的培养，通过园内的艺术表演专家与英汉教师合作设计的表演艺术与语言学习相结合的课程，儿童获得更加全面的学习体验，在促进幼儿艺术素养提升的同时培养其创造力和增强其自信心。

2. 课程设计。

迈杰思旗下的三类幼儿园课程框架不尽相同，并以模块形式呈现，主要包括核心模块、延伸模块和特殊模块，而具体框架内容则视幼儿园所属类型而定。

在三类幼儿园的课程框架中，核心模块如读写课程、语言课程、中文课程、探究式教学课程和算术课程是基本相同的。其中，除普通幼儿园多了一个音乐课程和艺术表演国际幼儿园未开设语言课程外，三者的核心模块基本一致，只是课程实施的侧重和开展形式略有不同。

迈杰思幼儿园的课程框架下还有延伸模块，这一模块主要在普通幼儿园与华文幼儿园开展，课程内容包括创意和戏剧课程、美食体验课程、发达运动神经课程以及音乐健脑课程（普通幼儿园不开设此课程）。几大板块各有侧重，旨在促进幼儿全面发展。特殊模块方面，中国文化鉴赏系列课程是华文幼儿园区别于其他两个幼儿园的主要部分。在每周一次的深度体验课程中，中华文化得以传承。系列课程包括黏土造型、中国书画、中国茶鉴赏、中国结、折纸艺术、青花瓷、中国象棋和中国戏曲。艺术表演国际幼儿园的整体课程框架内容与前文中的普通幼儿园和华文幼儿园略有不同，通过表演艺术课程与核心课程相结合的形式，为喜好艺术的幼儿提供了一条独特的学习路径来扩展和巩固他们在学前阶段所学的知识，即以艺术表演类课程为主的特殊模块，具体被分成了戏剧课程、舞蹈课程和音乐与歌唱课程。（见表 4-4）

表 4-4 迈杰思幼儿园课程结构

| 课程类型 | 普通幼儿园 | 华文幼儿园 | 艺术表演国际幼儿园 |
|---|---|---|---|
| 核心模块 | 读写课程 | 读写课程 | 读写课程 |
| | 语言课程 | 语言课程 | 中文课程 |
| | 中文课程 | 中文课程 | 探究式教学课程 |
| | 探究式教学课程 | 探究式教学课程 | 算术课程 |
| | 算术课程 | 算术课程 | |
| | 音乐课程 | | |
| 延伸模块 | 创意和戏剧课程 | 创意和戏剧课程 | — |
| | 美食体验课程 | 美食体验课程 | |
| | 发达运动神经课程 | 发达运动神经课程 | |
| | | 音乐健脑课程 | |
| 特殊模块 | — | 中华文化鉴赏课程 | 戏剧课程 |
| | | | 舞蹈课程 |
| | | | 音乐与歌唱课程 |

资料来源：笔者根据 Mindchamps，Singapore 官网 Preschool、Chinese Preschool、Performing Arts International Preschool 页面信息整理自制。

3. 课程内容与课程实施。

基于婴幼儿的年龄和认知特点，托儿中心的课程与日常保育活动之间并无明显分隔，培养婴幼儿基本能力的教学过程往往穿插于日常的保育过程中。迈杰思托儿中心也不例外，它并未设立具体的课程内容，而是以培养 SMILES 六大能力为重点，在日常保育中开展教学。如感官方面，托儿中心在婴幼儿的护理期间嵌入有助于刺激他们感官的锻炼；再如为了帮助婴幼儿培养调节情绪的能力，托儿中心的教师们都接受过专业培训，能够从婴幼儿的情绪中获取线索，并及时将婴幼儿的消极情绪转化为积极情绪。[1]

---

[1] Mindchamps, Singapore. Infant care：our curriculum [EB/OL]．[2021-08-16]．https：//www.mindchamps.org/preschool/infant-care/our-curriculum/.

到了幼儿园阶段，迈杰思幼儿园开始有了完善的模块化课程框架，即核心模块、延伸模块和特殊模块。

（1）核心模块。

以华文幼儿园的核心模块为例。一是读写课程，初入幼儿园的豆豆班和幼儿一班的儿童将通过迈杰思独特的"说和唱"方法掌握识字技能的基础知识，为幼儿二班往后的关键技能（如音素和语音意识）培养奠定良好基础，这主要通过一些有趣的互动活动来进行，意在强化儿童的自然识记和阅读能力。二是语言课程，以大量优质文学作品为载体，用故事学习和活动探索的形式使阅读变得有趣和愉快。三是中文课程，通过有趣和互动的课程，幼儿接触到戏剧、游戏、押韵短诗、歌曲、音乐和动作等系列活动，加深其对中文元素的理解，教师利用大量的练习，同时鼓励儿童，使他们更加自觉、自信地在生活中使用中文交流。四是探究式教学系列课程，教师鼓励儿童对主题产生好奇并提出问题，从而引出探究式探索活动。在观察到幼儿的兴趣点后，教师会安排适宜的课程让幼儿进行自主探索。五是算术课程，这一课程主要包括物体分组和计数练习、早期计算活动以及动手计算和尝试不同货币面额组合等活动，将幼儿的生活经验与数理概念结合起来。

（2）延伸模块。

延伸模块主要为普通幼儿园和华文幼儿园所使用。一是创意和戏剧课程，它遵循戏剧的基本原则，通过实际的创意和戏剧活动鼓励儿童在课堂内外"步入"各种真实和想象的场景进行探索学习。二是美食体验课程，通过这个课程幼儿会接触各色各样的食材并学习制作各种简单而健康的菜肴，基于此开展关于世界各地食物种类和饮食文化差异的探索。三是发达运动神经课程，该课程特别设计了一系列动作（基本体操、放松动作）来丰富幼儿全脑学习经验，促进其身体和神经发育。四是音乐健脑课程，此课程将节律动作与歌唱相结合，促进其相关心理领域，尤其诸如语言和冲动控制等领域的发展，而这些领域又对幼儿语言和社交技能的发展影响深远。

（3）特殊模块。

该模块以艺术表演国际幼儿园为例，分为戏剧课程、舞蹈课程和音乐与歌唱课程。一是戏剧课程，该课程涵盖基本表演技巧、故事讲述和即兴表演三个模块，以及增进同理心、理解和正面强化的相关学习活动。二是舞蹈课程，在此课程中儿童将学习世界各地不同舞蹈的舞步和动作。三是音乐与歌唱课程，课程鼓励幼儿探索各种乐器和音乐语言。三大课程可基于某个特定主题开展相互联系又各具特色的综合性活动，促进多角度全方位发展。例如，在进行"我们的世界"主题活动时，戏剧课程引导儿童学习非洲诗歌，音乐与歌唱课程组织儿童根据非洲音乐节奏击鼓，舞蹈课程则让儿童在非洲音乐伴奏下自由律动。[①]上述这些共同点都旨在让儿童通过更有趣的课程形式和更多样化的内容进行探索。

4. 课程发展特点。

第一，在课程理念上，迈杰思托儿中心和幼儿园都统一坚持贯彻探究式教学法和三大思维模式（冠军思维、学习思维和创造性思维），鼓励幼儿提出问题并在此基础上进行探究式学习，将其培养成一个"探索者"和"思考者"。教师则扮演"引导者"角色，负责保证儿童探索问题时的各个方面的可能性。

第二，课程资源方面，迈杰思幼儿园课程框架的高度模块化和系统性也是其从新加坡众多私立学前教育机构中脱颖而出的重要原因。幼儿园的课程大体可分为核心模块、延伸模块和特殊模块，根据家长和幼儿的不同需求安排适宜的课程，为幼儿提供最适宜的成长环境。在这样的框架培育下，儿童通过参与不同的模块课程培养相对应的能力，最终实现全面发展。核心模块方面，五大课程主要培养幼儿的早期读写能力、中文能力、思维技能、数理能力。延伸模块课程则主要致力于幼儿想象力和创造性思维的发展，锻炼幼儿的神经系统。特殊模块方面，华文幼儿园一系列的深度体验课程将中国丰富的历史和文化潜移默化地传授给幼儿。艺术表演国际幼儿园的特殊模块则侧重培养幼儿的艺术素养，在此基础上也注重幼儿其他能力的培养，譬如舞蹈课程不仅锻炼幼儿身体的耐力、灵活性和体力，同时作为一项团队项目培养了幼儿的合作意识；舞蹈动作大多需伴随节拍，也有利

---

① Mindchamps, Singapore. Integarting S.M.I.L.E.S.™ with the performing arts［EB/OL］.［2021-08-17］.https：//www.mindchamps.org/preschool/performing-arts-preschool/our-curriculum/.

于幼儿对基本的计数概念的掌握。

第三，课程实施层面，迈杰思幼儿园的课程落实到实施阶段是灵活且有弹性的。尽管课程框架预设的内容十分具体，但教师在实际教学中随时可以对活动材料、设备和教学策略进行调整，以照顾幼儿在学习经验、学习速度、学习方式、特殊需求和兴趣上的差异。幼儿园重视儿童团队协作能力与问题拓展能力的培养，其活动通常以小组协作和问题探究的形式展开。在幼儿协作探索的同时，教师也会陪伴在他们身边，帮助其解决学习和探索过程中遇到的难以独立应对的问题。儿童的探索绝非孤立静止的，而是通过思维的拓展延伸，从现有的问题着手，不断发现新问题，与此同时，幼儿不断思索解决问题的路径并通过团队合作的方式共同解决难题。儿童学习专用空间、室内和室外游乐园、特别设计的学习区等一系列室内外场所的建造也为课程实施提供了环境保障，给儿童提供了自由探索的土壤，让幼儿能够最大限度地发挥自己的潜能，也为其终身学习奠定基础。

## 第三节　学前教育的保障体系

新加坡政府于 1999 年开始关注学前教育的质量与发展。根据《海峡时报》（*The Straits Times*）1999 年 10 月 2 日的报道，新加坡当时已经开始转向以知识为基础的经济模式，必须着重于发展国家的人才。因此，提供优质的保育与教育来培育年幼的国民显得非常重要，因为这不仅关乎幼儿个人成长，对国家的发展也至关重要。[①]本节内容将从政府组织与政策的支持、师资与资金保障、质量评价体系三方面介绍新加坡政府为提高学前教育质量所提供的保障体系，以供读者进一步了解新加坡政府由哪些部门如何参与到学前教育的建设中、学前教师的师资水平如何得到保障、政府为促进学前教育发展提供了哪些资助项目，以及学前教育质量评价体系以何种方式对学前教育质量等级进行评定等内容。

---

① 陈如意，黄雪云.新加坡幼儿教育发展（1842—2018）［M］.新加坡：八方文化创作室，2020：27.

## 一、政府组织与政策的支持

21 世纪以来，新加坡学前教育的格局发展和变化更为迅速，新加坡政府投入了大量的资源以制定和执行多样的政策与策略。许多新政策的出台以及相对应的新举措的实施都体现了教育部提高学前教育质量的意志和决心，这些政策也导致新加坡学前教育质量标准的多个方面发生了重大变化，学前教育行业质量提升得以实现。

在 2012 年，时任新加坡总理李显龙宣布，政府将通过加强教师训练和课程的引领作用、设立政府直属幼儿园以提高教育质量、增强经济弱势家庭的负担能力，并通过成立新机构以改善学前教育领域的政策协调和监管，最终提高学前教育行业整体的质量。此外，第一个由政府组织的、针对学前教育阶段幼儿认知与非认知结果影响的大规模纵向研究已在 2015 年开始。新宣布的一系列针对早期儿童教育研究的战略和投资表明了新加坡对促进儿童发展和改善教育质量的强烈关注和庄严承诺。①

### （一）治理与监管部门

2013 年以前，新加坡的学前教育一直由教育部、社会及家庭发展部两个部门负责监管。1999 年，教育部牵头成立了学前教育指导委员会（Preschool Education Steering Committee）。委员会内来自两个部门的成员一同研究改善学前教育整体（包括托儿中心和幼儿园）的方法，努力在系统层面更好地协调两部门之间的政策和实践。在指导委员会的建议下，托儿中心和幼儿园针对 4 ～ 6 岁儿童的幼儿园课程将统一以教育部自 2003 年以来制定的课程框架中阐明的一套通用教学方针和学习目标为指导。自 2001 年以来，托儿中心和幼儿园的教师在学术、专业资格以及专业提升培训路径方面的准入要求也变得一致。此外，教育部于 2011 年实施了一个共同的质量保证框架，以评估托儿中心和幼儿园的学前课程质量。

2013 年，新加坡设立了一个名为幼儿培育署（Early Childhood Development Agency）的新机构，该机构汇聚了教育部、社会及家庭发展部两个部门的相关人员和资源，以整合、监管整个学前教育的服务（见图 4-3）。幼儿培

---

① TAN C T. Enhancing the quality of kindergarten education in Singapore: policies and strategies in the 21st century [ J ]. International journal of child care and education policy, 2017, 11 ( 1 ): 1-2.

育署由社会及家庭发展部管理，并由社会及家庭发展部与教育部共同监督，制定了针对 7 岁以下儿童的托儿中心和幼儿园的管理政策并监督其实践。

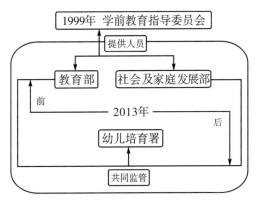

图 4-3 治理与监管部门示意图

### （二）政府颁布的政策

1997 年，新加坡制定了《理想的教育成果》（the Desired Outcomes of Education）教育纲领，为教育工作者确立了一个共同的目标，推动相关的政策和计划，并使教育部能够监测和评估新加坡教育系统的状况。该教育纲领要求将新加坡人教育成为自信的人、自主的学习者、积极的行动者和有责任心的公民。[1] 新加坡还提出建设"思考型学校，学习型国家"，并倡导"少教多学"，强调教育要从重视教学内容的数量向重视教学的质量转变，要求教师更好地教学，更好地与学生互动，让学习是为了学生的终身发展做好准备，而不仅是为了对付测验和考试。[2] 学前教育是基础教育的奠基阶段，要适应新加坡能力型人才的培养需要，使每位幼儿的潜能得到最大程度的开发，为终身学习和发展奠定基础，为推动社会发展做好准备。因此，学前教育质量必须不断提升。

2003 年，根据新加坡学前教育的教育纲领，教育部公布了指导学前教

---

[1]　Ministry of Education. Desired outcomes of education［EB/OL］.［2021-12-17］. https：//www. moe.gov.sg/ education-in-sg/desired-outcomes.

[2]　NG J. Preschool curriculum and policy changes in Singapore［J］. Asia-Pacific journal of research in early childhood education，2011（5）：91-122.

育评估活动的重要文件——《追求卓越的幼儿园》（Pursuing Excellence at Kindergartens，PEAK），帮助幼儿园和利益相关者了解幼儿园应达成的指标，为幼儿园提供一个检查分析教育方案和进程情况的基准，促使其不断进步发展，寻求更有效的途径来达成教育目的。PEAK 对学前教育质量的相关方面提出明确务实的不同级别的标准要求，将学前教育目的细化和落实到具体教育因素中，可以为学前教育提供最低基准和卓越目标，以帮助其自我评估和不断改进。[1]

在学前教育机构管控方面，1985 年颁布的《教育法案》（The Education Act）规定，新加坡幼儿园必须在新加坡教育部注册并受其管辖；1988 年颁布的《托儿中心法案》（The Child Care Centres Act）规定，托儿中心必须在新加坡社会发展、青年及体育部注册并受其管辖。[2] 后来，为进一步统一约束幼儿园和托儿中心，所有学前教育机构都要受到幼儿培育署新批准的《早期儿童发展中心法案》（Early Childhood Development Centres Act）的监管，该法案于 2018 年生效。[3] 不断专门化、统一化的法律为学前教育行业质量提供了一把公正严肃的标尺。

## 二、师资与资金保障

上述一系列政策与法规全面、直接地展示了新加坡对于提高学前教育行业质量的决心与努力。此外，新加坡政府还尤为重视学前教育师资水平的提升与财政补助的丰富性和稳定性。在师资方面，新加坡政府加强打造优质教师队伍的力度，提高准入标准、加强培养培训、改善教师待遇、吸引更多优秀社会人士从教；在资金方面，新加坡政府不断加大财政投入，致力于为民众提供负担得起的学前教育。

---

① 曾明鸣.提升质量：近十年来新加坡学前教育改革研究［D］.昆明：云南师范大学，2011：66.

② Ministry of Education. Pre-school education［EB/OL］.［2021-12-17］. https：//www.moe.gov.sg/education/preschool/.

③ TAN C T. Enhancing the quality of kindergarten education in Singapore： policies and strategies in the 21st century［J］. International journal of child care and education policy，2017，11（1）：5-6.

### （一）师资保障

新加坡政府十分看重学前教师的培养，采用一系列措施提高教师质量，例如通过教师的专业培训来提高学前教育工作者的专业水平和形象、规划学前教育从业者的事业发展途径、为持续提升专业能力的学前教育教师提供奖励等，同时还致力于不断吸引更多的优秀力量投入学前教育行业。

1.学前教师培训的发展。

尽管新加坡学前教育在20世纪60年代就已经发展良好，但直到1969年，公共组织才为学前教师提供基本和系统的在职培训。1977年，学前教师培训的职责由国家教师培训机构接管，20世纪90年代允许由其他私立培训机构作为补充。到1998年，形成了由120个小时基础课、210个小时学前教学中级课程和120个小时学前管理高级课程组成的、国家认可的托儿中心和幼儿园教师三级培训课程。[①]然而，由于培训机构每年招收的学员有限，许多学前教师仍未接受专业培训。1999年，为解决学前教育缺乏训练有素的合格人才的问题，公立专上教育机构（public post-secondary education institution）义安理工学院（Ngee Ann Polytechnic）首次开设了为期3年的幼儿教育全日制文凭课程。

认识到教师质量是提供高质量早期教育的关键，新加坡政府在2001年引入了新的学前教师培训框架，为托儿中心和幼儿园的教师和领导制定了共同的培训路径。这是政府第一次规定学前教育教学和管理的最低准入门槛。新的教师培训框架要求所有现任学前教育管理者在2006年1月之前须获得教学和领导文凭，并要求学前教育教师接受证书培训。同时，要求托儿中心在2008年1月之前要达到每4名教师中就有1名教师受过文凭培训。为了支持引导大部分非营利性幼儿园经营者达到规定的员工资历要求，政府每年为符合条件的幼儿园拨放周期性津贴，使幼儿园能够提供更优的薪酬计划和其他配套资源，以吸引并留住更优秀的专业人员。随着新的教师培训和资格要求的出现，教育培训需求激增，私立培训机构从1994年的4家迅速增加到2000年的8家和2004年的23家。在6年内，受过证书和文

---

① SHARPE P J. Aspects of preschool education in Singapore [J]. Early child development and care, 1998（1）：129-134.

凭培训的教师人数比例从 2000 年的约 31% 增加到 2007 年 3 月的 82%，受过文凭培训的园长人数比例从 14% 增加到 70%。

引入培训框架后，新加坡在加强学前人员培训和资格认证方面取得重大进展。2008 年，政府进一步提高幼儿园教学的最低准入标准，以提高教师的素质。新入职者的最低学历要求从中学毕业国家考试的"三个通过"提高到"五个通过"，教学水平认证从证书级别提高到文凭级别。为了教授 K1、K2 年级或 5 ~ 6 岁的儿童，完成证书培训的在职教师必须在 2013 年 1 月之前升级到文凭水平。同时，每个机构应至少有 75% 的教师达到对学术和专业资格的新要求。由于教师素质准入门槛的提高，2006—2010 年，受过文凭培训的或正在接受文凭培训的教师占幼儿园总教师的比例从 58% 增加到 85.5%，受过培训的托儿中心教师比例则从 46% 增加到 70%。到 2012 年 3 月，受过文凭培训和正在接受文凭培训的学前教师比例进一步上升到 90% 左右。在实际就业层面，截至 2010 年底，77.4% 的幼儿园和 69.6% 的托儿中心已经达到规定的教师学历和专业资格要求。

2. 学前教师培训机构的发展。

与新加坡国家教师培训机构培训的中小学教师不同，学前教师的培训主要由私立培训机构和少数理工学院等中学后教育机构进行。为了监督各培训机构提供的培训计划的质量标准与一致性，2001 年，教育部和社会发展、青年及体育部联合成立了学前教育资格认证委员会（Preschool Qualification Accreditation Committee），负责评估和批准文凭级别的教师培训计划的课程内容、评估模式、培训师资格、培训设施和资源。委员会作为教师准备计划的"守门人"，通过审查和提高认证标准，确保培训计划在 2001 年至 2013 年间严格地执行，并与幼儿保育教育领域的新发展保持同步。随着幼儿培育署的成立，学前教育资格认证委员会解散。如今，所有幼儿保育教育培训项目均由幼儿培育署审批，由 8 家私立培训机构和 4 家政府专上教育机构开展，其中包括 3 所理工学院。目前由其中 2 所理工学院提供和实施 3 门幼儿教育领域的全日制 3 年文凭课程，为刚毕业的学生提供必要的知识、技能和态度准备，使其成为称职的幼儿教育工作者。此外，这 2 所理工学院还为在职教师开设兼读教学文凭课程，它们是仅有的从 2016 年 4 月开始提供 850 小时幼儿教育领导力高级文凭（Advanced Diploma in Early

Childhood Leadership）兼读课程的机构，为在职的由雇主提名担任管理职务的教师做好准备。另外，自 2014 年 10 月起，私立培训机构开展的所有幼儿保育教育课程必须通过新加坡劳动力发展局（Workforce Development Agency）的劳动力技能资格体系（Workforce Skills Qualifications System）认证。[①]

3. 吸引多方人才参与学前教育。

为进一步提高学前教育教师队伍的素质，教育部于 2009 年开设了加速转换文凭课程，以吸引和培养具有教授幼儿园儿童的能力和技能的转职者和大学应届毕业生。此外，政府还鼓励园长和教师利用政府提供的奖学金、教学奖、助学金来攻读文凭和学位课程，以进一步提高从业者在课程、教学法、领导力和管理方面的知识。2013 年和 2015 年，幼儿培育署先后公布了进一步提高学前教育工作者素质的相关战略，其中包括规划专业发展路线图、开设核心课程和里程碑课程、在达到关键培训里程碑时提供现金奖励和表彰、支持学生进行"升级式"实习等，并建立了一个专业升级计划，以发展和提升有经验的和有潜力的优秀教育者的职业生涯。为了在学前教育中建立专业网络，在 2015 年，14 名具有深厚领导力和专业知识的学前领导者被表彰为促进教师专业发展和提升课程领导力的榜样。[②]

## （二）资金保障

新加坡对于学前教育发展的财政资助政策和计划十分完善。为了促进学前教育的发展，保证教育公平实施，确保每一个儿童都能接受良好的学前教育，新加坡政府投入了大量资金，实施了一系列资助计划。其中较有代表性的是低收入家庭儿童的幼儿园资助计划、无人照看幼儿或收入较低的双职工家庭的儿童保育经济援助计划，以及同时关注家长育儿能力和儿童身心健康发展的健康开始计划等。

1. 幼儿园资助计划。

幼儿园资助计划（Kindergarten Fee Assistance Scheme，KiFAS）由幼儿

---

① Early Childhood Development Agency. Early childhood educators［EB/OL］.［2021-09-30］. https：// www.ecda.gov.sg/Educators/Pages/default.aspx.

② TAN C T. Enhancing the quality of kindergarten education in Singapore：policies and strategies in the 21st century［J］. International journal of child care and education policy，2017（1）：8.

培育署管理，帮助家长支付孩子的幼儿园费用。从 2020 年 1 月起，幼儿园资助计划将扩展到参加由主要业者（anchor operators）或教育部开办的幼儿园、有新加坡儿童公民的家庭，前提是他们的家庭月总收入不超过 12000 新元（见表 4-5）。符合条件的低收入家庭还可申请年度补助金，以支付其子女入读幼儿园的启动费用。①

表 4-5　KiFAS 相关标准表 ②

单位：新元

| 家庭每月总收入 | 家庭每月人均收入 | KiFAS 最大补贴 | 最低支付金额 |
|---|---|---|---|
| ≤ 3000 | ≤ 750 | 170 | 1 |
| 3001 ～ 4500 | 751 ～ 1125 | 156 | 15 |
| 4501 ～ 6000 | 1126 ～ 1500 | 111 | 60 |
| 6001 ～ 7500 | 1501 ～ 1875 | 91 | 80 |
| 7501 ～ 9000 | 1876 ～ 2250 | 71 | 100 |
| 9001 ～ 10500 | 2251 ～ 2625 | 51 | 120 |
| 10501 ～ 12000 | 2626 ～ 3000 | 21 | 150 |
| > 12000 | > 3000 | — | |

此外，KiFAS 还提供一个初期补助金（start-up grant），用于支付儿童入读幼儿园的初始费用，如注册费、押金、校服、保险、教材费和附加费。③ 这项资助政策确保了低收入家庭和中等收入家庭的儿童都能够进入幼儿园，接受良好的学前教育。

---

① Ministry of Social and Family Development. Kindergarten fee assistance scheme（KiFAS）［EB/OL］.［2021-09-30］. https：//www.msf.gov.sg/Comcare/Pages/ComCare-Kindergarten-Subsidies.aspx.

② Early Childhood Development Agency. Explanatory notes on kindergarten fee assistance scheme for parents and kindergartens［EB/OL］.［2021-09-30］. https：//www.ecda.gov.sg/Documents/Subsidies_Financial%20Assistance/KiFAS%20Explanatory%20Notes. pdf.

③ 同②.

2. 儿童保育经济援助计划。

在托儿中心，不同年龄的儿童由不同的教师照顾，教师主要致力于儿童价值观、社会技能以及终身学习热情的培养。而针对如患有自闭症、脑瘫等的特殊儿童，则有专门的早期干预教师来为他们服务，使幼儿能够通过学习和游戏获得更好的成长机会。为了使低收入和中等收入家庭的儿童更便利地接受良好的学前教育，新加坡教育部实施了儿童保育资助计划（Centre-based Financial Assistance Scheme for Childcare，CFAC），后与普及工作母亲津贴（Universal Working Mother Subsidy）合并成为儿童保育经济援助计划（Child Care Financial Assistance，CCFA）。该计划为母亲外出工作的低收入家庭中的 7 岁以下儿童提供每月托儿费补贴。此补贴是在普遍的政府托儿补贴之外提供的。

家庭条件困难的低收入家庭如果无力负担超出基本和额外补贴之外的托儿费，可以申请进一步的经济援助。他们还可以申请一次性补助金，以支付让孩子进入托儿中心的初始启动费用，需满足以下条件：（1）幼儿应是新加坡公民，并参加由负担得起的托儿中心提供的全日制课程；（2）父母应每月至少工作 56 小时，或提供不能工作的正当理由，如休病假、被监禁、找工作或被认证为全职看护人，申请应附有相关证明文件。[①]

CCFA 还提供一项初期补助金，用以支付刚开学的注册费、制服费和保险费等。CCFA 主要是为双职工家庭提供幼儿在托儿中心的费用，从而确保夫妻双方都能够去参加工作，很大程度上减轻了双职工家庭的负担。[②]

3. 健康开始计划。

健康开始计划（the Healthy Start Programme，HSP）是一个发展项目，旨在为来自高风险家庭的婴儿和学龄前儿童提供早期干预。它同时着重培养父母和孩子，通过提供高强度的支持尽早对这些家庭进行干预。该计划的主旨是：（1）提供最佳的儿童发展机会，使"处于危机中"的儿童充分发挥学习潜力；（2）加强亲子互动和育儿积极性；（3）强化家庭功能，

---

① Ministry of Social and Family Development. Child care financial assistance（CCFA）［EB/OL］. ［2021-09-30］. https：//www.msf.gov.sg/Comcare/Pages/ComCare-Child-Care-Subsidies.aspx.

② 姜峰，程晴晴. 政府资助计划推动下的新加坡学前教育发展及其启示［J］. 外国教育研究，2013（6）：36-43.

提高家庭稳定性，将家庭与社区资源联系起来。①

健康开始计划于 2004 年开始实施，资助对象为接受学前教育的儿童，主要关注的是儿童身心健康的发展，为有新生婴儿或 6 岁以下儿童的家庭提供父母育儿知识和亲子互动游戏参考，以促进亲子关系的健康发展，为儿童的发展创建一个良好的环境。HSP 一般提供父母育儿课程、家庭发展计划、儿童发展课程。家长可以向当地的 HSP 机构申请，HSP 机构将根据评估结果做出决定。申请 HSP 的条件：（1）该家庭有新生儿或 6 岁以下儿童，没有接受过资助或接受过很少资助；（2）幼儿没有接受过任何学前教育；（3）幼儿必须是新加坡公民或新加坡永久性居民，如果幼儿是新加坡永久性居民，那么其直系亲属中至少要有一个是新加坡公民；（4）家庭月收入低于 1500 新元。②

此外，家长还可以通过浏览《婴儿身体健康的开始》（Healthy Start For Your Baby）和《成长中孩子健康的开始》（Healthy Start For Your Growing Kid）两份育儿指导手册来获得更多关于儿童成长的实用知识，更好地满足儿童成长的需求。③

### 三、质量评价体系

新加坡政府一直以来非常重视发展"有质量的学前教育"，为了给"有质量的学前教育"提供一个广泛的、普遍的评估工具，政府从未停下探索的脚步。2003 年，教育部出台《追求卓越的幼儿园》，为幼儿园提供了一个自我评估的工具。2007 年，新加坡政府成立了由社会发展、青年及体育部和教育部共同参与的"提高学前教育质量委员会"，该委员会最为重要的工作之一是从 2011 年开始的按照学前教育评审框架实施的质量认证工作；

---

① Ministry of Social and Family Development. Comcare annual report FY2009 [EB/OL]. [2021-9-30]. https：//www.msf.gov.sg/publications/Documents/Comcare%20FY2009.pdf.

② 姜峰，程晴晴. 政府资助计划推动下的新加坡学前教育发展及其启示 [J]. 外国教育研究，2013（6）：36-43.

③ Ministry of Social and Family Development. Early intervention [EB/OL]. [2021-9-30]. https：//www.msf.gov.sg/policies/Disabilities-and-Special-Needs/Enabling-Masterplan-2012-2016/Pages/Early-Intervention.aspx.

2010 年，新加坡政府开始制定学前认证与评审框架。

新加坡政府于 2011 年 1 月开始实行学前教育评审框架（Singapore Pre-school Accreditation Framework，SPARK），这是一个由教育部引进的学前教育质量保证体系。新加坡学前教育评审框架旨在帮助新加坡的幼儿园提高质量，认可和支持学前领导者，并鼓励领导者以他们的力量努力改善教和学以及行政和管理流程，以实现幼儿的整体发展并为幼儿谋福祉。SPARK 可以指导学前教育行业了解自身应努力实现的目标，还为学前教育机构提供了一个衡量自身从业水平的基准。

SPARK 自 2011 年 1 月开始实施，托儿中心和幼儿园一年有四个申请窗口期申请 SPARK 评估。学前教育机构可以运用这个框架进行自我评估，也可以请教育部评审机构来评审学前教育机构的等级。满足这个评审框架标准的学前教育机构可以申请获得质量认证。认证使用被称为质量评定量表（quality rating scale）的评估工具进行，该量表能够测量学前教育系统的有效性并定位其优势和需要改进的领域。得到该评审框架认证的学前教育机构可获准使用 SPARK 标识，每次认证获得的证书有效期为三年。

（一）学前教育评审框架的核心价值观

新加坡政府为学前教育评审框架设计了专用标识（见图 4-4）。标识中间是一个火花，四周是不同颜色的方块，火花和四个方块分别代表五个核心价值观。

图 4-4 SPARK 专用标识[1]

---

[1] Early Childhood Development Agency，Singapore. About SPARK［EB/OL］.［2021-09-30］. https：//www.ecda.gov.sg/sparkinfo/Pages/AboutSPARK.aspx.

1. 儿童是关注的焦点（child our focus）。

儿童在安全和有意识培育的环境中发展得最好。在这种环境中，学习是以已有经验为基础并与幼儿年龄特点相契合的。每位幼儿都有不同的能力、学习需求和兴趣，教师凭借有力的教学能力和娴熟的引导技巧，可以激发每位幼儿的全部潜力，为他们提供良好的教育开端。

2. 有影响的专业主义（professionalism with impact）。

教师塑造幼儿的性格和生活，发现他们的潜力，并在他们成长的时光里不断培养他们。从事学前教育的敬业的教师需要具有强烈的使命感和专业的教学能力，让幼儿参与有目的的学习。教师应该不断地让幼儿参与实践与反思，并积极寻求职业发展的机会。

3. 有愿景的领导力（leadership with vision）。

领导者为他们所领导的学前机构设定方向、奠定基调。为了应对来自该行业的具有挑战性的需求，优秀的领导者需要在不断变化的教育环境中紧跟行业发展节奏，追随新的教育趋势和教育方法，目光应超越眼前的问题，实行长远规划引领机构前进。领导者的目标应该是激励和引导员工实现幼儿园的愿景。

4. 促进成长的伙伴关系（partnership for growth）。

儿童的学习和发展受到他们与家庭成员和社区的关系的强烈影响。因此，幼儿园需要与家庭和社区建立密切的伙伴关系，以促进儿童的全面发展。

5. 有目的的改革（innovation with purpose）。

培养早期学习者需要幼儿园进行创新，并向持续的变化持开放的态度。变化和改进应该与幼儿园的愿景保持一致。坚持学前教育计划与时俱进、采用创新的教学方法有助于儿童获得未来所需的知识、技能和人格。[①]

**（二）学前教育评审框架的阶段划分**（见图 4-5）

1. 第一阶段——强制注册和申请执照。

第一阶段是学前教育机构的强制性注册。在这个阶段，政府通过注册和监管、许可措施的落实和到位，确保学前教育机构达到最低的运营标准。

---

① Early Childhood Development Agency. Core values of the Singapore preschool accreditation framework［EB/OL］.［2021-09-30］. https://www.ecda.gov.sg/sparkinfo/Pages/CoreValues.aspx.

2. 第二阶段——自我评估。

注册成功后,学前教育机构可自愿选择进入第二阶段,即进行自我评估。新加坡政府强烈建议所有学前教育机构每年都开展自我评估。

3. 第三阶段——教育部评估。

一旦学前教育机构对自己的教育质量有了更好的了解并准备好接受第三方评估,就可以进入该框架的第三阶段。在这一阶段由外部评估员进行评估。

4. 第四阶段——认证。

上述评估结果将决定学前教育机构的质量标准,达到高质量标准的机构可以申请认证,新加坡政府会对机构进行等级划分。[①]

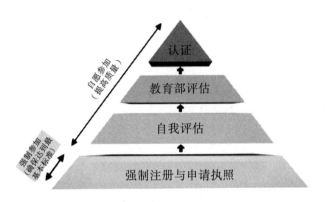

图 4-5 认证框架 [②]

## (三)学前教育质量评审框架模型(见图 4-6)

质量评审模型旨在说明以领导为驱动力,可以有效地规划机构发展前景、处理机构事务并对员工和资源进行管理。这有利于形成一个安全可靠的环境,在此环境下教师可以通过有效的教学法来提供引人入胜的课程。同时,这些结构和过程又能够实现以下学前教育成果。

① Early Childhood Development Agency. Framework of the Singapore preschool accreditation framework [EB/OL]. [2021-09-30]. https://www.ecda.gov.sg/sparkinfo/Pages/Framework.aspx.
② 同①.

1. 全面发展。

任何学前课程的核心都是儿童。课程应认识并重视儿童发展的各个方面（即认知、情感、社会交往、身体素质、艺术和创造能力），最大限度地发挥每个儿童的潜力。为了实现这些方面的发展，可以通过涵盖以下 6 个学习领域的有意义的跨学科活动来完成：美学与创意表达、发现与探索世界、语言和读写能力、运动技能发展、算术以及社交与情感发展。

2. 乐于学习。

儿童通过积极探索环境来学习、理解周围的世界。当儿童积极参与学习时，他们逐渐创造帮助他们思考和进入下一个理解水平的心理结构。有技巧的教师应能够提供引人入胜的学习体验，通过培养儿童发展新技能和形成新知识过程中的好奇心和热情来提升他们的学习积极性。

3. 儿童的福祉。

儿童的幸福是儿童学习和发展的基础。为了确保儿童的福祉，学前教育机构应保持良好的卫生标准，并提供安全和关爱的环境，以培养儿童的健康习惯和积极的社交、情感技能。[1]

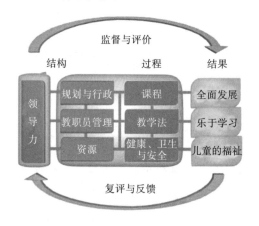

图 4-6 评审框架模型[2]

① Early Childhood Development Agency. Quality rating model of the Singapore preschool accreditation framework［EB/OL］.［2021-09-30］. https：//www.ecda.gov.sg/sparkinfo/Pages/QualityRating Model. aspx.

② 同①.

### （四）学前教育评审框架质量评定量表

质量评定量表（quality rating scale）旨在指导 6 岁及以下儿童学前项目的质量改进。该量表以包括 8 个标准（领导力、规划与行政、教职员管理、早期学习环境、早期学习和发展、资源、课程、教学法）的评审框架模型为基础，是新加坡学前教育认证框架第二和第三阶段的关键组成部分。

质量评定量表最早由教育部开发并于 2010 年推出，量表参考了已建立的幼儿质量保证体系，并对照既定的国际幼儿环境评分量表和项目管理量表进行验证，以确保其结构的有效性和可靠性。自 2011 年以来，学前教育评审框架和随附的质量评定量表一直用于支持新加坡学前教育改进规划和管理实践。

质量评定量表定期接受审查，以确保跟上幼儿和环境变化的脚步。在 2015 年到 2017 年，幼儿培育署与幼儿专家、从业者一起研讨，对量表进行了彻底审查，该审查包括对多年来收集的评估数据和量表用户反馈的综合研究。因此，幼儿培育署于 2017 年推出了质量评定量表更新版。除了更加注重教学和学习之外，更新版的量表还对项目和指标进行了细化，以支持学前教育机构使用该工具进行更清晰的自我评估。①

---

① Early Childhood Development Agency. Quality rating scale of the Singapore preschool accreditation framework［EB/OL］.［2021-09-30］. https：//www.ecda.gov.sg/sparkinfo/Pages/QualityRatingScale. aspx.

# 第五章

# 新加坡基础教育

在过去的 40 年，新加坡政府不断调整教育政策，来适应不断变化的环境和观念。基础教育是整个教育系统的基础，是国民教育的奠基部分，是提高国民素质的关键，也是建设和谐社会的迫切需求，更是一个民族走向伟大复兴的基础工程。新加坡的基础教育极具特色，与时俱进、包容并蓄，将多元的文化元素融入其中；新加坡基础教育也非常注重培养人才与塑造优秀的品格，因材施教、严谨施教，使每个学生都能获得坚实、综合的基础素养，充分发挥个人潜能。本章将从培养目标和实施机构、课程与教学、保障体系等多个角度去探索、总结新加坡基础教育发展的经验。

## 第一节　基础教育的培养目标和实施机构

基础教育为一个动态的概念，以往传统将其定义为针对小学儿童的教育，或者把它延伸至初中，现在国际上基础教育的内涵已由儿童的基础教育扩展到全民的基础教育。基础教育的外延扩大，以小学教育为主轴上下延伸，包括学前教育，再就是把扫盲和扫盲后的教育都纳入基础教育，称为全民基础教育。基础教育在各个不同的阶段都有自己特定的内容和目标，但贯穿其中的是为学生以后的生存和生活打基础，为提高整个国民素质做贡献，为国家的发展做出教育学应有的贡献。①

本章主要围绕新加坡基础教育进行讨论。新加坡独立以来便奉行"教育立国"的指导思想，新加坡教育部的使命是，通过培养决定国家未来的人来引导国家发展。为完成教育使命，新加坡教育部将面向每一个儿童提供均衡和全面的教育，充分发挥他们的潜力，培养他们成为终身学习者和好公民，使其意识到他们对家庭、社区和国家的责任。②由于基础教育的实施机构不同，新加坡基础教育的培养目标也有所差异。新加坡的基础教育实施机构主要分为公立和私立两大类，公立学校由政府主管并出资兴办，私立学校则由教会、商业机构等经营。本章将新加坡基础教育培养目标按公立和私立两种教育机构分而论之。

### 一、基础教育理念及其培养目标

独特的历史背景和复杂的国民结构，使新加坡的教育极富民族色彩，而这些特色在新加坡与时俱进的教育理念和培养目标中得到了充分的体现。

#### （一）基础教育理念：新加坡教育追求的体现

教育理念，即关于教育方法的观念，是教育主体在教学实践及教育思维活动中形成的对"教育应然"的理性认识和主观要求，包括教育宗旨、教育使命、教育目的、教育理想、教育目标、教育要求、教育原则等内容。③

---

① 车丹.基础教育定义综述［J］.现代教育科学，2011（10）：5-6.

② Ministry of Education, Singapore.MOE's mission and vision［EB/OL］.（2021-10-18）［2021-11-14］. https://www.moe.gov.sg/about-us/our-mission-and-vision.

③ 睢依凡.教育理念［J］.内蒙古教育，2010（4）：1.

新加坡基础教育的主要思想是：充分发挥儿童的潜力，重视儿童成长过程中，国家经济发展所需要的知识和技能的培养；注重引导儿童热爱自由、追求真理与正义，学会尊重他人基本人权、接受民主的生活方式、了解并包容各种族和宗教的文化，培养儿童的适应能力、创造能力、社会责任感和热爱祖国的品质。总的来说，新加坡的基础教育理念主要有两点：第一，基础教育必须有助于建立具有凝聚力的多元种族社会。基础教育必须培养每个新加坡儿童的国家意识和国家认同感。第二，基础教育应成为开发并培养新加坡人力资源的起点。通过接受教育，每个新加坡人能够掌握进行现代化建设和促使国家繁荣进步所必不可少的知识和技能。

### （二）教育期望成果：为各教育阶段明确培养目标

教育理念与培养目标是普遍和特殊的关系。培养目标是依据国家的教育理念和各级各类学校的性质、任务提出的具体培养要求。只有明确了教育理念，各级各类学校才能制定出符合要求的培养目标。为迎接21世纪全球性的竞争，新加坡在教育的规划与发展上迈出了重要的一步。根据新加坡的教育理念，教育部制定了《理想的教育成果》教育纲领，勾勒出21世纪新加坡的教育培养目标与发展前景，同时给教育制度也立下评估的框架。

新加坡教育部于1997年颁布了《理想的教育成果》，并于2009年进行修订。《理想的教育成果》为新加坡的基础教育设立了四大培养目标。

第一，培养对生活充满热情且自信的新加坡人。使其是非意识强，适应能力强，有自知之明，具备敏锐的判断力，能独立进行批判性思考，并能有效地与人沟通。

第二，培养能自主学习的新加坡人。使其保持对自我学习负责的态度，能不断质疑、反思，并坚持终身学习。

第三，培养积极奉献的新加坡人。使其能够在团队中有效地工作，不断锻炼自主性，具有创新、追求卓越、承担风险的精神。

第四，培养扎根于新加坡的新加坡人。使其具有强烈的公民意识，能够对国家、家庭负责，并积极参与改善他人的生活。[①]

---

① Ministry of Education，Singapore.Desired outcomes of education［EB/OL］.［2021-06-07］. https：//www.moe.gov.sg/education-in-sg/desired-outcomes.

　　《理想的教育成果》是针对新加坡本国教育系统的各个主要阶段（小学、中学及大学预备教育）而制定的一套八项期望发展成果。各关键阶段的期望成果阐明了新加坡教育部希望通过小学、中学和大学预备教育在学生中发展什么能力（见表 5-1）。每个教育阶段都是在前一个阶段的基础上建立起来的，并为下一个阶段奠定基础。例如，小学生从了解自己的优势和进步空间开始，逐步相信自己的能力，并在中学时能够适应变化。在大学预备教育阶段，他们将发展出面对逆境的韧性。

表 5-1　新加坡不同教育阶段的期望成果

| 小学毕业 | 中学毕业 | 大学预备教育阶段 |
|---|---|---|
| 能分辨是非 | 有道德操守 | 有道德和勇气，能为正义挺身而出 |
| 了解自己的优势和进步空间 | 相信自己的能力且能够适应变化 | 在逆境中保持韧性 |
| 能够合作、分享和关心他人 | 能在团队中工作，并能与他人共情 | 能够跨文化合作，且具有社会责任感 |
| 对于周围的事物有强烈的好奇心 | 具有创新性和求知欲 | 勇于创新，具有进取精神 |
| 能够独立思考，且自信地表达自我 | 能够接纳不同的观点并进行有效沟通 | 具有批判性思维和说服他人的能力 |
| 为自己所取得的成就而感到自豪 | 对自己的学习负责 | 目标明确，追求卓越 |
| 培养健康的生活习惯和艺术意识 | 享受体育活动并欣赏艺术 | 追求健康的生活方式，能够进行美学鉴赏 |
| 了解并热爱新加坡 | 相信新加坡，并了解什么对新加坡是重要的 | 为身为新加坡人而自豪，并了解新加坡与世界的关系 |

资料来源：笔者根据以下资料整理。
　　Ministry of Education，Singapore.Desired outcomes of education［EB/OL］.［2021-06-07］.https：//www.moe.gov.sg/education-in-sg/desired-outcomes.

　　《理想的教育成果》自 1997 年颁布并推行以来，推动了新加坡的教育政策和计划的实施，并使其能够监测和评估教育系统的状态。在新加坡教育系统中接受教育的学生也体现了期望中的教育成果。

## 二、基础教育的实施机构

新加坡基础教育的实施机构主要有公立学校和私立学校。

### （一）公立学校类型

当前，新加坡教育系统中规定的公立学校类型主要有公立学校、政府资助型学校、专科学校。这三种类型的公立学校概况如下。

1. 公立学校、政府资助型学校。

新加坡公立学校以标准化的费用提供高质量的教育，如独特的选修课、应用科目和学生发展计划。新加坡多数公立学校主要在政府的规划下发展，部分公立学校具有自治地位。这些具有自治地位的学校在遵循国家教学大纲的前提下，提供更广泛的课程，以增强学生的学习体验并发展他们的才能。

政府资助型学校是由各种社区组织设立的学校，以满足各自社区的教育需要。它们保持与公立学校相同的教育标准，并收取标准化费用。

2. 专科学校。

北烁学校（NorthLight School）和圣升明径学校（Assumption Pathway School）是新加坡知名的专科学校，为在小学离校考试（PSLE）后未获资格参加中学教育课程的学生提供体验式和实践式学习途径。学生在第四年末获得工艺教育学院技能资格证书，这为他们就业或进入工艺教育学院做好准备。

裕峰中学（Crest Secondary School）和云锦中学（Spectra Secondary School）是为有资格参加普通（技术）课程的学生开设的公立专科学校。他们为喜欢定制、实践和以实践为导向的课程的学生提供了另一种受教育途径。学生在第四年末可以达到普通（技术）水平和获得技能资格证书。

自 2021 年起，中学三年级学习普通技术课程的学生将改为提供工艺教育学院技能科目证书，作为常规课程审查的一部分，以更好地满足学习普通技术课程学生的需求。技能科目证书提供更广泛的课程，使学生能够更好地发现自己的兴趣，并对他们的专上教育和未来职业做出更明智的选择。申请以上学校的特殊要求见表 5-2。

表 5-2　申请新加坡专科学校特殊要求 [①]

| 特殊要求 | 可以申请北烁学校和圣升明径学校的条件：<br>参加过 1～3 次小学离校考试，没有获得参加任何中学课程的资格；<br>仅参加过一次小学毕业考试的学生的申请将根据小学校长的建议予以考虑。<br>裕峰中学和云锦中学的申请条件：<br>学生必须具备参加普通（技术）课程的资格。 |
| --- | --- |

### （二）公立学校培养目标

新加坡基础教育提倡在不浪费资源的同时，使社会上的人都能各尽其职，达到社会的和谐稳定。新加坡教育体制注重培养学生的创新思维、动手能力。新加坡公立中小学课程丰富，设置合理，而且重视双语教学，目的是让学生更好地掌握英语、母语和数学。根据新加坡教育部颁布的《理想的教育成果》，从新加坡公立小学毕业后，学生应具备分辨是非的能力，应知道自己的优势和成长进步空间；从新加坡公立中学毕业后，学生应具备基本的道德操守，以及适应不同环境、随机应变的能力。新加坡公立中小学入学门槛高，外国学生申请需要参加新加坡政府中小学入学考试（AEIS），通过后才能入学。新加坡公立小学采用半日制教学课程，剩下半日开展课外素质活动，这种模式有助于培养学生学习兴趣，挖掘学生兴趣爱好，增强其独立学习能力。

新加坡基础教育阶段的公立学校培养目标总体是知识与能力并重，同时注重对学生核心价值观的培养。新加坡教育部提出的核心价值观有："维护公正与廉明、善用每一个人、勤学不倦、着眼素质。学生的核心价值观是不屈不挠、尊重、责任感、正直完善、同情心、平等。"[②] 这些价值观在新加坡众多公立中小学的培养目标中得到了充分的体现。由于目标学校数量过多，本章将选取新加坡几所有代表性的公立中小学进行讨论。

1. 南洋小学及其培养目标。

南洋小学（Nanyang Primary School）是男女同校的公立小学，其培养

---

① Ministry of Education，Singapore.Types of schools［EB/OL］.（2020-10-18）［2021-09-18］. https：//www.moe.gov.sg/education-in-sg/our-schools/types-of-schools.

② 吴志勤.新加坡基础教育的特色及其对我国的启示［J］.教学与管理，2014（14）：58-60.

目标是："培养睿智仁心，求实力行的学子。"南洋小学遵循四大核心导向：嘉言慎行，联系世界；俱收并蓄，推陈创新；立人达人，兼善天下；教学相长，知所先后。①学校致力于为学生提供双语双文化的学习环境，激发学生潜能以献身社会。

2. 南华小学及其培养目标。

南华小学（Nan Hua Primary School）是一所公立性质的政府小学，学校的校训为：忠孝　仁爱　礼义　廉耻。学校的价值观是卓越、关怀、廉洁、协作、热诚。南华小学对学生的要求：广阔视野、走出课堂、抓紧每个学习机会、增值教育、全新体验和整体体验。其中的"增值教育"强调学生并不是什么都不懂，学生来学校学习仅仅是一种对自身的知识的增值。南华小学以建设学生热衷学习、热心服务、以德服人的卓越学府，以及培育拥有中华文化底蕴和价值观的公民和领袖为愿景和宗旨，奉行的理念是：有教无类、因材施教和求知识学做人。②

3. 武吉班让小学及其培养目标。

武吉班让小学（Bukit Panjang Primary School）是一所由新加坡政府承办的小学，学校坐落在新加坡西部武吉班让地带。武吉班让小学的核心目标是：培养一、二年级学生的自信心、好奇心和合作能力。学生将通过体育运动、户外教育、表演艺术和视觉艺术四个模块的体验式学习，增强领导能力、合作能力和沟通能力，掌握对全面发展至关重要的关键生活技能。学校的核心价值观为尊重、责任、坚韧、诚信、同情、感激。③

4. 南洋女子中学校及其培养目标。

南洋女子中学校（Nanyang Girls' High School）的历史源远流长，具有双语教学传统，是一所充满活力的公立自治中学。南洋女子中学校主要以社会认知理论为核心原则，学生必须掌握自我验证学习成果的技巧，根据

① Nanyang Primary School. School ethos［EB/OL］.（2017-07-24）［2021-10-25］. https：//nyps.moe.edu.sg/about-us/school-ethos.

② Nanhua Primary School.Our vision and mission［EB/OL］.（2019-09-20）［2021-10-12］. https：//www.eistudy.com/school/vision-mission.

③ Bukit Panjang Primary School.Mission and vision［EB/OL］.（2018-06-18）［2021-09-22］. https：//www.bukitpanjangpri.moe.edu.sg/about-us/mission-and-vision.

元认知的能力进行自我反省，反省内容包括自己的行动、动机和价值观。学校的目标是培养有个性、目标明确、具有双语背景与跨文化素养的女性，使她们为改变世界贡献力量。学校的愿景是每个毕业生都能成为受人尊敬的社会成员与变革的推动者。[①]

以上几所中小学都是新加坡极具代表性和影响力的公立学校，它们的培养目标及办学愿景，无不充分体现了新加坡公立学校注重对学生知识与能力、核心价值观的培养。

### （三）私立学校类型

新加坡教育系统中现有私立学校类型主要为私立学校和私立专科学校。

1. 私立学校。

新加坡的私立学校有较大的办学自主权，可以灵活地设定收费标准并制定学术和非学术课程。新加坡大多数私立学校提供普通教育证书新加坡剑桥"O"水准[②]（GCEO-Level）考试或英国高中课程（A-Level）考试培训课程，少数私立学校可提供国际文凭课程。新加坡私立学校的收费标准普遍高于公立学校。

2. 私立专科学校。

新加坡私立专科学校为在数学、科学、艺术、体育和应用学习方面有天赋和浓厚兴趣的学生提供专业教育。以下为新加坡比较专业的四所私立专科学校。

（1）新加坡国立大学附属数理中学（NUS High School of Math and Science）主要提供数学、科学、技术和工程方面的专业教育。

（2）新加坡科学技术学院主攻科学、技术、美学、工程和数学方面的应用学习。

（3）新加坡体育学校主攻体育。

（4）新加坡艺术学院主攻视觉、文学和表演艺术。

---

① Nanyang Girls' High School.Mission and vision ［EB/OL］.（2013-05-26）［2021-10-11］. https：//www.nygh.edu.sg/about-us/mission-and-vision.

② 新加坡剑桥"O"水准考试（Singapore-Cambridge General Certificate of Education Ordinary Level Examinations，简称 GCEO-Level），是由新加坡教育部和英国剑桥大学考试局共同主办的统一考试，一年举办一次，考试成绩为英联邦各个国家所承认和接受。

申请以上四所学校的特殊要求是，学生必须通过中学直接入学流程申请，对新加坡体育学校感兴趣的学生必须直接向学校申请。

**（四）私立学校培养目标**

新加坡私立学校大部分课程仍主要基于新加坡教育部颁布的教学大纲设置，但他们拥有一定的办学自主权，可以灵活设置课程，管理学生。新加坡私立中小学的主要培养目标是：培养具有创新精神，以及具有专项才能，能够为新加坡发展做出独特贡献，能够面向未来、走向世界的学生。由于这些私立学校主要由教会、商业机构等经营，其教学质量和水平参差不齐。基于这个原因，本书选取了三所比较具有代表性的高质量私立学校——三育中小学、圣法兰西斯卫理公会教会学校以及新加坡国立大学附属数理中学作为探讨范例，带领读者一窥新加坡私立基础教育机构的基本情况及其培养目标。

1. 三育中小学及其培养目标。

三育中小学（San Yu Adventist School）属新加坡基督教教会学校。学校包括小学、初中、高中，是新加坡教育部核准的唯一一所同时提供中学教育、小学教育和预备课程的私立自治学校，全部师资均具备政府教育部认定的资格。三育中小学是一所全日制学校，采用新加坡教育部规定的教材，毕业生可跟新加坡公立中小学的学生一样参加由教育部统一举办的毕业升学考试，新加坡剑桥"O"水准和"A"水准考试。优秀的中学毕业生可升入新加坡的公立理工学院、初级学院或海外大学预科班就读。该校的中学全部为四年制的快捷班，超龄学生也可入读。

三育中小学提供关怀、优质的教育，遵循以正直、关怀、合作、尊重、责任、毅力等为核心的价值观。①

2. 圣法兰西斯卫理公会教会学校及其培养目标。

圣法兰西斯卫理公会教会学校（St.Francis Methodist School）在新加坡提供小学、中学和高等教育。它为学生提供在国际学校环境学习并全面成长和实现愿望的机会，是追求各种国际认可学历的人的首选学校。

---

① SanYu Adventist School. Vision，mission & core values［EB/OL］.（2021-07-30）［2021-10-25］. https：//syas.edu.sg/pages/vision- mission-core-values.

圣法兰西斯卫理公会教会学校开设多种世界认可的中学及大学预科课程，包括剑桥"O"水准、伦敦国际普通中等教育证书（IGCSE）、剑桥"A"水准，以及九至十二年级的澳大利亚初中与大学先修班课程。他们还与英国的大学合作提供大学衔接课程，如英国商业与技术教育委员会（Business&Technology Education Council）提供的高级大专商业文凭课程，以高效推进学生的学术道路。

圣法兰西斯卫理公会教会学校的愿景和使命：建设一个充满活力的国际学习社区，提供一个良好的培育环境，让学生在智慧中成长，培养品格的力量，培养在这个不断变化的世界中茁壮成长并为之做出贡献的能力。

3. 新加坡国立大学附属数理中学及其培养目标。

新加坡国立大学附属数理中学（NUS High School of Math and Science）创立于 2005 年 1 月 1 日，是由新加坡教育部和新加坡国立大学联合创办的一所 6 年制（初中到高中阶段）的完全私立专科学校。同时，它也是新加坡唯一颁发专属文凭的直通车中学，目前已成为新加坡最顶尖的中学之一，主要招收学业能力较强和热爱数学、科学的学生。学校的使命是启发和塑造数学和科学教育的未来，目标旨在为培养全面发展和为走向世界做好准备的科学人才，以及面向未来的世界先驱、人道主义者和创新者。学校奉行的价值观是：以谦逊的态度发展，具有明智、好奇、正直、服务、卓越、谦虚的韧性品质。[①]该校的培养目标、奉行的使命和价值观，与新加坡私立中小学提出的总体培养目标相呼应。

新加坡教育部始终致力于提供均衡和全面的基础教育。1997 年，时任新加坡总理吴作栋首次宣布了教育部"思考型学校、学习型国家"的愿景。[②]这一愿景指出新加坡将建设一个培养有思想、有奉献精神、能够抓住未来机会公民的教育体系，准备好迎接 21 世纪的变革浪潮。总之，不论是新加坡的公立学校还是私立学校，它们的教育目标都充分体现了新加坡的《理

---

① NUS High School of Math and Science .Vision, mission, values［EB/OL］.［2021-12-05］. https：//www.nushigh.edu.sg/our-dna/vision-mission-values.

② Ministry of Education, Singapore.MOE's mission and vision［EB/OL］.（2021-10-18）［2021-12-14］. https：//www.moe.gov.sg/about-us/our-mission-and-vision.

想的教育成果》。

## 第二节　基础教育的课程与教学

为了帮助孩子将来能在科技化、多元化及全球化的环境中发挥所长，保证学生在学校能学到所需的知识、技能和形成正确价值观，新加坡教育部制定了《21 世纪能力和学生成果框架》，以更好地为学生的未来做准备，帮助他们迎接 21 世纪的挑战。基础教育的课程框架着眼于 21 世纪所需的技能和学习成果，融入了每个孩子成长所必须具备的基本价值观和技能，其中包括核心价值观（尊重、尽责、坚毅、诚信、关怀、和谐）、社交与情绪管理技能（自我意识、自我管理、社会意识、关系管理、做出负责任的决定）、为全球化而培养的 21 世纪技能（批判与创新思维、沟通协作和收集运用信息的能力、公民素养、全球意识和跨文化沟通技能）。[①] 这些价值观和技能，都是学生全面发展不可或缺的重要组成部分。基础教育的学校课程通过学术科目、品格与公民教育、增益活动，以及其他课外学习体验，培养学生的价值观和技能。中小学校还提供多元化的课程辅助活动，为学生搭建平台，发掘他们的兴趣和才能，同时也实践这些理念，促使学生掌握相关技能。为了促进学生全面发展，基础教育的学校课程进一步加强了体育、美术和音乐教育，让学生锻炼强健的体魄，培养他们的创新和表达能力，塑造学生的身份、文化和社会认同感。新加坡教育部负责拟定与执行教育政策，涵盖教育体制、课程、教学法和评价。以下内容为笔者根据新加坡教育部相关规定编写。

### 一、小学阶段的课程与教学

在新加坡，每个孩童达到强制入学年龄（年满 6 岁且不超过 15 岁）都要接受小学六年的强制性义务教育，从而发掘他们的潜能并为他们未来的

---

① MOE，Singapore. 21st century competencies［EB/OL］.［2021-10-18］. https：//www.moe.gov. sg/education-in-sg/21st-century-competencies.

学习和工作打下稳固的基础。

## （一）小学阶段的课程目标

中外学者对课程目标的定义阐释和界定纷繁多样，为人们理解课程目标提供了不同视角。其中，钟启泉教授概括各种课程目标观点后，发现中外学者观点的共同点是将课程目标理解为"学生学习所要达到的结果"，这也是课程目标概念的内涵所在。[①]《教育大辞典》（增订合编本）对课程目标的解释具有一定的代表性，在这本书中，课程目标定义为课程本身要实现的具体目标，是期望一定教育阶段的学生在发展品德、智力、体质等方面达到的程度。[②]

小学是孩子接受教育的重要阶段，在这个成长时期，新加坡教育部希望培养每一个孩子的学习信心与热忱，其课程设置旨在提供广泛的学习体验，帮助孩子发掘自己的才能与兴趣。在小学阶段，学生要学习六年的必修课程，小学课程设计旨在为孩子打下坚实的基础，课程目标包括三个方面：一是培养健全的价值观；二是培养社交与情绪管理能力以及塑造良好的公民品质；三是掌握语言和计算能力。

## （二）小学阶段的课程结构

杨明全教授根据《基础教育课程改革纲要（试行）》解读中的界定，认为课程结构是指在学校课程的设计与开发过程中将所有课程类型或具体科目组织在一起所形成的课程体系的结构形态。[③]新加坡教育部规定的小学课程着重在三个方面：学术科目、知识技能和品格发展。学术科目包括语言、人文与艺术、数学与科学。例如，英语、母语、数学和科学课程，帮助小学生在读写、计算和解决问题的技能方面打下坚实的基础，为未来进入不同的学习领域做好充分准备。知识技能课程重点培养孩子的思维和沟通能力，学生能通过多个科目的学习和完成专题作业的方式掌握知识技能，这能让学生运用所学，通过个人或小组合作的形式，清楚展示所获得的学习成果。品格发展是通过日常互动和学校安排的各类学习体

① 钟启泉.课程论［M］.北京：教育科学出版社，2007：106.
② 顾明远.教育大辞典［M］.增订合编本.上海：上海教育出版社，1998：898.
③ 杨明全.课程概论［M］.北京：北京师范大学出版社，2010：197.

验帮助孩子树立健全的价值观，培养社交和情绪管理技能，并塑造良好的公民品质。学生品格发展核心体验包括品格与公民教育、课程辅助活动（CCA）、年级学习之旅以及户外探险学习营等。这些处于初级阶段的课程能让学生接触不同领域的研究，使他们全面发展自己的知识和技能，发现自己的兴趣和特长，并培养核心价值观和社会责任感。（见图5-1）

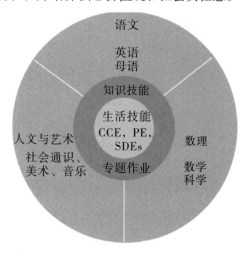

图 5-1　小学课程结构图 ①

注：（1）小学离校考试科目：普通科目为英语、母语、数学、科学，基础科目为基础英语、基础母语、基础数学、基础科学，选修科目为高级母语。
（2）图例说明：CCE为品格与公民教育，PE为体育，SDEs为学生发展体验。
（3）①学生将根据自身对每门科目的学习需要和能力，选择普通或基础科目。②小学三年级开始教授科学。

　　为进一步深化因材施教的教育方针，新加坡的小学实行小学科目编班（subject-based banding，SBB），即学生完成小学四年的学业后，在小学五、六年级阶段，根据自身的学习需要和能力选择修读普通或基础水准的英语、母语、数学和科学等科目。母语学习能力强且对母语感兴趣的学生将有机会修读高级母语课程。如表 5-3 所示。

① 小学教育：做好准备迎接未来［EB/OL］.［2021-10-25］. https：//www.moe.gov.sg/-/media/files/primary/2021/curriculum-booklets/primary-school-education-booklet-2021_chinese-version.pdf?la=en&hash=B8BF7C0595219A2EEAEB5DC9E6DEF02718C37273.

表 5-3　小学科目编班

| 您的孩子读小学四年级时的表现 | 您的孩子将可以选择 |
| --- | --- |
| 通过 4 个科目并且在母语方面表现出色 | 4 个普通科目（英语、母语、数学、科学）以及高级母语 |
| 通过 3 个或更多科目 | 4 个普通科目：英语、母语、数学、科学 |
| 通过 2 个或更少科目 | 4 个普通科目 |
| | 3 个普通科目 +1 个基础科目 |
| | 2 个普通科目 +2 个基础科目 |
| | 1 个普通科目 +3 个基础科目 |
| | 4 个基础科目 |

资料来源：笔者根据以下资料整理。

Ministry of Education. Subject-based banding for primary school ［EB/OL］. ［2021-10-18］.https：//www.moe.gov.sg/primary/curriculum/subject-based-banding.

学生根据家长和学校的建议选择适合自己的科目组合，所有学生在小学五年级结束后根据表现再调整课程班，在现有课程班表现出色的学生可以继续修读原来选择的科目组合。如果学生的某些科目的成绩达到要求也可以进行该科目的难度提升，由基础水平科目改修普通水平科目；未达到期望水平的学生，学校和家长会经过探讨将一些科目的级别降为基础难度。①学生将会在六年级依照校方决定的科目组合修读课程，在六年级末参加小学离校考试。

另外，在小学阶段，学校还提供照顾学生不同需求的学习辅助，例如学习支援计划和资优学生教育计划。

学习支援计划即学校为进入小学一年级的学生设立支援计划，随时为有需要的学生伸出援手，主要面向英语、数学和母语这三个科目学习有困难的学生。其中，英语学习支援计划为识字技能较弱的学生提供额外支持，学生以小组形式每天上一节课，由经过专门培训的教师提高他们的阅读能力；数学学习支援计划为需要额外支援的学生提供协助，让他们掌握

---

① 洪玲玲.新加坡教育分流理念下的基础教育课程设置及其启示［D］.沈阳：沈阳师范大学，2018：26.

基本的计算能力，学生在上正课或补课时，以小班形式接受经过特别培训的教师的教导；母语学习支援计划，专注于为学生的口语和识字技能打下更坚实的基础。具体的操作流程是，在入学前筛选出在英语和数学两个科目需要帮助的学生，并在小学一年级向这些学生提供英语学习支援计划和数学学习支援计划，在小学二年级，如果学生数学学习还有困难，数学学习支援计划可以继续提供；在小学二年级结束时，按学生母语成绩确定学生是否需要参加小学三年级和小学四年级的母语学习支援计划，值得注意的是，母语学习支援计划仅在小学三年级和小学四年级提供。

资优学生教育计划即高才教育计划，是专门针对天资优异的学生推出的教育计划。学校会在小学三年级时让学生参加遴选测试。测试分为两个阶段，通过测试的学生有机会进入高才班学习。小学四至六年级进入高才班的学生将被安排在特定小学就读。高才教育课程是对正规课程的进一步深化，授课的老师都是经由教育部高才教育处精心选拔和培训的。高才班的学生与同级非高才班的学生会有许多机会相处并互相学习。他们一起上母语、体育、美术、音乐等课程和级任老师辅导课，也一起参与"德育在于行动"活动和课程辅助活动。非高才班但在特定领域表现优异的学生也有机会参加学校或教育部组织的校内外增益活动，丰富他们的学习体验。

### （三）小学阶段的课程内容

课程内容是构成课程的基本要素。杨明全教授认为，从总体上来说，课程内容就是根据特定的教育价值观和课程目标，有目的地从人类的知识经验体系中选择出来，并按照一定的逻辑序列组织编排而成的知识体系和经验体系的总和。[①]小学阶段的课程内容着重三个方面的培养，即学术科目、知识技能和生活技能，着眼于 21 世纪所需的技能和学习成果，使基本价值观和技能能融入每一个孩子的成长过程中。

1.学术科目课程。

在小学阶段，学术科目课程作为基础课程，包括语文、人文与艺术、

---

① 杨明全.课程概论［M］.北京：北京师范大学出版社，2010：217-218.

数理。语文课程包括英语和母语，人文与艺术课程包括社会通识、美术和音乐，数理课程包括数学与科学。小学三年级开始教授科学课程。小学一至四年级为基础阶段，所有的学生都学习统一的课程，为他们的未来打下牢固的基础。小学五至六年级为定向阶段，学生完成小学四年的学业后，在小学五、六年级阶段根据他们的学习需要和能力选择修读普通水准或基础水准的英语、母语、数学和科学等科目。

双语教育是新加坡教育制度的基石，掌握双语将是学生的宝贵资本，可协助他们利用语言优势把握全球发展的机遇。新加坡教育部要求学生从小学开始学习英语。英语是国际商务、科学和科技领域的通用语，因此，扎实的英语基础是孩子发展的必备技能。学生学习英语的同时，也要学习自己的母语（华语、马来语或泰米尔语）。教育部鼓励学生多使用母语，在低年级尤其侧重母语听说技能的培养。

例如在《小学华文课程标准2015》中，小学华文课程分为奠基阶段（一至四年级）和定向阶段（五至六年级）。奠基阶段又可分为第一阶段（一、二年级）和第二阶段（三、四年级）。按照学生的能力，奠基阶段开设华文课程和高级华文课程；定向阶段开设华文课程、高级华文课程和基础华文课程。语言能力中等的学生修读华文课程，语言能力较强的学生修读高级华文课程，语言能力较弱的学生则修读基础华文课程。小学各课程采用单元模式，以照顾学生家庭语言背景的不同和学生能力的差异，使华文教学更具灵活性。小学各课程在综合发展语言输入、输出和互动能力的基础上，必须配合实际的学习需要，为不同学习阶段安排不同的学习重点，以区分学习上的轻重缓急，从而实现学习的阶段性目标。小学华文各课程各阶段的学习重点见表5-4。

表 5-4  小学华文各课程各阶段的学习重点

| 课程 | 学习阶段 | 学习重点 |
|---|---|---|
| 华文 | 奠基阶段（一至四年级） | 培养基础阅读和写作（写话、写段）能力，着重听说、口语互动、识字和写字的训练 |
| | 定向阶段（五至六年级） | 综合发展各语言技能，着重口语互动、阅读、写作和书面互动的训练 |
| 高级华文 | 奠基阶段（一至四年级） | 培养基础阅读和写作（写话、写段）能力，着重听说、口语互动和阅读的训练 |
| | 定向阶段（五至六年级） | 综合发展各语言技能，着重阅读、写作和书面互动的训练 |
| 基础华文 | 定向阶段（五至六年级） | 培养基础阅读和写作（写话、写段）能力，着重听说和口语互动的训练 |

资料来源：小学华文课程标准 2015 ［EB/OL］.［2021-10-25］.https：//www.moe.gov. sg/-/media/files/primary/ chinese-primary-2015.pdf.

**2. 知识技能课程。**

在学习学科科目的基础上，学生主要通过专题作业的形式获得知识技能。知识技能在小学阶段不作为正式考试科目。

专题作业让学生有机会观察、思考现实生活中的问题，综合来自各个学习领域的知识，并且能让学生富有批判性和创造性地将知识应用于现实生活中。学生以小组形式开展工作，丰富知识并获得重要技能，为未来的学习和挑战做好准备。通过专题作业的学习，新加坡教育部期望学生获得以下能力：一是沟通能力，学生能通过口头和书面形式清晰有效地表达他们的想法；二是学会团队合作，学生能学会通过团队协作实现共同的目标；三是知识应用能力，学生能够在不同的知识领域建立联系，生成、发展与评估项目相关的信息与观点；四是自主学习能力，学生能够自主学习，反思自己的学习并加以改进。[①] 每个学校的项目学习主题是不同的，例如南洋小学开设的专题作业主题是创客计划（maker programme），融合好品德好公民、资讯科技、科学、数学等综合课程，旨在培养学生外向型、创新型

---

① Ministry of Education，Singapore. Project work ［EB/OL］.（2022-02-18）［2022-10-11］.https： //www.moe.gov.sg/education-in-sg/our-programmes/project-work.

和成长型思维的能力。根据孩子的身心发展规律，不同年级的课程循序渐进。该课程包括许多招牌活动项目，如思维专题作业、创客南洋、南洋乐高联盟及全年级的"德育在于行动"活动等。创客计划设计思维模式如图5-2所示。

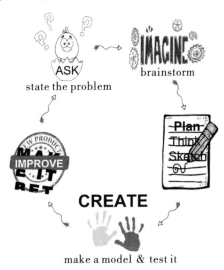

图 5-2　南洋小学创客计划设计思维模式①

3. 生活技能课程。

生活技能课程（life skills）包括品格与公民教育（character and citizenship education，CCE）、体育（physical education，PE）、艺体陶冶计划（programme for active learning，PAL）和课程辅助活动（co-curricular activities，CCA）等，主要以活动课程的形式展开。

（1）品格与公民教育。

小学的品格与公民教育课程是通过级任老师辅导课（form teacher guidance period，FTGP）和母语课进行的。低年级的品格与公民教育课程也包括了艺体陶冶计划课程。

级任老师辅导课为学生提供机会和空间，让他们培养社交和情绪管理技能与正确的价值观，同时也让他们与级任老师建立良好的师生关系。级任老师在培养学生的过程中扮演着举足轻重的角色。级任老师通过教授各

① Programmes［EB/OL］.［2021-10-25］. https: //nyps.moe.edu.sg/qql/slot/u509/2019/programmes/Maker% 20Programme/Makers%20Programme. png.

种范畴的课程，如性教育、心理和网络健康，引导学生领会成长中所面对的生理、社交和情感变化，教导他们如何应对人生的压力，并培养他们的韧性，引领他们探索寻找个人的兴趣和长处，并指导他们如何有效和安全使用互联网。例如，南洋小学的级任老师辅导课主要由常规课程和两个活动组成。级任老师辅导课（每周 2 节课）常规课程内容包括社交与情绪管理技能学习、师生交流时间、周会活动、"德育在于行动"活动的筹备和实行、学生领袖培训，教导学生社交与情绪管理技能，并建立良好的师生关系。两个活动分别是"德育在于行动"活动和"感恩计划"活动。"德育在于行动"活动，其使命在于通过社区服务给学生灌输良好的价值观并提高学生的社交技能，培养学生成为一个为国家做出积极贡献并关心国家的好公民。学校推行有持续性的"德育在于行动"项目，引导学生从自我、家庭、学校、社会乃至世界的层面做出有意义的贡献，以培养学生成为负责任的好公民。"德育在于行动"与南洋小学校训和核心价值观挂钩，培养学生的外向型思维和社交与情绪管理技能，同时提升学生的生活技能。"感恩计划"活动，即感恩发生在生活中的好事。通过这项活动，培养学生学会感恩，具有同理心，成为一个知足、感恩的孩子。[1]

由于价值观与文化、民间故事和语言息息相关，在小学阶段品格与公民教育课程以母语授课。老师搭建支架指导学生了解课程内容，并引导他们以母语表达观点，通过故事、歌曲、寓言和谚语来强化道德价值观的教学。[2]

（2）艺体陶冶计划。

艺体陶冶计划旨在实现全人教育。为了鼓励学生走出课堂并主动学习，所有小学在一、二年级都开设了艺体陶冶计划课程，为学生提供运动与游戏、户外教育、表演艺术和视觉艺术四类课程，让孩子有机会发掘新兴趣，

---

[1] 南洋小学.品格与公民教育［EB/OL］.［2021-10-25］.https：//nyps.moe.edu.sg/programmes/character-and-citizenship-education.

[2] Ministry of Education，Singapore. Learn for life –ready for the future：refreshing our curriculum and skillsfuture for Educators［EB/OL］.［2021-10-25］.https：//www.moe.gov.sg/news/press-releases/20200304-learn-for-life-ready-for-the-future-refreshing-our-curriculum-and-skillsfuture-for-educators.

学习新技能，培养良好的品格。学生将有机会在上课时间尝试各种体育活动，接受户外教育，以及学习表演和视觉艺术。艺体陶冶计划通过将课堂学习与户外活动相结合来激发学生的兴趣和好奇心，提供多样化的课程体验，在学校的学术和非学术领域之间提供了平衡，并促进了学生的全面发展。例如，道南小学的艺体陶冶计划课程，其模块见表 5-5（每个模块包括 2 小时的课程，为期 7 周）。

表 5-5　道南小学艺体陶冶计划课程模块

| 一年级 | 二年级 |
| --- | --- |
| 体育与游戏 | 体育与游戏 |
| 户外教育 | 户外教育 |
| 视觉艺术 | 视觉艺术 |
| 表演艺术：戏剧 | 表演艺术：音乐和舞蹈 |

资料来源：Programme for active learning（PAL）［EB/OL］.［2021-10-25］.https：//taonan.moe.edu.sg/departments/programme-for-active-learning-pal.

（3）课程辅助活动。

学生发展体验（student development experiences）是促进学生全面发展的计划和活动，旨在提升学生体能、审美、知识、品德和社会等方面的知识和能力。学生发展体验包括课程辅助活动、年级学习之旅（如博物馆学习体验）、教育与职业指导体验、国民教育各大纪念日（如种族和谐日）活动、户外探险学习营、学生领袖培育计划，以及"德育在于行动"活动（包括日常职责）。

课程辅助活动是全方位教育的重要环节，是塑造个人品格不可或缺的一部分。新加坡教育部要求小学自三年级起必须开设一系列丰富多彩的课程辅助活动，其中包括体育活动、制服团体、视觉与表演艺术、社团与协会等。这些活动可以培养学生坚韧的个性、跨文化意识、信心及创意。学生通过课程辅助活动相互学习和交流互动，可以建立友谊并加深他们对学校和社区的归属感。在小学阶段课程辅助活动不是强制性的，在低年级阶段，学生可以不参加课程辅助活动，到了高年级阶段，可以根据自己的兴趣选择参加。学生也可以在学校批准的情况下组织自己的活动。这样学生就能够追求当前的课程辅助活动中没有包含的兴趣活动或想法，并丰富学校的活动内容和形式。新加坡教育部建议小学每周有 2～3 小时的课程辅助活动。

例如南洋小学，其课程辅助活动开设情况见表 5-6。

表 5-6　南洋小学的课程辅助活动

| 体育活动 | 体操、羽毛球、篮球、足球、网球、乒乓球、田径、武术 |
|---|---|
| 社团与协会 | 书法协会、中文协会、辩论协会、绿化小组、国际象棋、电脑协会、机器人协会 |
| 制服团体 | 男少年旅 、幼女童军 、童军、女少年旅 |
| 视觉与表演艺术 | 美术协会 、华族舞蹈 、华乐团 、合唱团 、古筝团 、弦乐队 |

资料来源：笔者根据以下资料整理。

南洋小学 .课程辅助活动［EB/OL］.［2021-10-25］.https：//nyps.moe.edu.sg/cca.

### （四）小学阶段课程实施中的教学方法

课堂的教学活动是实施课程计划的主要渠道，因此，在课程开发的视角下，"课程实施"与"教学"存在千丝万缕的关系。[①] 在这里主要谈谈小学阶段课程实施中的教学方法选择。教学活动是教与学的双边活动，包括教师的教授和学生的学习。黄甫全等认为，教学方法是为了达到一定的教学目标，教师组织和引导学生进行专门内容的学习活动所采用的方式、手段和程序的总和，它包括了教师的教法、学生的学法、教与学的方法。[②] 新加坡教育部要求，在小学阶段教师采用有创意的教学法，让课程内容活泼生动，比如：学生通过调查任务和真实生活情景，学习数理概念；通过角色扮演和戏剧演出，掌握语言技能。《小学华文课程标准 2015》[③] 对教师提出以下要求：

---

[①]　杨明全 .课程概论［M］.北京：北京师范大学出版社，2010：217-218，281.

[②]　黄甫全、王本陆 .现代教学论学程［M］.2 版（修订版）.北京：教育科学出版社，2003：227.

[③]　小学华文课程标准 2015［EB/OL］.［2021-10-25］.https：//www.moe.gov.sg/-/media/files/primary/chinese-primary-2015.pdf.

1. 照顾学习差异，建立学习信心。

教师应根据学生的特点，选择适合的学习内容与适当的教学方式，并关注学习的过程，提供必要的支持与帮助，让不同基础和能力的学生都能够学有所得。教师也要肯定学生所付出的努力，充分发掘每个学生的学习潜能，调动所有学生的学习积极性，让他们在学习的过程中体验成功的喜悦，建立学习的信心。

2. 重视显性教学，优化教学设计。

教师应处理好教与学的关系，不要以教代学，而要少教多学，以教促学，让学生有足够的时间练习和使用语言，并适时给予评价和反馈，从而有效地促进学生的学习。教师应结合教学目标、学习重点和学生的语言能力，设计适当的教学步骤，帮助学生有效地学习。教师也应检讨教与学的效果，及时改进，提高教学质量。

3. 加强交际互动，发展语言能力。

教师应积极开展探究式学习，在课堂上为学生提供大量有意义、有趣味、容易被理解的语言输入，建构真实、自然的语言环境，发展结合任务的教学，让学生在沟通中探究、感知、把握语言规律，发展语言能力。教师也应注意语言技能之间的区别，采用不同的方法，认真落实各项技能的训练。

4. 注重生活运用，拓宽学习渠道。

教师应充分利用家庭、社会的双语资源，结合生活实际，设计运用华语的任务，争取家长和社区的支持和配合，认真落实学习任务。教师也应引导学生关注国内外华语社群的生活和文化，了解不同国家和地区华语的特色，开阔视野，形成跨文化意识，让学生认识到华文不只是一个科目，也是认识世界、满足求知欲的媒介和工具。

5. 培养情意品德，发展自主学习。

教师应在教学中潜移默化地教导正确的价值观，培养健康的审美情趣、积极的人生态度和高尚的道德情操，传承优秀的中华文化和传统。教师也应培养学生自主学习、主动探究的精神。教师可通过创设情境，引导学生发现问题、分析问题和解决问题；通过让学生收集、筛选、整理及运用资料完成任务，培养学生自主学习的能力。

6.探索有效方法，提高专业水平。

教师应不断提高语言能力和文化修养，为学生做出清楚、明确的讲解和良好的示范。教师也应不断地学习教学的新理念、新方法，并通过实践和探索将这些理念和方法转化成教学行为，积极探索适合本地学生学习华语的有效方法，不断改进教学。

### （五）小学阶段的课程评价

评价作为人类认识的一种特殊形式，既要对客体的事实性材料（属性）加以描述和把握，又要从主体的目的、需要出发对客体作价值判断。[①]钟启泉教授认为，课程评价是系统地运用科学方法，对课程的过程和产物，收集信息资料并作出价值判断的过程。[②]从这个含义出发，可知其评价对象包括课程的过程及其产物，具体而言，有学生学业评价、课堂教学评价、课程资源与教材的评价等，十分广泛复杂。其中，学习成效的评价是课程评价的重要组成部分。在小学阶段，新加坡教育部对学生的学业评价特别强调全面性，注重技能的提升、价值观的培养以及知识的获取。这有助于学生建立更强的自信心，培养自主学习的动力，同时还能够帮助学生充分发挥他们的潜能。在小学阶段实行全面性评价后，除了测验和考试，学校也通过其他有效的评估手段获得有用的信息，进而帮助学生学习和全面发展。小学一年级和二年级学生不需参加考试和计分测验，这样可以让他们更加轻松地适应学校进而更好地生活、学习。老师将继续利用评估来考查学生对知识的理解，并及时提供反馈来帮助学生。为了给学生提供足够的时间和空间，让他们在小学三年级和五年级这两个过渡阶段适应不断增加的课程，目前学校已取消这些年级的年中考试。家长可以定期收到有针对性的反馈，这些反馈可以帮助家长了解孩子的优点，并指出孩子可以进步的地方。《小学华文课程标准 2015》[③]对课程评价提出了以下几点要求。

1.针对教学目标，拟定评价计划。

评价是教学中极其重要的一环。教师必须配合课程标准与语言能力描

---

① 黄甫全，王本陆.现代教学论学程［M］.2 版（修订版）.北京：教育科学出版社，2003：324.

② 钟启泉.课程论［M］.北京：教育科学出版社，2007：299.

③ 小学华文课程标准 2015［EB/OL］.［2021-10-25］. https://www.moe.gov.sg/-/media/files/primary/chinese-primary-2015.pdf.

述，针对教学目标、教学重点和教学内容，拟定评价计划，设计和安排评价的内容、方式、次数、时间等。教师在拟定评价重点时，必须具体、清晰、灵活。评价的次数和比重必须恰当，避免让过量的测验与考试影响学生的学习。教师可抽取有代表性的教学重点或整合几个学习内容作为一个评价重点。

2. 注重形成性评价，提高教与学的效益。

学习是一个持续不断的过程，评价不应只注重学习成果，也应重视学习过程。形成性评价（如有效的提问、定期与适时的反馈、同侪与自我的评价等）应融入日常教学。教师根据形成性评价所获得的信息，了解学生的学习情况，调整教学的内容和进度，适时给予学生全面而具体的反馈，促进学生自我反思、改进，从而主动学习。

3. 重视综合性评价，全面发展学生的能力。

评价学生的表现应力求全面。学生的语言能力综合体现在听、说、阅读、写作、口语互动及书面互动六种技能上。教师在评价学生的语言能力时，可同时评价两种或两种以上的语言技能。除了语言能力，教师也要确保所设计的评价方式涵盖不同的认知层级，特别是高层级的认知能力，如分析和解决问题的能力和批判性思维、创造的能力等，以促进学生的全面发展。

4. 实践真实性评价，加强语言运用的能力。

评价中应尽可能模拟真实的情境，采用真实的语料，以现实生活中的问题设计学习任务，也可以结合信息技术，让学生根据录像短片口头发表意见或通过写电子邮件等方式交流，使评价更具真实性，更能反映学生实际运用语言与人交流的能力。


## 二、中学阶段的课程与教学

学生在完成小学六年级的学业后统一参加小学离校考试，之后根据分数的高低选择进入不同的中学课程班。新加坡小学离校考试可以评估新加坡小学六年级学生升读中学的能力，并且将学生分配到合适的中学。小学离校考试科目有 4 科，即英语、母语、数学、科学。从 2021 年起，新加坡小学六年级离校考试采取积分等级（achievement level，AL）制，每个离校考试科目（英语、数学、科学和母语）不再以原得分计分，而是折合成"积分等级"，汇入最终计算。积分等级共有 8 个，如考卷得分在 90 分以上（含 90 分），积分等级则为 AL1，该科目积 1 分。具体分级见表 5-7。

表 5-7　积分等级制

| 积分等级（AL） | 分数范围（raw mark range）/ 分 |
|:---:|:---:|
| 1 | ≥ 90 |
| 2 | 85 ～ 89 |
| 3 | 80 ～ 84 |
| 4 | 75 ～ 79 |
| 5 | 65 ～ 74 |
| 6 | 45 ～ 64 |
| 7 | 20 ～ 44 |
| 8 | <20 |

资料来源：从 2021 年开始小学离校考试积分与中学分配制度［EB/OL］.［2021-10-25］. https：//www.moe.gov.sg/microsites/psle-fsbb/assets/infographics/new-psle-scoring-system/psle-infosheet-chinese.pdf.

如果修读的是基础水平科目，该科目的积分等级为 AL A 至 AL C。基于中学分配的目的，AL A 到 AL C 的积分等级将换算成普通水平科目的积分等级，从而得出学生的小学离校考试总积分，请参阅表 5-8。

表 5-8　基础水平科目评分制

| 基础水平科目的积分等级 | 基础水平科目的分数范围/分 | 相对应的普通水平科目积分等级 |
|:---:|:---:|:---:|
| A | 75 ～ 100 | 6 |
| B | 30 ～ 74 | 7 |
| C | <30 | 8 |

资料来源：从 2021 年开始小学离校考试积分与中学分配制度［EB/OL］.［2021-10-25］. https：//www.moe.gov.sg/microsites/psle-fsbb/assets/infographics/new-psle-scoring-system/psle-infosheet-chinese.pdf.

换算的标准根据科目的学习和评估要求而制定，以让学生清楚自己的学习能力，为学习中学课程做好准备。学生的小学离校考试总成绩是其普通水平科目和基础水平科目共四个科目积分的总和。小学离校考试总成绩介于 4～30 分，其中 4 分是最优秀的总积分。根据总成绩学生被编入中学快捷、普通（学术）或者普通（工艺）课程班（见表 5-9），他们能在中学修读相关课程的所有科目。

表 5-9　小学离校考试总成绩与课程的配置

| 课程配置 | 小学离校考试总成绩 / 分 |
| --- | --- |
| 快捷课程 | 4～20 |
| 快捷 / 普通（学术）课程选项 | 21～22 |
| 普通（学术）课程 | 23～24 |
| 普通（学术）/ 普通（工艺）课程选项 | 25 |
| 普通（工艺）课程 | 26～30（英文和数学必须考获 AL 7 或更好的积分等级） |

资料来源：从 2021 年开始小学离校考试积分与中学分配制度［EB/OL］.［2021-10-25］. https：//www.moe.gov.sg/microsites/psle-fsbb/assets/infographics/new-psle-scoring-system/psle-infosheet-chinese.pdf.

## （一）中学阶段的课程目标

在《21 世纪能力和学生成果框架》的指导下，学校将提供有助于学生发展的学习经验和健全的道德指南，培养学生的社交情感能力、必要的态度以及技能和知识，以迎接未来的挑战。学校将培养学生具备 21 世纪所需的技能，使他们成为充满自信的人，能够明辨是非、适应力强、坚韧不拔、了解自我、处事果断，具备独立思考与批判的能力，并能与人有效沟通；使他们成为主动学习的人，能在学习过程中不断提问、反思、坚持不懈，对自己的学习负责；使他们成为积极做出贡献的人，在团队中有高效的表现，做事积极主动，能预估风险，具有创新精神，并力求做到最好；使他们成为心系祖国的公民，根植于新加坡，具有强烈的公民意识，关注新加坡和世界的发展变化，并为积极改善他人的生活而努力。

### （二）中学阶段的课程类型

基于教育分流理念，新加坡在中学阶段开设了三种课程班。根据学生小学离校考试成绩，他们将被分入快捷课程班（包括一些学校的综合课程）、普通（学术）课程班或普通（工艺）课程班。例如，在 2020 年的小学离校考试后，66.3% 的学生可以进入快捷课程班，21.2% 的学生进入普通（学术）课程班，11.0% 的学生进入普通（工艺）班，只有极少部分学生未通过小学离校考试。[①] 每个学生都有机会根据他们的专业特长和资质，在要求更高的水平上选修不同的科目，如果课程更符合他们的能力和兴趣，他们也可以转学。

1. 快捷课程。

快捷课程包括剑桥 "O" 水准课程和综合课程两种，学生可选择其一进行学习。剑桥 "O" 水准课程学制四年，学生的必修科目有英语、母语、数学、科学和人文学科（含社会研究），选修科目有品格与公民教育、设计与技术、食品和消费者教育、体育、艺术、音乐、专题作业。快捷课程班的大多数学生都选修了 7 门或 8 门科目。在中学四年级结束时，学生将参加剑桥 "O" 水准考试。综合课程为期 6 年，在剑桥 "O" 水准课程上表现好的学生可以申请转入中学三年级阶段的综合课程。

综合课程的学生不需要参加剑桥 "O" 水准考试。综合课程的必修科目因学校而异，每个学校都提供选修课程。按综合课程类型划分，可将学校分为三种类型：一是提供面向剑桥 "A" 水准考试课程的学校，如德明政府中学、国家初级学院、立化中学等，在中学六年级（初级学院二年级）结束时，学生将参加剑桥 "A" 水准考试，并根据考试的结果申请大学；二是提供国际文凭课程的学校，国际文凭课程是剑桥 "A" 水准课程的替代课程，提供此类课程的学校有英华自主中学、圣法兰西斯卫理公会教会学校和圣若瑟书院，除此之外，一些专业独立学校艺术学院和新加坡体育学校等也提供国际文凭课程；三是新加坡国立大学附属数理中学，提供满足学生才能需求和侧重科学及数学方向的综合课程，为毕业生提供新加坡国

---

① SEAB. Pushing boundaries：towards digitalisation［EB/OL］.（2021-03-31）［2021-10-25］. https：//www.seab.gov.sg/docs/default-source/annual-reports/seab-ar20-fa-pdfa.pdf.

立大学高中文凭。

在中学六年级（初级学院二年级）结束时，学生可以通过剑桥"A"水准考试成绩或者国际学士文凭或者新加坡国立大学高中文凭，结合自己的兴趣与追求申请大学。（见表 5-10）

表 5-10　综合课程分类及内容

| 学校课程类型 | 年级 | 课程 |
| --- | --- | --- |
| 面向剑桥"A"水准考试的课程 | 中学一至四年级 | 在学术和非学术领域进行更广泛的学习体验 |
| | 中学五至六年级／初级学院一至二年级 | 中学四年级后，学生将学习以下领域的科目组合：1.语言（如母语语言）；2.人文和艺术（如经济学、英国文学、地理、历史、音乐）；3.数学和科学（如生物学、化学、物理、数学、计算机） |
| 国际文凭课程 | 中学一至四年级 | 在学术和非学术领域进行更广泛的学习体验 |
| | 中学五至六年级／初级学院一至二年级 | 学生必须在6个学科组中各选择一门课程：1.语言文学研究；2.语言习得（第二语言）；3.个人和社会（经济、地理、历史、商业管理）；4.科学（生物学、化学、物理、计算机科学）；5.数学；6.艺术（视觉艺术、音乐）学生还必须完成3个国际文凭课程核心组成部分的学习：1.知识论；2.扩展论文；3.创意、行动、服务 |
| 新加坡国立大学附属数理中学的课程 | 基础阶段（中学一至三年级） | 学生学习数学、科学、人文、语言、音乐和艺术的基础课程，还学习基础研究和创新技能 |
| | 专业化阶段（中学四至六年级） | 学生专注于数学和科学方向的3个选定专业，他们还可以选修科学、人文、音乐或艺术作为第四个专业注意：学生必须完成分级中的高级研究项目才能毕业 |

资料来源：笔者根据以下资料整理。

Ministry of Education，Singapore.Integrated programme［EB/OL］.［2021-10-18］.https：//www.moe.gov.sg/secondary/courses/express/integrated-programme#integrated-programme.

2. 普通（学术）课程。

普通（学术）课程班为四年制或五年制，其必修科目包括英语、母语、数学、科学和人文学科（含社会研究），选修科目有品格与公民教育、设计与技术、食品和消费者教育、体育、艺术、音乐、专题作业，大多数普通（学术）课程班的学生选修 5 到 8 门科目。基于科目编班制，学生如果在小学离校考试的任一科目中得了 AL5 及以上成绩或者进入中学一年级后在学校考试中任一科目表现出色，可以选择快捷课程级别的科目。普通（学术）课程班的学生根据表现有机会在中学一年级或二年级结束时转入快捷课程班。在中学四年级，学生将参加剑桥"N"水准考试。如果学生正在学习快捷课程级别的科目，他们可以在中学四年级参加该科目的剑桥"O"水准考试。在剑桥"N"水准考试中成绩优异的学生将有资格升入中学五年级，以准备剑桥"O"水准考试。一些符合条件的普通（学术）课程班的学生无须在中学四年级参加剑桥"N"水准考试，可直接升入中学五年级参加剑桥"A"水准考试直通课程的剑桥"O"水准考试。该方向的大多数学生选择 6 至 8 门科目课程学习。

3. 普通（工艺）课程。

普通（工艺）课程班是四年制的，必修科目有五科，即英语、母语、数学、计算机应用和社会研究，选修科目有科学、品格与公民教育、设计与技术、食品和消费者教育、体育、艺术、音乐、专题作业，大多数普通（工艺）课程班的学生选修 5 到 7 门科目。在完成四年的学业后，这些学生统一参加剑桥"N"水准考试。如果学生正在学习任何快捷课程或普通（学术）课程科目，他们可以参加该科目的剑桥"A"水准考试或剑桥"O"水准考试。

随着新加坡整体教育水平的提升以及全人教育（holistic education）理念的兴起，传统的教育分流制度难以满足未来社会的人才培养需求。[①]2020 年起，新加坡陆续在 25 所中学试验推行中学科目编班，并承诺 5 年以内把计划扩大到所有中学，协助学生发掘潜能，减少不同课程源流所带来的歧视和标签化行为。

---

① 丁瑞常，徐如霖.统一下的多样：新加坡中等教育分流制度改革评析［J］.世界教育信息，2021（7）：66-72.

中学科目编班认可与培养学生特定科目的能力，提供机会让学生可以充分发挥潜能，赋予学生更大的灵活性，可选修对他们的学习要求更高的科目，并能更好地发展他们的优势和兴趣。中学科目编班让符合标准的选修普通（学术）和普通（工艺）课程的学生在中学一年级时，根据个别科目的积分等级选修级别更高的科目（见表 5-11）。

表 5-11　中学科目编班的标准

| 选修普通（学术）或普通（工艺）课程的学生 | |
| --- | --- |
| 小学离校考试普通水平 / 基础水平科目等级 | 可选择修读的相关科目 |
| 在普通水平科目获得 AL5 或更好的积分等级 | 快捷课程的科目 |
| 在普通水平科目获得 AL6 或更好的积分等级，或基础水平科目获得 ALA 等级 | 普通（学术）课程的科目 |

资料来源：从 2021年开始小学离校考试积分与中学分配制度［EB/OL］.［2021-10-25］. https：//www.moe.gov.sg/microsites/psle-fsbb/assets/infographics/new-psle-scoring-system/psle-infosheet-chinese.pdf.

在中学一年级之后，根据学生在学校的表现，如果学生认为合适，他们也可以考虑选修要求更高的科目。一些学校在中学二年级时提供要求更高的地理、历史和英国文学等科目，以满足选修普通（学术）或普通（工艺）课程的学生的学习需求。

## （三）中学阶段的课程内容

新加坡中学有不同类型的分流课程，这些课程的课程结构都由三部分组成：生活技能、知识技能和学术类科目。生活技能课程确保学生获得核心价值观和技能，使学生成为负责任的公民。知识技能课程旨在发展学生的思维、处理问题的能力和沟通技巧，主要通过专题作业的形式开展。学术类科目包含语言、数学、科学、人文学科（含社会研究），这些科目的设置可以确保学生在不同的学习领域都能打下良好的基础。学生在中学阶段会有不同的选修课程可供选择，必修课的学科包括英语、母语、数学、科学和人文学科。选修科目内容广泛，每个学校都会有不同的选修科目以进一步培养学生的能力。①

1. 生活技能课程。

新加坡在中学教育阶段将培养学生的生活技能置于最核心位置。它包括品格与公民教育、体育、课程辅助活动、应用学习计划和终身学习计划，主要以活动课程的形式展开。

（1）课程辅助活动。

中学阶段的课程辅助活动是全面教育的一个组成部分。学生会在发展价值观和能力的同时发现自己的兴趣和激情。这将使他们做好迎接迅速变化的世界的挑战的准备。课程辅助活动还促进了来自不同背景的学生之间的友谊，让他们在一起学习、玩耍和成长。参与课程辅助活动有助于学生融入社会，加深他们对学校、社区和国家的归属感、责任感。学校提供一系列课程辅助活动以便学生选择参与，其中包括制服团体、俱乐部和社团、体育和游戏、视觉和表演艺术。

（2）品格与公民教育。

品格与公民教育包括国民教育和社会情感学习，是学生整体发展的组成部分，有利于学生的价值观、性格、社会情感和公民性格的发展。品格与公民教育课程框架参考了现有的《21世纪能力和学生成果框架》，旨在明确核心价值观是如何与社会情感能力相联系的，以及学生是如何将其内化并实践的。② 品格与公民教育课程内容基于身份、人际关系和选择，这是新加坡品格与公民教育的三大概念，并固定在核心价值观和社会情感能力的教学中，帮助学生找到使命感。这些在以下课程内容和应用领域中得以体现。

国民教育（national education）。国民教育是品格与公民教育的一个重要方面，学校通过广泛努力，帮助学生体验和探索作为新加坡人的国家认同，了解新加坡特殊的现实情况和挑战，并培养对新加坡的希望和归属感。强烈的归属感、现实感和希望感激励着学生成为积极的公民。当他们寻求

---

① 洪玲玲. 新加坡教育分流理念下基础教育课程设置及其启示［D］. 沈阳：沈阳师范大学，2018：41.

② Character and citizenship education syllabus secondary［EB/OL］.［2021-10-18］. https：//www.moe.gov.sg/-/media/files/secondary/syllabuses/cce/2021-character-and-citizenship-education-syllabus-secondary.pdf?la=en&hash=D41C87D627D3AA6CF52C14538121EA5E1B9E0B44.

实现自己的个人生活目标时，他们也认为自己在社区和国家中发挥着贡献作用。国民教育培养积极参与的公民，他们有社会意识，善于批判性思考，了解当地、区域和全球问题。

性教育（sexuality education）。在中学阶段，更好的营养和更完善的卫生保健使儿童更早地进入青春期和性成熟时期。此外，年轻人也受到媒体的广泛影响，包括可能危害健康和破坏家庭完整的性观念的影响。学生需要指导，以便他们能够对媒体和其他来源的性信息做出有洞察力的反应。性教育使学生了解他们在成长过程中经历的生理、社会和情感变化，发展与他人特别是与异性的健康和有益的关系，并在性问题上做出明智、负责任的决定。父母在其子女的性教育中，特别是在关于性和性行为的价值观的教育和传播方面发挥主要作用，学校发挥重要的支持作用。

心理健康（mental health）。心理健康是指在生活的各个方面保持平衡，学习价值观，培养社会情感能力，以应对生活中出现的各种状况，与他人友好交往，并为社会做出贡献。在中学，品格与公民教育课程关注心理健康有助于增强学生的适应能力和幸福感，区分压力、苦恼（巨大的压力）和疾病，有助于避免一些心理精神疾病。

教育和职业指导（education and career guidance）。如今学校里的年轻人所面对的未来与他们的父母和老师所经历的非常不同。教育和职业指导旨在为学生提供必要的知识、技能和价值观，使他们在每个关键的教育阶段做出明智的决定，从而成功地从学校过渡到进一步的教育或工作中，管理好他们的职业道路和坚持终身学习理念。通过教育和职业指导，学生发掘自己的优势和能力，审视自己的人生目标，养成积极主动、适应能力强的素质。

网络健康（cyber wellness）。信息和通信技术（ICT）应用在人们的世界中变得越来越普遍。互联网在创造即时链接和提供大量信息、知识和观点的同时，其开放性也会使学生接触到不良内容，受到影响。品格与公民教育的网络健康课程非常重要，因为它关注的是学生在网络空间中遨游时的福祉，为他们配备知识和技能，以利用信息通信技术的力量实现积极的目的，在网络空间保持积极的形象，并成为安全和负责任的信息通信技术用户。

家庭教育（family education）。家庭教育是国家实现共同价值观的前提。家庭是社会的基本单位，家庭教育强调拥有稳定家庭以及家庭支持的重要性。家庭在塑造学生和学生成为谁的过程中，促使学生学会做一个负责任的家庭成员，鼓励他们去爱和感激自己的家庭，并敦促学生去反思家庭关系的价值和高质量的家庭生活的重要性。

2. 知识技能课程。

中学阶段的知识技能课程主要通过专题作业的形式完成，该学科学习的关键领域有四种学习成果，分别是知识应用、交流、协作和自主学习。学生以小组形式开展工作，在小组合作的同时，也会通过自我反思和评估来独立学习。在高级水准知识技能课程考试中，考生被分配到小组，每个小组有 4 ～ 5 名成员，小组将在 28 周内完成任务（建议时间 60 ～ 75 小时，平均每周 2.5 小时左右）。他们将明确任务重点，收集信息并完成分析和评估，通过书面报告和口头报告体现个人和小组的表现。书面报告部分包括小组书面报告及个人观点和反思。每个小组都需要提交一份书面报告，考官可通过该部分评估考生的知识应用和书面沟通能力，此部分只授予团体分数。小组中的每位考生都需要提交一份书面反思。考官可通过该部分评估考生在完成任务的过程中个人的能力，此部分将授予个人分数。口头报告部分，小组的每位考生都有机会口头阐述任务的一部分内容，并回答问题，考官将从个人和团体两方面评估考生，重点评估每位考生的表达能力及演讲感染力。评估框架见表 5-12。

表 5-12　高级水准考试中专题作业评估框架

| 组成部分 | | 小组 | 个人 | 总计 |
|---|---|---|---|---|
| 书面报告部分 | 书面报告 | 40% | — | 40% |
| | 观点和反思 | — | 10% | 10% |
| | 总计 | 40% | 10% | 50% |
| 口头报告部分 | 口头报告 | 11% | 39% | 50% |
| | 总计 | 11% | 39% | 50% |
| 总计 | | 51% | 49% | 100% |

资料来源：Project work:Singapore cambridge general certificate of education advanced level higher 1（2019）［EB/OL］.［2021-10-18］. https：//www.moe.gov.sg/-/media/files/programmes/project-work-syllabus2018.pdf?la=en&hash=2471B4346 370A4DD20E8F37449137AD466C96DCD.

3. 学术类科目课程。

学术类科目课程包括英语、母语、数学、科学和人文学科（含社会研究）。基于学科的学术课程学习是所有知识技能发展的基石。每个学生都是独一无二的，有着不同的兴趣、能力和热情，为鼓励学生持续学习母语至他们可以达到的水平，以及鼓励对艺术和音乐有兴趣的学生，学校针对不同需求的学生提供不同的课程（见表 5-13）。

### 表 5-13　中学阶段语言、艺术与音乐特选课程

| 课程类别 | 课程 | | 录取标准 |
|---|---|---|---|
| 语言类 | 高级母语 | | 小学离校考试（PSLE）成绩总分 8 分及以上；或 PSLE 总分 9～14 分（含 14 分），并且在母语考试中达到 AL1/AL2 或在高级母语考试中获得优等及以上级别 |
| | 马来文特选课程 | | 符合高级马来文课程录取资格 |
| | 第三语言 | 华文（特别课程）马来文（特别课程） | • PSLE 总分为 24 分及以上<br>• 在小学离校考试中不曾报考高级华文 / 华文（针对华文课程）、高级马来文 / 马来文（针对马来文课程） |
| | | 印尼文阿拉伯文 | • PSLE 总分 24 分及以上<br>• 在小学离校考试中不曾报考高级马来文 / 马来文<br>• 学生 / 家长是新加坡公民或新加坡永久居民 |
| | | 法文德文日文西班牙文 | • PSLE 总分为 8 分或以上<br>• 小学离校考试高级华文 / 华文及格（仅针对日文课程）<br>• 学生 / 家长是新加坡公民或新加坡永久居民 |

续表

| 课程类别 | 课程 | 录取标准 |
|---|---|---|
| 语言类 | 语文选修课<br>华文（CLEP-Sec）<br>马来文（MLEP-Sec）<br>泰米尔文（TLEP-Sec） | 中学二年级学生达到以下至少一项：<br>• 相应的高级母语课程至少达到 B3 级<br>• 相应的母语课程至少达到 A2 级 |
| | 双文化课程（BSP） | 达到高级华文课程录取标准 |
| | 区域研究课程（RSP） | 必须选修马来文（特别课程）或印尼文作为第三语言；必须就读于开设区域研究课程的学校 |
| | 母语"B"课程 | 为快捷班或普通（学术）班的学生开设，需达到母语 AL7 或 AL8 级，或者达到基础母语 ALB 或 ALC 级 |
| 美术和音乐类 | 美术特选课程（AEP） | 通过美术特选课程选拔考试 |
| | 音乐特选课程（MEP） | 通过音乐特选课程选拔考试 |
| | 强化美术课程（EAP） | 符合学校所设定的录取标准 |
| | 强化音乐课程（EMP） | 通过强化音乐特选课程选拔考试 |

资料来源：Secondary school education［EB/OL］.［2021-10-18］. https：//www.moe.gov. sg/-/media/files/secondary/secondary-school-booklet-2021.pdf.

## （四）中学阶段课程实施的教学方法

中学阶段，每个科目的教学方法有所不同。例如，品格与公民教育的教学法以建构主义理论为基础，注重学习的过程，强调帮助学生理解"为什么"及"怎么做"，而不是"做什么"，以学生为中心，目的是帮助学生掌握技能，通过行动与反思深化价值观。① 教师在进行教学时，可采用以下教学法。

---

① Character and citizenship education syllabus secondary［EB/OL］.［2021-10-18］. https：//www. moe.gov.sg/-/media/files/secondary/syllabuses/cce/2021-character-and-citizenship-education-syllabus-secondary.pdf?la=en&hash=D41C87D627D3AA6CF52C14538121EA5E1B9E0B44.

1. 叙述法。

叙述法通过叙述真实或虚构的故事帮助学生深化价值观。教师可以利用各种文化故事、英雄故事或日常生活中的故事帮助学生了解实践良好价值观的重要性，并让学生通过反思确认自己的想法。教师应根据学生的年龄和兴趣选择适合他们的故事。学生在讲述亲身经历、自编故事或思考别人的故事时，教师可引导他们辨识自己的信念和价值观。叙述法注重开放式提问、澄清、总结、综合与拓展个别学生的观点，并鼓励学生之间进行交流。

2. 设身处地考虑法。

设身处地考虑法注重培养学生的同理心，目的在于培养一个有爱心的人。在采用这种教学法时，教师可向学生提出关键性问题："如果你处在当时的情况，或者你是当事人，你会有什么感受？"学生学会在做任何道德上的决定时，都要考虑它给别人带来的影响。学生设身处地为他人着想，从中尝试了解当事人的想法和感受，能对情况产生更全面的看法。在学习过程中，教师可以采用角色扮演和提问等教学策略。

3. 体验式学习法。

体验式学习法使学生能在课堂上或户外学习，并投入体验、观察、反思与应用的过程。这个教学法为学生创造经验，提供平台让他们对自己的价值观及想法进行反思。学生在现实情况中应用所学到的技能和知识，不但能深化个人的价值观，还能够在日后进一步把所学技能和知识应用在不同的情境中。学生根据已内化的价值观思考、分析和做出抉择，并把价值观落实在日常生活中。

4. 道德认知发展法。

道德认知发展法源自科尔伯格（Lawrence Kohlberg）的道德发展阶段论。教师鼓励学生针对现实或假设性的道德两难情境做出回应，并根据科尔伯格的道德论证阶段性特点衡量学生的回应。教师在整个学习过程中应促使学生考察他们行为背后的动机，提升他们的自我意识。教师在衡量学生处于哪一个发展阶段后可通过提问的方式，理清学生的思维，培养学生对人和事物的敏感度，然后引导学生做出正确的决定，从而帮助学生逐步从以个人为先的层次提升至以社会和世界为先的层次。

5. 价值阐明法。

价值阐明法通过循序渐进的过程帮助学生做出明智的决定。学生进行理性的思考，并觉察自我情绪，通过同理心审视自己的行为，从而激发自身去思考和厘清自己的价值观。通过对话与合作学习等教学策略，教师引导学生依据正确的价值观（包括社会所维护的价值观）做出明智的决定。要做出明智、负责任的决定，必须按照以下步骤：列出各种可能的选择，逐一衡量，确定自己的立场以及奉行自己的信念，做出最终的决定。

## 第三节　基础教育的保障体系

完善的教育保障体系，是确保教育良好发展的生命线，更是一个国家综合实力的反映。新加坡教育部为确保基础教育高质量发展，投入了大量的人力、物力、财力，构建了一系列有效保障学校、教师专业化发展的制度，同时设立了较为完善的财政资助计划，以确保每一个新加坡公民都能接受良好的教育。

### 一、教育督导与学校评估

教育督导是教育管理的重要组成部分，是促进教育法规和方针政策贯彻落实的重要手段，是保障教育教学目标实现的有效机制。新加坡政府推行的中小学教育督导评估政策，具有法规完善、运转独立高效、"卓越学校模式"全面评估和督导过程公开公正等特点。[①]新加坡基础教育的高标准和高质量与其教育督导及评估工作密不可分。新加坡现行的教育督导制度，也称为基础教育质量监测评估体系，包括校群督导制度、卓越学校模式、排名制度及增值排名制度。[②]本书将着重讨论其中比较著名且行之有效的校群督导制度和卓越学校模式。

---

① 余振. 新加坡中小学教育督导评估［J］. 教育，2017（40）：80.
② 路一凡. 新加坡：换一种思路考核督导［J］. 甘肃教育，2019（5）：128.

### （一）校群督导制度

新加坡校群督导制度始创于1997年。校群督导制度是指校群督导（从有威望的、管理出色的中小学校长中选拔出来进行督导的管理人员）对辖区内学校的发展进行指导和监督。新加坡教育部以地域为基本标准把全国分为东、南、西、北4个区，每个区分别由教育部学校督导司的4位副司长负责。每个区又分成7个校群，多数校群都包括了不同类型的学校（如小学、中学、初级学院、励仁高中），校群就是由校群督导负责管理的。

年初，校群督导同校长一起制订学年的工作计划，帮助校长找出工作的重点和需要改进的地方；学年期间经常到学校了解校长执行计划情况。年终根据校长的两份书面报告（表格），结合校长实际的工作表现，对校长进行工作表现和潜能排名。工作表现排名即把相同级别的校长放在一起排名，分为A、B、C、D、E五个等级。潜能排名即校长不分年龄、资历、级别，统一排名，通过排名程序获得"当前估计潜能"。这两项排名每年由校群督导先在校群内进行排名，然后集中到学区进行综合排名，最后全国集中排名。由此可见，每年最少要经过三次排名才能最终确定校长的评价等级。[①] 新加坡中小学校长的评价结果决定校长晋升。

校群督导从校长制订计划、实施计划、总结反思计划等方面完整地进行计划管理，忠实履行自己职责，监督校长完成一年工作。通过对学校管理方面进行监控，保证了学校领导对国家教育质量政策的重视和贯彻执行，同时有利于监督学校的各项管理措施真正服务于学生知识技能的提高。通过对基础教育质量的检测与评估，建立基础教育质量的监督和保障机制，可以不断发现问题、分析问题、反馈问题，保证国家教育质量政策的有效执行，促进基础教育质量的提高。[②] 如今，校群督导制度不断发展和完善，成为促进新加坡学校均衡化发展的重要策略。

---

① 周健.走向核心素养的新加坡教育：新加坡学校和课堂观察［M］.福州：福建教育出版社，2020：208.

② 张治贵.开放且系统的新加坡教育管理体系［J］.科学咨询（教育科研），2014（12）：7-9.

### （二）卓越学校模式

新加坡卓越学校模式是以欧洲质量管理基金会的卓越模式为模板，结合新加坡实际，移植到新加坡教育领域的管理与评估模式。卓越学校模式的评估包含学校每年进行的校内自评，以及教育部的评估组成员每5年一次对学校进行的校外鉴定。新加坡自1999年开始卓越学校模式的试点工作，2000年开始对所有学校的相关人员进行培训与指导，并在所有的中小学校全面实行校内评估制度，2001年开始实施校外验证。[①]

新加坡卓越学校模式是一个学校进行自我评估的机制，也是一个促进学校管理优质化的体系。它是为实现新加坡教育部使命——塑造国家未来，以及愿景——建设"思考型学校、学习型国家"[②]，而实施的学校评估与优质管理模式。

卓越学校模式的框架有9项评价内容，分为两大类，分别是"运作过程"和"成果"，各占50%，总分为1000分。"运作过程"着重学校的管理方式和资源分配，包括领导（100分）、人事管理（90分）、策略（70分）、资源（115分）、以学生为主的各种程序与活动（125分）。"成果"部分包括人事管理的成果（80分）、行政管理的成果（60分）、合作和社会贡献的成果（60分）、各项以学生为主的活动成果（300分）。"成果"由"运作过程"得来，"运作过程"通过"成果"的反馈而得到改进。在"成果""运作过程"的各个部分之间存在着非常密切的联系（见图5-3）。[③]

---

① 董立彬.浅谈新加坡卓越学校模式的特点及启示［J］.教育实践与研究，2006（11）：16-18.

② Ministry of Education，Singapore.Our mission and vision［EB/OL］.（2021-10-18）［2021-12-14］.https：//www.moe.gov.sg/about-us/our-mission-and-vision.

③ 同①.

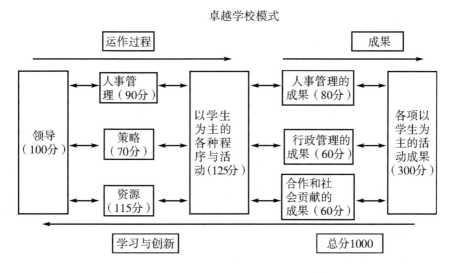

图5-3 新加坡卓越学校模式运作图 [1]

卓越学校模式的9项评价内容分别在"成果"阶段关注四个维度,在"运作过程"阶段关注五个维度。

1."成果"阶段。

行政管理成果:关注学校领导力效能,以及在与高效和有效相关的方面学校完成了哪些任务。

人事管理成果:关注学校在培训、发展及师德方面的培养成效。

合作和社会贡献成果:关注与合作伙伴交流以及自由参与社区活动相关方面,学校完成了哪些任务。

各项以学生为主的活动成果:关注在学生全面发展方面,学校完成了哪些任务,尤其是学校在何种程度上完成了预期的教育结果。

2."运作过程"阶段。

领导:关注学校的领导以及领导层系统是如何从事价值评估,怎样关注学生的学习和表现,以及学校是怎样对社会负责的。

策略:关注学校如何制定以利益相关者为中心的战略方向,以及如何制订行动计划、部署计划和评价绩效。

① 董立彬.浅谈新加坡卓越学校模式的特点及启示 [J].教育实践与研究,2006(11):16-18.

人事管理：关注学校怎样开发和利用所有员工的潜力去创造优秀学校。

资源：关注学校如何有效地管理内部资源与外部合作关系，以及如何支持其战略规划与实施。

以学生为主的各种程序与活动：关注学校如何设计、实施、管理、改进其发展过程，以提高整体教育水平，加强学生表现。

根据评估得分，学校可向教育部申请不同的奖励。新加坡教育部为了奖励那些表现好的学校，会授予这些学校一些荣誉，根据不同的得分有不同的档次。第一档次为各项成就奖，奖励学校在某一年中各个领域的优异表现；第二档次为持恒成就奖，奖励在过去几年表现良好的学校；最高奖励为卓越学校奖，奖励多年在各方面表现优异的学校。卓越学校奖的有效期为5年，如果5年之后该学校表现欠佳，会被撤销奖励。[1]

卓越学校模式强调具有目标管理的学校领导层的重要性，将学生放在第一位，将教师视为素质教育发展的关键，不仅能够衡量学校的绩效表现，也能够成为学校整体发展的管理和建设框架，帮助学校发现问题，推动学校不断改进。因此，它被视作新加坡中小学校寻求持续改进和创新的动力。

## 二、以"教育技术计划"为代表的政府政策支持

在新加坡，教育部为学校的运行提供了强有力的政策支持，以"教育技术计划"为例，信息通信技术（ICT）的总体规划为校园信息通信技术的应用以及每个学生在先进技术环境中进行学习提供了蓝图。自1997年以来，共有4个信息通信技术总体规划。新加坡教育部的信息通信技术总体规划在2019年更名为教育技术（EdTech）计划，以反映这是一个不断发展的计划，更好地应对技术和驱动力的快速变化对教育的影响。[2]

### （一）教育信息化规划的历史进程

第一阶段的信息通信技术总体规划，自1997年至2002年，它为学校利用信息和通信技术奠定了坚实的基础。它提供了基本的基础设施，并为

---

① 胡雪，郝春东.新加坡卓越学校模式及对我国教育督导的启示［J］.侨园，2019（10）：161.

② Ministry of Education，Singapore .Educational technology journey［EB/OL］.（2021-06-07）［2021-08-07］.https：//www.moe.gov.sg/education-in-sg/educational-technology-journey.

教师发展基本的数字能力做准备，使得技术在教育领域得到推广和普遍认可。第二阶段的信息通信技术总体规划，自 2003 年至 2008 年，它建立在第一阶段的信息通信技术总体规划的基础上，力求在教育中有效和普遍地使用信息通信技术。最关键的优先事项是确保所有学校达到信息通信技术使用的基准水平，同时全力支持准备在教育中实现更高信息通信技术使用水平的学校。它还旨在加强信息通信技术在课程和评估中的整合。第三阶段的信息通信技术总体规划，自 2009 年至 2014 年，这一阶段旨在改变和丰富学生的学习环境，并使他们具备在知识经济中取得成功的关键能力和性格特质。该总体规划侧重于学生的自主学习、协作学习能力和负责任地使用信息通信技术。第四阶段的信息通信技术总体规划，自 2015 年至 2019 年，这一阶段侧重于质量学习，与教育部强调以学生为中心和以价值观为导向的教育观相一致，包括帮助学生通过掌握学科增长知识、获得面向 21 世纪所需的多样化能力并成为负责任的数字公民。

### （二）教育技术计划的目标

当前的教育技术计划采用响应迅速、敏捷的方法和结构，帮助教育部对技术和环境变化做出快速反应，以确保有效利用教育技术进行高质量的教学和学习。教育技术计划将引领从小学到大学预科机构学习的关键平台和科技生态系统的发展。在过去计划奠定的基础上，该计划力求：第一，从 2020 年到 2030 年保持广泛的 10 年总体愿景；第二，建立敏捷性以识别新兴技术的快速变化；第三，这个规划被定位为一个滚动计划，会定期审查和更新。新加坡教育部认为在接下来的 5 到 10 年里，教育技术将对教育发展大有裨益，主要体现在以下四点：（1）自主性，通过开发教学法、工具和结构来帮助学生培养内在的学习动机并掌握学习的主动权；（2）个性化，通过创造定制的学习体验来满足每个孩子的需求；（3）通过开发协作学习体验将学生的学习与社区和世界联系起来；（4）以人为本，通过利用数据驱动，了解学生的兴趣、态度和动机，优化学习。[①]

具体而言，从学生、教师、学校、支持技术学习的合作伙伴四个层面

---

① Ministry of Education，Singapore .EdTech plan［EB/OL］.（2021-06-08）［2022-10-13］. https：//www.moe.gov.sg/education-in-sg/educational-technology-journey/edtech-plan.

来阐述教育技术计划的美好愿景，学生成为面向未来的数字化学习者。首先，学生是自主学习者，不仅有内在的学习动机，对自己的学习拥有自主权，而且能够独立管理和监督自己的学习，以及探索和维持自己在课程之外的兴趣。其次，学生有协作学习的能力，能够与同龄人、社区和世界合作，连接一系列在线和离线的信息源。最后，学生作为利用技术进行学习的数字学习者，可以做到查找、思考、应用数据和进行数字化创作，以安全和负责任的方式浏览数字空间。通过教育技术计划，教师成为以技术为中介的学习体验设计者和促进者。一是教师作为学习体验设计师来设计物理和虚拟学习环境，为学生学习赋能，通过定制学习满足每个学生的需求，迭代学习体验设计，不断改进学生的学习方法。二是教师能够促使学生主动学习，熟练使用促进学生与内容、教师、同龄人、社区之间的学习互动的技术，通过学习数据为学生提供更好的反馈和有针对性的干预。三是教师将成为不断在专业上发展自己的数字学习者，以数字方式学习和分享，及时了解教学和学习的技术发展。学校应创造随时随地响应式的学习环境，采用以用户为中心并响应变化的教育技术规划流程，以便快速适应教学和学习的紧急需求，提高应用数据驱动的洞察力，不断改进教学实践，满足用户需求。学校能够通过以下方式营造无缝学习环境：不断改进信息通信技术基础设施和系统，支持学校和家庭的教学和学习，重构学习空间，丰富课堂以外的学习互动。支持技术学习的合作伙伴层面，如对教育技术计划知情并表示支持的父母，应了解技术支持学习的好处和潜在风险，制定策略和保持好心态来支持学生的技术学习，尤其是在家里；社区合作者，可以通过技术为学生提供真实的学习机会；行业合作伙伴，能够以资源和产品补充支持教育技术计划。

（三）教育技术计划的实施

为保障教育技术计划的实施，教育部提出相关建议，以下策略有助于直接实现学生的成果。首先，赋能学生自主学习。一是采用个人学习设备（personal learning device）计划，为每个中学生提供个人学习设备以支持个性化学习，支持学校将个人学习设备的使用整合到教学计划中，为学生提供无缝访问和技术增强的学习环境，以便随时随地学习；二是将混合学习作为学校教育的常规特征，在"家庭学习日"为学生提供自我导向和自我管理的机会，通过学生主动学习，为学生提供从事兴趣活动的时间和空间，培养学生的内在学习动机和热情，增强学生的个性化学习体验。其次，利用人工智能加强教与学，为每个学生提供支持人工智能的学习空间（learning space），利用学习分析功能跟踪学生的学习情况，使学生的进步和表现可视化，提供支持自主学习的数字资源（包括教科书）。再次，形成协作网络为学生提供技术服务。例如，为学生提供使用数字技术创作的机会，学习编程机器人、编码应用程序、制作音乐、创作视觉艺术以及3D打印等数字制造技术。最后，利用技术形成以学习者为中心的评估，例如：电子形成性评估，通过教育技术，在学习过程中完成更广泛的技能和能力评估，加快教师和学生的评估进度；基于学校的电子评估，正在进行的分级技术支持评估以总结性评估为模型，可用于评估和改善学习成果；全国电子考试，利用技术的可供性来提高国家考试的真实性和互动性；将技术用于进行真实的评估，如通过模拟真实情境和利用多媒体资源进行评估。

　　教育部也非常重视通过教师、家长和利益相关者间接促进预期结果的作用。一是培养教师技术教学能力，例如采用电子教学法和提升教师的数据素养。电子教学法即通过与未来教师技能（skills future for educators）相契合的举措，提供包括专业发展机会、教学和学习指南、学生学习空间资源和课程设计等方面的培训，培养教师设计、制订和评估技术，促进课堂和在线主动学习的能力。提升教师的数据素养，培养教师分析和解释学生学习和评估数据的能力，从而制定干预措施，并不断改进学习体验的设计。二是加强师生的数字安全、保障和责任机制。加强网络健康和网络安全教育，师生对于网络安全的认知将进一步提升品格和公民教育，也将进一步得到强化。三是加强家长及利益相关者的合作以支持学生的技术学习，倡导家长积极参与，通过利用教育部的沟通渠道，提高公众对教育部数字素养工作的认识。教育部等有关方面通过提供相关资源和建议来鼓励父母，支持他们的孩子在家中使用技术进行有效和安全的学习。与社区和行业建立联系，发展行业合作伙伴和社区利益相关者网络，提供真实的学习机会并解决所有学校的数字包容性问题。四是创造响应式的结构与环境。创造响应式学校环境，即学校的系统和流程能够在进行传统教学的同时，通过技术支持个性化和互联学习。未来课堂（classroom of the future）提供以用户为中心的技术解决方案，以支持互联和个性化学习。敏捷方法论将敏捷方法的精神和原则融入教育技术计划的设计和治理结构中。

### 三、师资的培养与管理

国家发展在于人才，而人才培养归于教育，教育的责任则主要肩负于教师，教师的素质直接影响学生及人才培养的质量。新加坡以其优质的中小学教育质量享誉全球，而这种优质基础教育成果与新加坡的高素质教师队伍密不可分。在新加坡，教育部将基础教育师资的培养和管理由专门培训教师的官员负责，并制定了一系列政策制度以及职前培训、职后发展计划来保证基础教育师资的高质量发展。

#### （一）教师教育理念及其职业精神

科学的教育理念能正确地反映教育的本质和时代的特征。在引导、关心和激励下一代新加坡年轻人的过程中，教师在培养学生方面发挥着关键作用，对所教学生的生活有着深远而持久的影响。因此，新加坡教育部门认为教师需要紧跟行业的最高标准和理想，并将"明智（志）、修德、善思与善行"作为教师教育的核心理念。[①]针对明智（志）、修德、善思与善行四大教师教育理念，新加坡教育部门开发了相应的基础教育教师培养策略。

国立教育学院（NIE）是南洋理工大学的一个下属学院，承担着为新加坡中小学教师提供专业教育的责任，明确规定教师的职业精神体现在以下五个方面：第一，新加坡教育家的教育哲学把握了教师专业的核心理念和原则，因此，教师在进行教学实践时要以此为基础；第二，教育期望成果为各阶段教育确定了明确的教育培养目标，指导教育、学校政策和实践；第三，教师愿景清楚地阐明了教师的职业愿望和教学专业角色，帮助教师专注于追求专业卓越的工作；第四，教师承诺是每位教师为维护专业实践中的最高标准而采取的一项公共承诺准则；第五，教师信条集结了众多退

① Ministry of Education，Singapore.Our teachers［EB/OL］.（2021-06-07）［2021-08-11］. https：//www.moe.gov.sg/education-in-sg/our-teachers.

休和在职教师的实践经验，并明确表达他们的信念，为教师承担责任、履行义务以及兑现实现专业卓越的承诺提供了指导。

新加坡教师学院选择用指南针模型（见图 5-4）来描绘教师职业精神的各个方面。指针上端指向教育预期成果，下端指向教育理念，中间是教师愿景、教师承诺和教师信条。指针指向真正的北方，象征着教育者生活中价值观的不变性。这些职业精神有助于培养新加坡教师的专业认同感，促使他们反思自身实践，确保每位教师符合该专业的标准，并勇于承担起专业进步的责任。

图 5-4 新加坡教师职业精神指南针模型

### （二）中小学教师的聘任

新加坡中小学教师聘任的最大特点是由教育部面向社会统一招聘，先招聘后带薪培训。新加坡政府在教育部网站上发布招聘信息，只要符合申请要求都可以报名。新加坡政府对中小学教师的任职资格有很高的标准，同时对选拔程序有严格的要求，因此每年从申请者中录取的比例不高，保障了中小学教师的质量。

1. 申请者来源和资格。

新加坡教育部每年会根据中小学各个科目所需教师数量制订招聘计划，向社会各界公开招聘教师。新加坡中小学教师来源广泛，没有行业限制，大学学位文凭持有人、理工学院文凭持有人、新加坡剑桥教育考试"A"级证书和"O"级证书持有人等，都有机会竞聘教师岗位。[①]由于教师来源广泛，新加坡教育部对教师聘任过程进行严格把控，对每个招聘岗位都设置了具体、严格的要求，除了最为重要的学历及专业要求外，工作经历、身体素质、道德修养等也会影响最终结果。具备下列条件之一的应聘者可以进行岗位申请：

第一，拥有大学学位；

第二，具备理工学院文凭，同时需要通过一系列含英语和数学在内的五项"O"水准考试；

第三，一次性或两次通过两门"A"和"AO"水准考试，包含综合试卷，通过含英语和数学在内的五门"O"水准考试；

第四，在"A-Level/H2 Level"和"AO-Level/H1 Level"[②]水准考试中通过至少两门符合申请职位要求的课程，包含综合试卷或知识和探索项目，通过含英语和数学在内的五门"O"水准考试；

第五，在国际预科证书课程（IB Diploma）[③]中通过全部课程考试且成绩优异，通过含英语和数学在内的五门"O"水准考试；

第六，取得以上任何其他同等学力和相关的资格证书。[④]

在符合上述条件的基础上，新加坡教育部会针对中小学所设的不同科目对申请者的条件做更加具体的要求（见表 5-14）。

---

① 杨燕楠. 中国和新加坡中小学教师聘任制度比较研究［D］. 南宁：广西民族大学，2017：15.

② 新加坡的课程体系分为 H1、H2、H3 三个层次，H2 是标准水平，H1 的知识量相当于 H2 的一半，深度与 H2 相当，H3 包括更宽的领域，难度更大的科目。

③ IB Diploma（国际预科证书课程）是国际文凭组织为高中设计的为期两年的课程。

④ Ministry of Education，Singapore.Diploma education［EB/OL］.（2021-10-05）［2021-11-06］. https：//www.moe.gov.sg/careers/become-teachers/pri-sec-jc-ci/diploma-education.

表 5-14　新加坡中小学教师各科目学历要求

| 教师类型 | 大学学位 | 理工学院文凭 | 通过"A"水准考试 | 通过"O"水准考试 |
|---|---|---|---|---|
| 小学主科教师 | √ | √ | √ | |
| 小学母语教师 | √ | √ | √ | |
| 中学英语教师 | √ | √ | √ | |
| 中学母语教师 | √ | | | √ |
| 中学艺术教师 | √ | √ | √ | √ |
| 中学音乐教师 | √ | √ | √ | √ |
| 中学家政教师 | | | | √ |
| 中学其他科目教师 | √ | | | |

资料来源：笔者根据以下资料自制。

Ministry of Education，Singapore.Postgraduate diploma in education（PGDE）〔EB/OL〕.〔2021-09-06〕.https：//www.moe.gov.sg/careers/become-teachers/pri-sec-jc-ci/postgraduate-diploma.

　　如表 5-14 所示，相较其他申请者，大学学位持有者能够申请的教师职位更多，可担任小学主科（英语、数学、科学）教师、母语教师，中学英语、音乐、艺术教师等。除主科教师没有专业限制外，其他学科要求有相关专业背景才能够申请。同时，音乐和艺术教师同样需要申请者在大学时的主修专业与此相近才有资格申请。通过新加坡教育部筛选的申请者将有机会进入中小学从事相关学科的教学。①

　　拥有理工学院文凭者能够申请小学主科、母语教师，对于专业没有严格限制，但是主科教师需要执教至少两门科目，因此对于教师综合素质的要求非常高。对于想要申请中学艺术教师或音乐教师职位者则要求在拥有理工学院文凭的基础上，还要拥有拉萨尔艺术学院或南洋艺术学院的艺术

---

① Ministry of Education，Singapore.Diploma education〔EB/OL〕.（2021-10-05）〔2021-11-06〕.https：//www.moe.gov.sg/careers/become-teachers/pri-sec-jc-ci/diploma-education.

或音乐文凭。①

通过"A"水准考试的应聘者可以申请成为小学主科、母语以及中学英语、艺术、音乐教师。但申请中学英语教师者要求在"A"水准考试中一次性或两次拿到全 A 的成绩,并且需要通过包括英语和数学在内的五门"O"水准考试。申请中学艺术教师者必须在"A-Level/H2 Level"水平考试中获得 C6 及以上的成绩②,并通过国立教育学院进行的艺术评估测试。中学音乐教师申请人要求在"A"级水平考试中通过音乐考试或具备国家承认的音乐资格,考试过程中要通过新加坡国立教育学院的现场考评。

通过"O"水准考试的应聘者可申请成为中学母语、艺术、音乐以及家政教师,新加坡教育部还专门为其配套了培训课程,包括家政、华文、音乐和艺术课程。除此之外,新加坡政府非常鼓励其他行业的优秀人才进入到教师队伍之中,因为他们能够给课堂带来新鲜的东西和从工作中获得的丰富的知识;同时提供良好的薪金及福利待遇以此吸引其他行业的优秀人员。③

2. 聘任考试程序。

新加坡中小学教师的招聘考试不设笔试,教育部对申请者进行资格审查,符合教师聘任岗位要求的申请者直接参与面试。面试后符合免试条件的申请者可以直接进入国立教育学院进行带薪培训,不符合的可继续参加下一轮的入学前测试。

新加坡中小学教师聘任面试小组由教育部的官员和国立教育学院的教师组成,对申请人逐一进行面试。面试包括三部分:书面任务、简短的自我介绍以及小组讨论。整个面试过程大概持续两个小时,申请者需要携带所有符合资格的证书和证明文件的原件进行验证,教育部也会根据申请者入围科目和教学水平要求其提交其他相关文件。面试后,申请者将接受免试资格审查,符合教育部规定的免试资格人员直接进入国立教育学院参加职前培训,不符合标准的申请人需要参加入学考试,每类考试科目有各自

---

① Ministry of Education, Singapore.Postgraduate diploma in education［EB/OL］.（2021-10-05）［2021-11-06］.https：//www.moe.gov.sg/careers/become-teachers/pri-sec-jc-ci/diploma-education.

② 新加坡的考试成绩分为 9 等:A1、A2、B3、B4、C5、C6、D7、E8、F9,低于 C6 为不及格。

③ 杨燕楠.中国和新加坡中小学教师聘任制度比较研究［D］.南宁:广西民族大学,2017:16.

的免试条件，特别需要注意的是，入围体育教师岗位的申请人必须参加体能测试。[①]

### （三）中小学教师的职前培训

教师是新加坡教育体系的核心。新加坡政府致力于培养和激励教师成长，并达到他们个人和专业的最佳水平，符合他们的抱负和兴趣。新加坡中小学教师在国立教育学院接受严格的循证职前培训，并有许多在职发展的机会来提升他们的能力。

新加坡没有专门的师范类院校，中小学教师的培训均由新加坡国立教育学院承担，并科学地根据每名申请人的学历背景和未来职业方向配套不同的教育培训课程。

1. 教育文凭培训课程。

教育文凭课程是一项为期两年的全日制培训课程，适用于申请在新加坡小学任教的 GCE A-Level、理工学院文凭或国际文凭（IB）的文凭持有者，旨在为申请者提供小学教学所需的相关学科知识和教学技能。申请者在接受两年的培训后，将准备在新加坡的小学教授以下科目之一：艺术、音乐、体育、母语（华语、马来语、泰米尔语）。

教育文凭培训课程内容丰富，主要涵盖以下研究领域：教育研究、课程研究、学科知识、教学实习、语言表达能力提升和学术演讲技巧、学术科目（仅适用于体育教育文凭）。

在参加教育文凭培训课程之前，符合资格的申请者需要进行义务合同教学。在此期间，申请者可以确认自己对教学的兴趣，并由教育部评估其是否适合该申请专业。如果申请者成功完成教学工作，将可以参加国立教育学院的教育文凭培训课程。在学校接受义务合同教学期间，申请者可获得相应的月薪，进入国立教育学院培训期间也是如此。申请者的确切工资取决于学术训练情况、相关教学经验、花在教学工作上的时间，以及是否已完成全日制国民服役（在申请教育文凭培训课程之前，男性申请者需要完成全日制国民服役）。教育文凭培训课程费用由新加坡教育部全额资助，

---

① Ministry of Education，Singapore.Diploma in education（DipEd）［EB/OL］.［2021-02-15］. https：//www.moe.gov.sg/careers/become-teachers/pri-sec-jc-ci/diploma-education/selection-process.

完成培训课程后，申请者将在新加坡的小学承担 3 年的教学工作，但如果申请者未能从国立教育学院毕业，或在教学合同期满之前辞职，或被终止教学服务，将无法获得资助。[①]

2. 教育本科培训课程。

教育本科培训课程是一项为期 4 年的本科培训课程。该课程适用于申请在新加坡中小学任教的 GCE A-Level、理工学院文凭、国际文凭（IB）及其他同等学历持有者，它为申请者提供文学或理学学士学位，以及在小学或中学任教的教学资格。申请合格的毕业生将获得由南洋理工大学和国立教育学院联合授予的文学学士（教育）或理学学士（教育）学位。[②]

3. 教育研究生文凭培训课程。

教育研究生文凭培训课程是一项全日制培训课程，面向希望成为教师的学位持有者，旨在为申请者提供教授学校科目的知识和技能，并使其更好地了解新加坡教育背景下的教学专业。国立教育学院的教育研究生文凭培训课程广泛涵盖教育研究、课程研究、教学实习、语言表达能力提升和学术演讲技巧等内容。

教育研究生文凭课程有两种类型：一种用于教授学术科目，另一种用于教授体育。[③]

**（四）中小学教师的职后发展**

新加坡不仅重视中小学教师的职前培训，也极其重视中小学教师的在职培训。新加坡中小学教师不仅薪金非常丰厚，福利待遇也相当可观。新加坡中小学教师的考核分为绩效考核与工作业绩考核，有三种晋升路线。[④]

1. 在职培训。

新加坡中小学教师的在职培训分为三类：学历提升型、专业技能型、个人经历型。[⑤]学历提升型的培训方式：在新加坡国立教育学院进行系统的

① Ministry of Education，Singapore.Diploma in education（DipEd）［EB/OL］.（2021-10-05）［2021-11-06］.https：//www.moe.gov.sg/careers/become-teachers/pri-sec-jc-ci/diploma-education.

② 同①.

③ 同①.

④ 袁霞.新加坡中小学教师聘任研究［D］.长沙：湖南师范大学，2012：29.

⑤ 赖新元.新加坡中小学教育特色与借鉴［M］.北京：中国戏剧出版社，2009：156.

培训，中小学教师还可以通过南洋理工大学国立教育学院的教学学者计划（TSP）获得海外进修机会。TSP是一项为期四年的培训计划，可扩充教育本科培训课程计划，这是一项独家学者计划，旨在培养未来的教育领袖。专业技能型的教师培训方式主要是业余课程。个人经历型的培训方式指的是中小学教师离开教师岗位一年时间去企业的其他岗位进行锻炼，这种类型的培训方式可以给中小学教师的教学工作增添活力。[①]

新加坡教育部将每一位教师视为教育部大家庭的一部分，并致力于通过各种专业发展机会（如培训课程和会议）支持和开发每位教师的潜力。这些发展机会包括：（1）专业发展"一揽子"计划和假期计划，通过提供奖学金和赞助，支持新加坡教师在教育专业的不同领域加强和提高自己的专业技能；（2）教师工作实习计划，允许教师参加组织的工作实习，以拓宽视野，为专业发展创造新的学习体验，并丰富学生的学习内容；（3）学校管理领导力计划和教育领导者计划，是高潜力教育官员的里程碑课程，为他们担任领导角色做好准备。[②]

新加坡教育部下属的培训部门负责中小学教师的培训工作。培训部门为确保培训课程与中小学教师和校长的需求紧密贴合，始终与国立教育学院、教育部、课程规划与发展署及教师联络中心保持密切联系。[③]新加坡教育部门通过规定培训时间和财政支持确保教师职后培训的水平。时间上，新加坡教育部要求在职中小学教师每年至少保证100小时的在职进修时间。为确保教师日常工作能够正常进行，培训时间被设置于每年假期开始的第一周以及最后一周。财政支持上，新加坡政府承担中小学教师培训的所有费用。另外，新加坡政府为攻读硕博学位的教师提供奖学金，对其他教师培训也会根据相关规定进行资助。此举大大提高了新加坡中小学教师在职学习的积极性，不会因为工作的稳定性而失去提升自我的积极性，同时也为新加坡基础教育的不断提升提供了保障。[④]

① 袁霞.新加坡中小学教师聘任研究［D］.长沙：湖南师范大学，2012：29.
② Ministry of Education，Singapore.Professional development and career tracks［EB/OL］.［2021-02-19］.
https：//www.moe.gov.sg/careers/become-teachers/pri-sec-jc-ci/professional-development.
③ 赖新元.新加坡中小学教育特色与借鉴［M］.北京：中国戏剧出版社，2009：158.
④ 杨燕楠.中国和新加坡中小学教师聘任制度比较研究［D］.南宁：广西民族大学，2017：26.

2. 薪资及福利。

新加坡中小学教师的工资由基本工资和不固定工资构成，由教育部统一发放。针对在新加坡国立教育学院参加的培训课程的不同，教师们的起始薪资水平有一定的差别。接受教育文凭培训课程的教师除了月薪，还享受以下福利：（1）奖金，如非养老金年度津贴、绩效奖金和其他可变奖金；（2）CONNECT 计划，奖励教师在职业生涯中对教学所实现的承诺；（3）学校假期休假，前提是在此期间学校不需要教师的服务；（4）补贴医疗和牙科福利；（5）14 天病假（不住院），最多 60 天住院假；（6）10 天因私事紧急请假，但须经批准。[①]

接受教育研究生文凭培训课程的教师的起始月薪比接受教育文凭培训课程的教师稍高，享受的福利同接受教育文凭培训课程的教师基本一致。

3. 考核与晋升。

新加坡教育部为基础教育阶段教师提供了教学、行政和教研三种职业发展选择，不同岗位级别教师采取不同的评价指标。新加坡政府对基础教育阶段教师实行绩效管理。自 2005 年来，全面推行绩效管理制度（enhanced performance management system，EPMS），但在实施过程中，学校和教师普遍反映考评过于烦琐，加重了学校和教师的负担，同时还存在体系不够明晰、指标过分量化、部分指标与结果关联性不强等问题。为此，新加坡教育部对绩效管理制度进行了重新修订，新绩效管理制度自 2014 年 9 月开始实施。

绩效管理制度评估内容分为主要工作业绩和能力考评两大部分。主要工作业绩考评通过学生表现、专业发展和对组织贡献等 3 个领域来考查教师在一个学年中的工作表现。考评重点在于教师如何通过课堂教学以及课外活动等实现"以学生为中心，以价值为导向"的教育理念。能力考评主要通过个人素质、专业能力、组织能力和协作能力等 4 个部分来考查教师的总体素质和能力。[②]

---

① Ministry of Education，Singapore.Diploma in education（DipEd）［EB/OL］.（2021-10-05）［2021-11-06］.https：//www.moe.gov.sg/careers/become-teachers/pri-sec-jc-ci/diploma-education.
② 驻新加坡使馆教育处.新加坡"不一样"的教师绩效管理［J］.人民教育，2015（8）：69-70.

　　新加坡各学校会成立以校长为首的教师考评委员会，每年组织对中小学教师进行考评。每一学年开始时，考评委员会同教师一起制订教师的具体工作任务、年度工作计划和阶段性目标。学年期间，各校校长会利用听课、抽查教案、检查学生作业以及和学生及家长沟通等途径，力图全面了解教师的工作表现。学年中的考评结果不会被计入最后成绩，校长会根据从各方面搜集到的资料总结教师的不足之处，并告知教师，给予其时间进行修正。在整个学年全部结束后，考评委员会成员会对教师进行综合性评价，并量化成为具体分数。教师成绩分五个等级，即 A、B、C、D、E。①如考评成绩为 D 级，学校会给该教师指出问题所在，提出改进要求。校长可根据教师的考评结果推荐符合条件的教师作为高级教师和特级教师人选。如该教师被认定为有行政工作的潜力，则会被推荐为主任人选。如教师连续三年考核结果有两次为 B（如 CBB、BCB），则可获晋升机会。②

　　为保证教师考核成绩的公平公正，教育部采取以下方法：严格选择校长人选并进行相关培训，考核结果由被评教师签字后生效。对存有争议的结果，被评教师可以向教育部门提出上诉，教育部门按照规定程序受理，深入教师学校进行实地调查，根据具体真实的情况做出裁决。

　　不同于大学教师，中小学教师的成绩和能力需要在教学实践中得到体现。新加坡教育部根据教师们对未来规划的不同，提供给教师三种晋升路线：教师发展路线（teaching track）、领导发展路线（leadership track）和专家发展路线（senior specialist track）（见图 5-5）。

---

① 杨燕楠 . 中国和新加坡中小学教师聘任制度比较研究［D］. 南宁：广西民族大学，2017：29.

② 驻新加坡使馆教育处 . 新加坡"不一样"的教师绩效管理［J］. 人民教育，2015（8）：69-70.

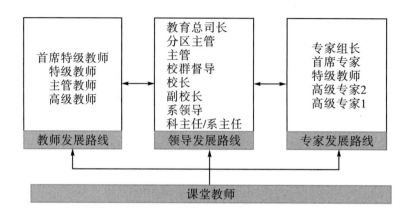

图 5-5　新加坡中小学教师晋升路线 [①]

教师发展路线为致力于教育教学事业的教师提供专业发展和提升的机会，这一通道的最高一级是首席特级教师。领导发展路线能够让有能力的教师有机会进入学校甚至教育部的领导层。对于专心学术，想要不断丰富自身的知识与技能的教师，教育部提供了专家发展路线。

上述三种晋升路线之间是可以横向运动的。中小学教师可以在同一路线内不断努力晋升，也可以选择在不同的路线之间横向流动，晋升根本上取决于教师自身素质水平、教学能力以及学术水平。

### 四、经费资助体系

新加坡教育部在基础教育阶段面向新加坡公民设立了多种财政资助计划，以保障中低收入家庭子女入学和激励学生学习。

#### （一）经济援助计划

1. 对政府和政府辅助学校的经济援助计划。

教育部推出经济援助计划是要确保每个孩子，不论家庭背景，都有机会接受教育。该计划为有需要的学生提供免费课本、校服，以及交通、餐食补贴，并豁免缴交标准杂费。此外，校方可酌情使用学校基金为学生提供援助。学校辅助计划可让不符合经济援助计划申请条件的学生获益，同时也让需要进一步协助但已经受惠于经济援助计划的学生获得额外的援助。

① 杨燕楠. 中国和新加坡中小学教师聘任制度比较研究［D］. 南宁：广西民族大学，2017：30.

家长或学生如果需要经济援助，可以直接与校方接洽。经济援助计划详情见表 5-15。

表 5-15　教育部经济援助计划所资助的政府和政府辅助小学、中学及专科学校

| 申请条件 | 标准杂费 | 课本 | 校服 | 餐食 | 交通 |
|---|---|---|---|---|---|
| 新加坡公民家庭每月总收入不超过 \$2750① 或者每月人均收入② 不超过 \$690 | 全免 | 免费 | 免费 | 小学：学期内一周七餐的补贴<br><br>中学及专科学校：学校每周提供十餐的补贴 | 小学：搭乘校车的学生每年可享有 60% 的交通津贴<br><br>中学及专科学校：搭乘公共交通工具的学生每个月的交通补贴为 \$15，即每年可获得最多 \$180 的交通补贴 |

资料来源：笔者根据以下资料整理。

① Primary school education booklet 2021 chinese version［EB/OL］.［2021-10-25］.https：//www.moe.gov.sg/-/media/files/primary/2021/curriculum-booklets/primary-school-education-booklet-2021_chinese-version.pdf?la=en&hash=B8BF7C0595219A2EEAEB5DC9E6DEF02718C37273.

② Secondary school education［EB/OL］.［2021-10-25］.https：//www.moe.gov.sg/-/media/files/secondary/secondary-school-booklet-2021.pdf?la=en&hash=8D0692AF5834FEC4A1595ABCC27264737A498205.

2. 教育部面向私立学校的助学金。

新加坡教育部通过设立"私立学校助学金"（independent school bursary，ISB）帮助来自中低收入家庭的新加坡公民支付私立学校和私立专科学校收取的相对较高的费用（见表 5-16）。

---

① 本书中出现的"\$"均表示新加坡元符号，因新加坡教育部官方文件中均用"\$"来表示新加坡元。

② 人均收入是以家庭总收入除以每户家庭人口计算。每户家庭人口包括学生、学生父母、未婚兄弟姐妹，以及祖父母。

表 5-16 ISB 经济援助标准

| 满足任一申请条件 | | 提供的经济援助 |
| --- | --- | --- |
| 家庭月总收入 | 人均月收入 | |
| 不超过 $2750 | 不超过 $690 | 学生无须支付学费和杂费及考试费用（ISB 全覆盖）<br>学生还可以获得免费教科书和校服，每周十餐伙食补贴，每月 $15 的交通补贴，每年最高 $180 的交通补贴（乘坐公共交通工具的学生） |
| $2751 ～ $4000 | $691 ～ $1000 | 按政府学校或政府辅助学校学杂费标准缴纳费用 |
| $4001 ～ $6900 | $1001 ～ $1725 | 按政府学校或政府辅助学校学杂费标准的 1.5 倍缴纳费用 |
| $6901 ～ $9000 | $1726 ～ $2250 | 学生要支付 67% 的学费和杂费 |

资料来源：Secondary school education［EB/OL］.［2021-10-25］.https：//www.moe.gov. sg/-/media/files/secondary/secondary-school-booklet-2021.pdf?la=en&hash=8D0 692AF5834FEC4A1595ABCC27264737A498205.

3. 升学奖学金。

升学奖学金旨在表彰私立学校中在学业或特定人才领域表现出色且来自低收入家庭的学生，无须申请，每年可获 $800 的现金奖励。要求符合以下条件：一是在私立学校学习的新加坡公民；二是通过学校招生直接被私立学校录取，或者有资格获得独立学校教育储蓄奖学金，或两者兼有；三是每月家庭总收入为 $2750 及以下，或家庭人均月收入为 $690 及以下的学生。升学奖学金一年发放一次，如果要继续获得奖学金，学生必须进入下一阶段的学习并表现良好，并且学生家庭的每月家庭总收入为 $4000 或更少，或者家庭人均月收入为 $1000 或更少。如果学生根据 ISB 获得 100% 的费用补贴，他们将自动获得升学奖学金。[1]

除了推出经济援助计划，教育部还在小学阶段设立了进取基金，为家境不富裕的新加坡公民提供参加增益辅助活动的机会，还帮助有需要的学生购置电脑，以确保他们不会因家庭的经济状况而被剥夺学习的机会。

① Ministry of Education，Singapore.UPLIFT scholarship［EB/OL］.［2021-10-25］.https：//www. moe.gov.sg/financial-matters/awards-scholarships/uplift-scholarships.

### （二）教育储蓄计划

教育储蓄计划让所有新加坡孩童都能获得充分的教育机会。在该计划下，学校和学生都将获得津贴，以支付增益活动费用或购买学习所需的额外用品。在学术成绩和其他方面表现良好，或是学业进步显著的学生，也会获得奖励。

1. 教育储蓄学生基金。

为让所有新加坡孩童都能获得充分的教育机会，教育部为每个 7 ～ 16 岁的新加坡公民建立了教育储蓄账户。[①] 在教育部资助学校上学的公民从接受小学教育开始到完成中学教育，每年都会收到津贴。津贴可用于学校组织的充实计划、缴纳二级杂费、缴纳自治政府和政府辅助学校的附加杂费以及购买中学、初级学院和千禧学院在学校组织的数字学习计划所需的个人学习设备。不在教育部资助学校就读的新加坡公民，包括在伊斯兰学校和私立学校就读的儿童，以及在家接受教育或居住在海外的儿童，他们将在 7 ～ 16 岁期间获得年度津贴。津贴可用于参加在新加坡进行的教育活动，例如演讲和戏剧、创意写作、语音学、创意艺术以及科学和音乐等与课程相关的兴趣课程；参加社会情感学习课程，例如冒险或领导力训练营、教育研讨会、会议和激励研讨会；参加当地教育学习之旅，例如参观新加坡科学中心、新加坡动物园、裕廊飞禽公园、博物馆、遗产和文化展览；支付《小小科学家》《读者文摘》《国家地理（儿童版）》等教育杂志和期刊的订阅费、数学奥林匹克计划等竞赛的注册费。2021 年，小学津贴为 $230，中学津贴为 $290。[②]

2. 教育储蓄奖。

教育储蓄奖的设立是为了奖励在学术和非学术领域表现优异的学生，并鼓励他们再接再厉（见表 5-17）。

---

① Ministry of Education，Singapore.Edusave account：overview［EB/OL］.［2021-10-25］.https：//www.moe.gov.sg/financial-matters/edusave-account/overview.

② Ministry of Education，Singapore. Edusave account：overview［EB/OL］.［2021-10-25］.https：//www.moe.gov.sg/financial-matters/edusave-account/usage-of-edusave-funds.

表 5-17　小学和中学阶段的教育储蓄奖

| 教育储蓄奖 | 申请资格 | 奖金数额（一年） |
|---|---|---|
| 教育储蓄品德奖 | 奖励每所学校前 2% 品行良好、具有模范生素质的优秀学生 | • 小学一至三年级：$200<br>• 小学四至六年级：$350<br>• 中学或专科学校：$500 |
| 教育储蓄技能奖（为专科学校提供） | 奖励期末考试成绩前 10% 的学生，其在整个学习过程中表现出出色的专业技能和软技能，以及良好的行为举止 | • 专科学校：$500 |
| 教育储蓄奖学金 | 奖励成绩排在学校同年级前 10% 且品行良好的学生 | • 小学五至六年级：$350<br>• 中学或专科学校：$500 |
| 教育储蓄活动成就奖 | 奖励每所学校前 10%，具有领导品质，热心服务社区与学校，非学术活动表现出色，品行良好的学生 | • 小学四至六年级：$250<br>• 中学：$350<br>• 专科学校：$500 |
| 教育储蓄优异助学金 | 适用于小学一年级和二年级的学生：奖励在学年中始终表现出积极的学习态度，品行良好，且家庭月收入不超过 $6900（或人均月收入不超过 $1725）的学生<br><br>适用于小学三年级到六年级、中学及专科学校的学生：奖励成绩排在学校同年级前 25%，品行良好，家庭月收入不超过 $6900（或人均月收入不超过 $1725）的学生，且不能是教育储蓄奖学金得主 | • 小学一、二年级：$200<br><br>• 小学三年级：$200<br>• 小学四至六年级：$250<br>• 中学：$350<br>• 专科学校：$500 |
| 教育储蓄学业进步奖 | 适用于小学二年级和三年级的学生：奖励未获得教育储蓄优异助学金资格，但在学年中学习成绩进步大、品行良好的学生<br><br>适用于小学四至六年级、中学及专科学校：奖励成绩进步排在学校同年级前 10% 且品行良好的学生 | • 小学二至三年级：$100<br><br>• 小学四至六年级：$150<br>• 中学：$200<br>• 专科学校：$400 |

资料来源：笔者根据以下资料整理。

① MOE，Singapore. 小学教育 做好准备 迎接未来［EB/OL］.［2022-10-25］.https：//www.moe.gov.sg/-/media/files/primary/primary-school-education-booklet-2022-chinese-version.

② MOE，Singapore. Edusave awards and scholarships［EB/OL］.（2022-09-30）［2022-10-17］.https：//www.moe.gov.sg/financial-matters/awards-scholarships/edusave-awards.

3. 教育储蓄计划独立学校奖学金（ESIS）。

教育部每年将高达 \$2400 的奖学金提供给在新加坡私立学校学习成绩优异的学生，只有新加坡公民才有资格获取。这些奖学金每年颁发给中学一年级、中学三年级、大学预科的学生，中学一年级 PSLE 成绩排名前三分之一的私立学校学生可获 ESIS；达到 ESIS 分数要求并通过中学入学考试被独立学校录取的学生也将获得 ESIS；如果他们进入四年或六年的快捷课程，也能得到四年或六年的奖学金，这取决于他们每年的成绩和行为举止。

在中学二年级结束时，被提名或入围的学生可以申请参加 ESIS 奖学金考试。已经获得 ESIS 的学生没有资格申请。在 ESIS 考试中表现良好的学生，如果他们在剑桥"O"水准课程班可以得到两年的奖学金；如果他们在六年的综合课程班可以获得四年的奖学金。此外，还有 ESIS 年度奖学金，排名前 10% 且品行良好的学生将根据其学年的学校考试成绩获得 ESIS 年度奖学金，下学年开始时，学校将通知他们获奖情况，已接受其他类型的 ESIS 的学生没有资格申请。

### （三）中学特选课程奖学金和东盟奖学金

中学特选课程奖学金面向攻读特定课程的新加坡中学生，学生必须就读提供这些特定课程的学校才有资格获得奖学金。中学特选课程奖学金包括双文化课程奖学金、区域研究课程奖学金、中文选修奖学金、马来语选修奖学金和泰米尔语选修奖学金。

东盟奖学金是新加坡教育部为来自东盟国家（文莱、柬埔寨、印度尼西亚、老挝、马来西亚、缅甸、泰国、菲律宾和越南）和中国的学生提供的奖学金，以鼓励他们在新加坡的中学学习。学生将有机会拓宽视野并发展重要技能，例如领导力、沟通能力和其他生活技能，还可以帮助促进来自不同国家的年轻人和新加坡的年轻人之间建立友善关系和相互理解。每个国家的学生申请新加坡东盟奖学金的时间、条件要求以及奖学金覆盖范围都有详细规定。例如文莱学生的申请时间通常是 3 月到 5 月，具体评奖细则见表 5-18。

表 5-18 东盟奖学金细则（文莱）

| 满足以下申请条件 | 奖学金类型 | 出生年份 | 学生就读的年级 | 奖学金期限 |
|---|---|---|---|---|
| （1）文莱国民<br>（2）精通英语<br>（3）在学校考试中一直表现出色<br>（4）有参加课外活动的良好记录 | 中学一年级 | 2007 年至 2009 年 | 小学六年级或中学一年级 | 6 年 |
| | 中学三年级 | 2005 年至 2007 年 | 中学二年级或中学三年级 | 4 年 |
| | 大学预科 | 2003 年至 2005 年 | 中学五年级（或者同等级的年级）或者在读面向剑桥"O"水准的课程 | 2 年 |

资料来源：MOE，Singapore. ASEAN Scholarships for Brunei.［2021-10-25］.https：//www.moe.gov.sg/financial-matters/awards-scholarships/asean-scholarships/brunei.

# 第六章　新加坡高等教育

自 1965 年独立以来，发展高等教育是新加坡一个关键和战略性的政策举措，即通过提升人力资源质量和提供稳定的优质人才队伍，促进国家建设和经济发展目标的实现，保持新加坡的可持续发展和进步。随着地区和全球经济形势的变化，特别是在知识经济浪潮的推动下，世界高等教育政策的变革愈加频繁和显著，新加坡政府更是持续关注高等教育在保持经济竞争力中的作用，认为创造性、革新性均源于高等教育的发展。①

①　乔桂娟，杨丽.新加坡高等教育发展趋势、经验与问题：基于近三十年研究主题变化的探测 [J].黑龙江高教研究 ,2018(10):96-99.

## 第一节　高等教育的培养目标与实施机构

　　培养目标是高等教育的精神引领，而实施机构是高等教育的重要载体。从广义来讲，新加坡高等教育的实施机构主要包括初级学院、理工学院、工艺教育学院、拉萨尔艺术学院以及自治性大学（autonomous university）等，总体上可分为私立高等教育和公立高等教育两种类型，不同类型的高等教育实施机构的培养目标是不同的。因理工学院等教学机构主要施行职业教育，故笔者将其放在"新加坡职业教育"一章进行系统讨论。在此，笔者仅以自治性大学作为案例，对其培养目标和实施机构进行分析和探讨。

### 一、高等教育的培养目标

　　目前，新加坡共有6所自治性大学，分别是新加坡国立大学、南洋理工大学、新加坡管理大学、新加坡理工大学、新加坡科技设计大学以及新跃社科大学，它们旨在为新加坡未来社会培养具有国际视野、高质量的卓越领导人才。例如：新加坡国立大学旨在培养有影响力的全球性领导者（effective global leaders）[①]；南洋理工大学在新出台的2025战略规划（以下简称"NTU2025"）中提出要通过跨学科教育与研究培养社会领导者[②]；新加坡管理大学则立足亚洲、放眼世界，提出旨在培养"未来的全球公民"[③]；新加坡理工大学则为学生创造多样化的跨越国界的学习机会，培养学生成为能够为全球化做好准备的国际性人才[④]；新加坡科技设计大学致力于通过综合性的课程与研究来培养具有技术基础的领导者和创新者，为行业发展

① National University of Singapore.NUS highlights［EB/OL］.［2022-04-16］.https：//www.nus.edu.sg.

② Nanyang Technological University.NTU 2025［EB/OL］.［2022-04-16］.https：//www.ntu.edu.sg/about-us/ntu-2025/introduction-to-ntu-2025.

③ Singapore Management University.Our focus areas［EB/OL］.［2022-04-16］.https：//www.smu.edu.sg.

④ Singapore Institute of Technology.Seeing the world，from Singapore to Helsinki［EB/OL］.［2022-04-16］.https：//www.singaporetech.edu.sg/digitalnewsroom/seeing-the-world-from-singapore-to-helsinki/.

做准备,以满足社会需求①;新跃社科大学旨在以应用型知识和技能来提升学生的综合能力、社会意识以及对于终身学习的热情②。综合以上 6 所自治性大学的育人宗旨来看,新加坡的大学的培养目标具有面向未来、面向全球、重视应用、不断创新的价值取向,旨在为新加坡乃至全世界培养高质量领导人才。

培养目标不仅仅是宏观且笼统的表述,更是对于学生能力素质需求的解构。正如有学者指出,知识、能力与素质是高等教育培养目标的三个基本要素。知识性目标是基础要素,能力性目标是知识性目标的外显表现,而素质性目标指向精神品性的发展,是知识性目标的内化表现。③笔者在此以新加坡南洋理工大学为例,重点阐述其跨学科教育引领下的多维培养目标。NTU2025 将跨学科人才培养作为本科育人模式的重要指向,旨在通过跨学科教育培养新时代的卓越领导者。具体来说,NTU2025 突破以品格(character)、创新(creativity)、能力(competence)、交流(communication)、公民意识(civic-mindedness)为代表的"5C"教育理念,提出以思维敏捷性(cognitive agility)发展为基础,以能力(competence)提升为重点,以品格(character)塑造为核心的"3C"培养目标。

第一,以思维敏捷性发展为基础。NTU2025 提出人才的培养要以思维敏捷性发展为基础,要跳出思维的禁锢。人类的智慧有着深刻和独特的创造力。我们生活的世界,是人类的想象力及文化造就的观点、信念和价值观所塑造的。人类世界的创造,既出于自然环境,又"出自我们的思维"。思想和感受不仅是对世界本来面貌的还原,而且是对世界产生自己独特的观点,并阐述经验以赋予意义。因为拥有的观念和体验到的意义不同,所以不同社群有着很不一样的生活方式。从表面上看,我们创造了自己所置身的世界。当然,我们也可以重新塑造它。人类历史上的伟大革命,大多

---

① Singapore University of Technology and Design.Student development［EB/OL］.［2022-04-16］. https：//www.sutd.edu.sg/Student-Development.

② Singapore University of Social Sciences.Who we are［EB/OL］.［2022-04-16］.https：//www.suss. edu.sg/about-suss/who-we-are.

③ 杨志坚.中国本科教育培养目标研究［M］.北京:高等教育出版社,2005:41.

由全新观念所引发，新的观察方式会粉碎固有的确定性。<sup>①</sup>

第二，以能力提升为重点。NTU2025指向学生多元能力的提升，强调学生应具备终身学习能力、批判思维能力、沟通交流能力、团队协作能力以及为未来就业与生活做好准备的能力。NTU2025将批判思维能力视为高等教育所要实现的关键能力，是一种用于解决实际问题的特定推理技巧。批判思维能力与其他能力的组合能够培养学生用以解决生活中复杂问题的常见的思维方式与习惯。哈佛大学前校长德雷克•博克将这些思维方式与习惯概括为：清晰地认识和界定问题；分辨出同一问题的不同论点与利益关系；搜集相关材料，并分析不同材料之间的相互联系；围绕某一问题尽可能多地提出可行的解决方案；分析证据并运用推断、类比等常见的推理方式考察各种方案，最后提出合理的判断和最佳方案。<sup>②</sup>这种以解决实际问题为中心的能力训练模式是南洋理工大学人才培养的鲜明特色，更加强调本科生通识能力的结构与特性，对于学生未来的学业深造和就业发展均具有基础性的指导作用。

第三，以品格塑造为核心。NTU2025提出学生应具有强烈的社会责任感、国际公民情怀、对多元文化的认同以及独特的创新精神，注重学生的德性培养与智慧发展。首先，南洋理工大学以共同价值观为基础支撑学生的道德培养。新加坡政府于1991年提出以当代新儒学思想为核心、兼容东西方文化精粹的共同价值观，其核心精神是提倡国家至上、社会为重以及种族和谐的集体利益价值观。南洋理工大学强调共同价值观的培育向高校延伸，让学生敢于、乐于承担社会责任，认可多元文化的共生发展，这有助于在科技创新领域中融合人文情怀，满足学生对科学更深层次的精神期盼，填补令科学创造束手无策的文明空洞。其次，南洋理工大学注重学生智慧潜能的挖掘，以创新精神培养为目标。一方面，南洋理工大学通过设置合作课程、开设海外交流活动鼓励学生"走出去"，与不同文化、不同学科的学生进行交流探讨，激发新的思想和观念，培养学生的国际视野和

① 罗宾逊.让思维自由［M］.闾佳，译.杭州：浙江人民出版社，2018：序言X.

② 博克.回归大学之道：对美国大学本科教育的反思与展望［M］.2版.侯定凯，梁爽，陈琼琼，译.上海：华东师范大学出版社，2012：68.

国际公民情怀；另一方面，南洋理工大学强调创业教育对于学生成长的重要意义，帮助学生增强创业意识，端正创业心态，不仅将创业视为新产品与新服务的生产与提供，更要将其作为洞察市场动态、了解客户需求的重要途径，强化学生敢为人先的创新精神。

## 二、高等教育的实施机构

作为世界一流院校，新加坡国立大学与南洋理工大学的历史发展相互交织，新加坡国立大学的早期发展为南洋理工大学的正式建立奠定了坚实的基础，而南洋理工大学的跨越式发展又助力新加坡国立大学实现更高的飞跃，二者对其他四所自治性大学的成立和发展产生了深刻的影响。

### （一）两所世界一流大学的发展

1. 新加坡国立大学的发展。

1980 年 8 月 8 日，新加坡大学与南洋大学合并，新加坡国立大学正式成立，学生 9000 名，教职工 600 人。到 1984 年，员工人数翻了一番，从 600 人增加到 1200 人。在此期间，学生注册人数达到 1.3 万人，增长趋势尤为显著。[①] 合并后，新加坡国立大学注重进一步提升科研与教学的质量，旨在为新加坡社会经济发展培养更多的研究型人才，为进一步攀登新加坡的科技创新高峰奠定坚实基础。

1995 年，新加坡国立大学实现了从英国教育体系到美国教育体系的转变，将英国教育制度的严谨性与美国教育制度的开放性有机结合起来。由于不断认识到科学研究对提升新加坡国立大学在全球高等教育格局中的地位与作用的重要意义，该校从 20 世纪 90 年代开始不断从教学型大学向研究型大学过渡和转变。21 世纪初期，时任新加坡国立大学校长施春风教授提出一系列举措，旨在将新加坡国立大学打造成"全球知识企业"。其中，第一项举措提出的倡议包括"培养创业心态""提升创造性和进取性"等；第二项举措倡导建立无国界的校园，在大学内打造无边界的知识社区；第三项举措要求新加坡国立大学努力培养具有终身学习能力、对社会和个人

---

① MEYER A D, ANG J.Building excellence in higher education: Singapore's experience [M]. London: Routledge, 2022: 15.

怀有责任感的世界公民。

2006 年，新加坡国立大学转变为一所自治性大学，其自主地位使得该大学能够决定自身未来的发展方向。在自治的道路上，新加坡国立大学不断探索，寻求新的发展方式：第一，建立卓越的教学和研究；第二，提高自身的国际地位；第三，增强学生的学习体验。随着自治权的逐步扩大，新加坡国立大学的问责框架也日益完善，包括现有的大学质量保障框架以及新加坡国立大学与教育部之间所签署的绩效协议等。

为提高研究和教育质量，新加坡国立大学采取了一项重要举措，即与世界上杰出的大学和教育机构建立伙伴关系。其中，第一个合作伙伴即美国约翰斯·霍普金斯大学的皮博迪研究所（Peabody Institute of Johns Hopkins University），两者于 2001 年签署合作协议，旨在发展新加坡本土领域的音乐学院。随后，新加坡国立大学又与杜克大学医学院（Duke University School of Medicine）合作。随着新加坡人口的变化，人们逐步意识到投资新加坡临床医学来加强学习和研究东方疾病的重要意义，而此项合作能够为强化学习和研究做出贡献。2011 年，由于社会对文理教育的诉求，耶鲁大学（Yale University）正式成为新加坡国立大学的合作伙伴，并成立了耶鲁 – 新加坡国立大学学院（Yale-NUS College）。它是新加坡第一所文理学院，为学生提供寄宿学习、实践学习等独特的教育体验。2021 年 8 月 27 日，新加坡国立大学宣布在"国大博学计划"（University Scholars Programme）的基础上成立新的学院，旨在为学生提供更加完善的跨学科博雅教育。

2. 南洋理工大学的崛起与腾飞。

1981 年，南洋理工学院在南洋大学原校址裕廊（Jurong）附近正式建立。南洋理工学院旨在培养以实践为导向的工程师来促进新加坡经济发展。詹道存（Cham Tao Soon）教授作为创校校长为学校的发展制定规划。南洋理工学院成立之初仅仅设有三个工程类的专业，分别是土木与结构专业、电气电子专业以及机械与生产工程专业，共有学生 582 人。[①] 与美国高校所重视的研究性课程不同，南洋理工学院各个专业的课程多以实践为导向，

---

① Nanyang Technological University.Nanyang technological institute（1981-1991）［EB/OL］．［2021-09-16］.https：//www.ntu.edu.sg/about-us/history.

重点培养学生的实操能力。为提高毕业生的行业就业率，该校邀请具有相关行业经验的工程教员来学校任教。到 1986 年，南洋理工学院凭借其实践为导向的教学模式和出色的毕业生就业率被誉为世界上最好的工程学院之一。1987 年，新加坡国立大学的会计学院转移至南洋理工学院，不久后，应用科学学院也在此成立。到 1990 年，南洋理工学院的学生人数达到 6832人。[①]1990 年，政府宣布国立教育学院（National Institute of Education）与南洋理工学院合并组建为南洋理工大学，并于 1991 年正式办学。虽然南洋理工学院就此成为南洋理工大学的一部分，但是南洋理工学院旨在培养实践型工程师的愿景始终影响着南洋理工大学本科阶段工程教育的发展路向。

作为带领大学向前发展的引路人，南洋理工大学第二任校长徐冠林（Su Guaning）教授和第三任校长安博迪（Bertil Andersson）教授均在该校登上世界舞台的道路上发挥了重要的作用，做出了重要的贡献。鉴于科学研究在世界大学排名中的独特地位，安博迪校长提出，通过向世界各地延揽优秀人才，尤其是那些掌握先进研究方法以及懂得如何评估研究的工作人员，来提升大学的研究能力，进而提升南洋理工大学在世界大学中的排名。安博迪校长充分利用英语作为新加坡工作语言的这一优势，在美国、欧洲、日本和中国大力延揽优秀的研究人才，同时，南洋理工大学也吸引了一些来自伦敦帝国理工学院（Imperial College London）、加州理工学院（California Institute of Technology）以及麻省理工学院（Massachusetts Institute of Technology）等著名院校的优秀研究人员。除了招聘海外教授，安博迪校长更加注重对博士后研究人员、助理教授和副教授等人员的招聘。一些学者认为，具有层级区分的人员招聘能够为教员的晋升创造空间，提高教员任职的不确定性，更有利于教员能力的发挥。安博迪校长在提倡高质量研究的同时也注重高质量的教学。鉴于新加坡社会对于工程类学科的关注，南洋理工大学在安博迪校长的倡导之下推出了一项世界级的"工程复兴"项目，其课程结合了"工程"与"商业"的特点，为学生提供大量的海外实习机会。该项目与其他精英计划每年会为南洋理工大学增加 7%

---

① MEYER A D, ANG J.Building excellence in higher education: Singapore's experience［M］. London: Routledge, 2022: 16.

至 8% 的生源，旨在为新加坡经济社会发展培养杰出的工程人才。[①]与海外顶尖院校合作亦是南洋理工大学迈向世界舞台的重要举措。李光前医学院（Lee Kong Chian School of Medicine）是南洋理工大学与伦敦帝国理工学院联合创办的医科院校，以新加坡著名慈善家李光前先生的名字命名，旨在培养新一代医学专才。该学院于 2013 年开始招生，其毕业生在完成为期五年的医学学士学位文凭课程后，将会扎实地掌握医学基础知识和跨学科知识，具备成为 21 世纪新加坡社会保健和福利守护者的资格。

**（二）其他四所自治性大学的发展**

新加坡管理大学是继新加坡国立大学和南洋理工大学之后成立的第三所大学。与新加坡国立大学和南洋理工大学不同的是，新加坡管理大学于 2000 年初建之时即仿照北美模式建立自治性大学，专长于商业与管理等学科的发展，主要学科专业包括管理、商业与经济、社会科学与信息系统等。新加坡管理大学成立后便引入诸多创新举措，旨在为学生的发展提供全面性与综合性的评估，成为新加坡第一所能够为本科生提供研讨式教学，专注于学生的参与、团队项目合作的大学，并以此来培养学生"硬的"批判性与分析性技能以及"软的"展现性与领导性技能。此外，新加坡管理大学还通过与国外大学进行合作来开展多样化的海外交流项目，为学生的海外实习实践提供宝贵的机会，以此来培养更多具有国际视野、能够为工作做准备的优秀学子。如今，新加坡管理大学已经成功跃入世界大学 500 强行列，其教学模式亦成为亚洲其他国家高等教育发展的学习典范。

新加坡科技设计大学是继新加坡国立大学、南洋理工大学、新加坡管理大学后于 2009 年设立的第四所公立大学，其创校校长为麻省理工学院院长马尼安提（Thomas L.Magnanti）教授。该校于 2012 年 5 月正式开学，是一所集设计创新于研究与工程中的大学。创校之初，该校与美国麻省理工学院深度合作，学校教职工也由麻省理工学院代为面试和招聘，所有教员会在授课之前参与麻省理工学院为期 1 年的培训活动。同时，该校与麻省理工学院在学科建设、本科生交流、硕博研究生培养方面也有着全方位的

---

① Nanyang Technological University. Renaissance engineering programme(REP)[EB/OL].[2022-02-01]. https://www.ntu.edu.sg/education/undergraduate-programme/renaissance-engineering-programme-(rep).

合作。除此之外，新加坡科技设计大学还与中国浙江大学、美国加利福尼亚大学伯克利分校进行合作，让大学成为东西方科技文化融汇的枢纽。

新加坡理工大学的创立旨在为新加坡 5 所理工学院的毕业生提供继续升学的平台，以满足他们获得学位的愿望。新加坡理工大学享有与其他公立大学同等的地位，拥有大学自主权，能够颁发大学文凭、学位证书等。与其他公立大学不同的是，该校的学生目前分散在 5 所理工学院上课。新加坡理工大学侧重于应用型学科，2014 年首次推出 3 门全日制本科学位课程——基础设施保全工程、资讯通信工程和会计学，并设立了一个业界咨询委员会，以确保课程符合业界要求。学生除了要完成课堂知识的学习任务，还需要在产业界完成为期 8 个月到 1 年的实习计划，以提升实践能力。

新跃社科大学的历史可追溯至 20 世纪 60 年代。1964 年，因时任财政部部长韩瑞生的倡议而成立了新加坡管理学院。这是一所旨在培养高素质管理人才的高等教育学府。2005 年，新加坡教育部批准新加坡管理学院成立新跃大学（SIM University）。2012 年，新加坡总理李显龙在国庆群众大会上宣布新跃大学将成为第六所公立大学，并接受政府全面拨款。2017 年 3 月，新加坡教育部将新跃大学更名为新跃社科大学，重点为社会科学领域培养人才，并为各行各业的工作者提供终身学习的机会。2017 年 7 月，新加坡国会通过正式立法，批准新跃社科大学成为新加坡第六所公立大学。该校设有文学暨行为科学院、商学院、纳丹人力发展学院、科学与技术学院以及法学院，秉持"终身教育，回馈社会"的理念而不断发展，成为新加坡高等教育系统中独具特色的风景线。

## 第二节　高等教育的课程与教学

如果说培养目标是高等教育的精神引领，实施机构是高等教育的重要载体，那么，课程与教学就是高等教育的重要手段，是高等教育的核心与灵魂所在。对于本科教育而言，课程与教学的设置及实施深刻影响着大学的育人方向，体现着通识教育与专业教育之间的互动关系。基于此，笔者以新加坡南洋理工大学为例，深入探究该校本科教育的课程与教学，尤其是通识教育与专业教育的关系。

## 一、以全人发展为主导的跨学科协作核心课程

南洋理工大学的跨学科协作核心课程所凝结的教育理念不同于英国的"博雅教育"，也不同于美国的"通识教育"，而是介于二者之间。它涉及科学、艺术与设计、技术、社会科学、人文等众多学科知识领域，并以跨学科的形式组织学生进行综合性学习，既强调培养学生的理智，同时也强调培养学生作为公民所应具备的通用能力和社会责任感。

南洋理工大学重视不同学科的教职员工与研究团队之间的合作。该校的教职员工和学术领袖们相信，在由数字技术驱动的世界中，跨学科技能将变得越来越重要。因此，跨学科教育与人文素质教育的融合成为本科教育发展的重要趋势，跨学科协作核心课程应运而生。跨学科协作核心课程包括基础核心课程与通用核心课程。基础核心课程面向各个专业开设，基本科目包括有效性交流（effective communication）、数字素养（digital literacy）以及专业实习（internship）等。这些课程对于学生沟通能力、组织能力、数字化能力、实践能力的提升至关重要。2018 年，该校又推出了强调数据科学与人工智能交叉协作的基础核心课程，旨在为学生提供更加前沿化、多样化的跨学科体验机会。

新的通用核心课程于 2021 年 9 月被正式列入本科教育课程框架之中，要求学生在本科第二学年结束之前全部修读完成。这些课程具体包括"跨学科世界的探究与交流"（inquiry & communication in the interdisciplinary world）、"导航数字世界"（navigating the digital world）、"多元文化世界的伦理与道德"（ethics & civics in a multi-cultural world）、"健康生活与福祉"（healthy living & wellbeing）、"未来职业与创业发展"（career and entrepreneurial development for the future world）、"人文科技"（science and technology for humanity）、"可持续发展：人文、社会、经济与环境"（sustainability: human, society, economy & environment）。其中，"健康生活与福祉""人文科技""可持续发展：人文、社会、经济与环境"这三门课程为 3 个学分，其他四门课程均为 2 个学分。跨学科协作核心课程追随 NTU2025 的战略要求，符合南洋理工大学始终主张构建智能校园的

愿景，即帮助学生为由先进数字技术塑造的新世界做好准备，能够以跨学科的思维来思考问题和解决问题。

## 二、探究性显著的专业课程及其教学模式

根据南洋理工大学课程结构和课程内容来看，笔者所要讨论的专业课程主要指核心课程（毕业课题除外）和专业限制性选修课程。与美国大学中以社会生活问题为核心，由教师或教学小组在活动中进行教学的核心课程不同，南洋理工大学的核心课程属于专业必修课程，贯穿本科所有学段，课程安排体现循序渐进性。从各个专业的课程结构来看，专业课程学分占总学分的比重较高，在半数以上。例如：工学院中环境工程专业所要求修读的总学分是 136 学分，专业课程学分为 98 学分，占比约为 72%[①]；理学院中生物科学专业的专业课程学分占比约 66%[②]；文学院中社会学专业的专业课程学分占比约为 55%[③]。由此可见，南洋理工大学注重培养学生的专业技能和专业素养，这也符合新加坡高等教育发展的总体目标，即"培养专业技术人才，满足社会经济发展需要，教育教学内容要结合社会现实活学活用"[④]。南洋理工大学的专业课程及其教学模式具有显著的探究性，主要表现在学校为各专业的学生安排不同类型的科研性课程，同时教师也会采用多种教学模式来完成课程教学任务。

### （一）直指探究能力培养的课程设置

南洋理工大学尤为强调本科生科研，其专业课程设置也凸显了研究的重要性，指向学生研究能力的培养，具体包括研究方法类课程、小型课题

① Nanyang Technological University.AY2021-22 curriculum for bachelor of engineering（environmental engineering）［EB/OL］.（2021-06-23）［2021-10-10］.https：//wcms-prod-admin.ntu.edu.sg/docs/librariesprovider117/current-undergraduate/curriculum/curriculum-structure/environmental/ene/ay2122_ene-ce.pdf?sfvrsn=c0eb7c32_2.

② Nanyang Technological University.BS curriculum AY2021［EB/OL］.［2021-10-10］.https：//www.ntu.edu.sg/sbs/admissions/programmes/undergraduate/curriculum/bs/bs-curriculum-ay2021.

③ Nanyang Technological University.Bachelor of social sciences in sociology［EB/OL］.［2021-10-10］.https：//www.ntu.edu.sg/education/undergraduate-programme/bachlor-of-social-sciences-in-sociology-（honours）#curriculum.

④ 尹洪炜.新加坡创新创业教育对我国的启示［J］.江苏高教，2018（11）：86-88.

研究类课程以及实验操作类课程等。

　　1. 研究方法类课程。

　　研究方法是用来分析和解释那些通过实验或观察而获得的经验事实，以此来证实和证伪先前的概念或假设。① 研究方法是研究的一项基础内容，研究方法的使用决定着整体研究的质量和效果。南洋理工大学会在一些指定学科专业中开设有关研究方法的课程，并将其作为其他专业课程的补充，这样既能让学生从专业视角出发来审视抽象的方法论问题，又能让学生以研究的视角看待专业问题，提升专业认知的高度。如生物学专业不仅教授"生物化学""遗传原理"等理论性知识内容，而且也开设具有方法性的"计算机思维概论"等课程。又如社会科学专业的核心课程不仅包括"个人与社会""经典社会学理论""现代社会学理论"等社会学基础知识方面的内容，同时也包括诸如"社会学统计方法概论""社会学研究"等研究方法论的课程内容。在此，笔者以社会科学学院社会学荣誉学士学位的研究方法类课程为例进行详细说明。社会学荣誉学士学位计划旨在为学生提供分析思维和经验推理能力训练与强化的平台，让学生学习和掌握社会学研究方法，能够对新加坡社会乃至亚洲地区进行社会实况调查，对新加坡、亚洲乃至全球的社会变革进行批判性审察。在该目标的指引下，学生需修读 69 学分的专业课程，其中专业核心课程占 19 学分，有 6 门必修课程；专业限制性选修课程 42 学分，学生至少需要修读 13 门课程，其中"新加坡社会转型""全球语境下的新加坡社会问题"是必选课程；其余 8 学分需要学生完成毕业课题或者继续修读两门 HS4000 级别的高阶课程才能够获得。② 在 6 门必修的核心课程中，"社会学研究"和"社会学统计方法概论"是学生必须修读的方法论课程，旨在让学生掌握社会学研究所使用的研究方法的理论知识。同时，学生还必须从"社会学质性研究"或"社会学量

① HABIB M，MARYAM H，PATHIK B B.Research methodology-contemporary practices：guidelines for academic researchers［M］.UK：Cambridge Scholars Publishing，2014：11.

② Nanyang Technological University.Bachelor of social sciences（honours）in sociology. AY2020-21_curriculum（PDF）［EB/OL］.［2021-10-10］.https：//www.ntu.edu.sg/docs/librariesprovider124/undergraduate-programmes/sociology/sociology-curriculum/ay2020-21_curriculum. pdf?sfvrsn=dfqa07e5-2.

化研究"两门课程中任意选修一门作为核心课程进行修读，并且需要利用所学知识，即应用质性研究方法或量化研究方法来完成一项社会学研究报告，以此来体验社会学问题的研究过程，了解研究方法之于社会学研究应用的重要意义。

2. 小型课题研究类课程。

南洋理工大学为环境工程专业四年级的学生开设了名为"综合设计项目"（integrated design project）的核心课程，课程要求学生自主选题、检索文献、利用所学研究方法搜集数据和分析数据，并以研究报告的形式结束课程，课程持续时间为 1 个学期。理学院生物学与中医专业开设了具有"研究工作坊"性质的专业限制性选修课程，通过提供不同类型的课题项目，为学生搭建理论应用、共同协作、研究思考的多样化学习平台。具体来说，这些课程包括"本科生高级体验生物学工作坊之'抗有丝分裂药物对癌细胞的作用'"（undergraduate advanced experimental biology workshop—effect of anti-mitotic drugs on cancer cells）、"本科生高级体验生物学工作坊之'肌动蛋白细胞骨架调节剂在转移中的作用'"（undergraduate advanced experimental biology workshop—role of actin cytoskeleton regulations in metastasis）与"本科生高级体验生物学工作坊之'高分子 X 射线晶体学'"（undergraduate advanced experimental biology workshop—macromolecular X-ray crystallography）等。学生能够根据自身的研究兴趣选择合适的工作坊，在教师的引导下进行生物学相关课题研究。国立教育学院于 2015—2016 学年度为本科三年级学生开设了一门 3 学分的核心课程，并将其命名为"教育研究"（educational research）。该课程为职前教师进行教育学类课题研究创造机会。从课程目标来看，该课程旨在加强职前教师对教育学专业内容的理解；丰富职前教师的学习体验；帮助职前教师熟练掌握研究的方法，提升他们收集数据和分析数据的能力。从课程实施来看，学生将在本学院教师的指导下参与教师的课题研究，持续时间为 2 个学期，主要步骤包括确定选题、查找文献、收集数据、分析数据、撰写报告等，其研究成果也要接受学术导师以及其他教师的评估和考核。国立教育学院职前教师的培养强调教学训练与学术训练相结合，既要求学生熟练掌握教学法内容并能应用于教学实践，同时又注重学生研究能力的训练，鼓励学生将研究应用于教学的过程之中，并将教学结果反馈到研究方案之中，实现教学和研究的双向互动。

3. 实验操作类课程。

南洋理工大学的工学院和理学院均强调课程要注重理论与实践相结合，尤其是工学院，始终肩负着培养新加坡杰出工程师的神圣使命。因此，该校大力提倡理工学院开展实验课程，使其成为理论与实践的连接点，培养学生的动手实践能力。在一定程度上，实验课程也是理工科学生科研训练的重要平台。如环境工程专业的本科生必须要在第二学年修读两门实验课性质的核心课程，即在第一学期修读"环境工程实验室 A"（environmental engineering laboratory A），在第二学期修读"环境工程实验室 B"（environmental engineering laboratory B），每门课程占 1 学分，即学生每周拥有 1 个小时的实验时间。该实验课程要求每位学生每次进入实验室之前能够结合其他专业课程的所学内容提出一个新的问题，并做出假设，利用实验来验证假设并寻找答案。在课程实施中，教师的指导也会根据学生的能力条件以及实验项目的特点而有所不同。一方面，教师会根据学生的实验能力变换指导方式。教师会给予实验能力较强的学生更多的自主性，培养他们自主探究的能力；对于那些实验能力较弱的学生，教师会向他们传授实验原理、研究步骤等知识性内容，为学生亲身参与实践奠定知识基础。另一方面，教师会根据实验项目的特点来调整教学内容。如有的实验项目属于验证性实验，教师会要求学生在了解实验结果的前提下，以不同的方法对研究结果进行验证；如有的实验项目属于探究性实验，教师就会鼓励学生设计方案、收集数据来探究未知的实验结果，并做出验证。

（二）强调自主性的探究式教学活动

普利斯托雷（Mark Priestley）等人认为，课程既是学科专业内容的具体呈现，同时也是一种具有层级性的社会实践过程，即教师、学生、教材以及官方旨意在教室中的互动过程。[①]这里的多要素互动过程即教学过程。

---

① PRIESTLEY M，PHILIPPOU S，ALVUNGER D,et al .Curriculum making：a conceptual framing ［M］//PRIESTLEY M,ALVUNGER D,PHILIPPOU S,et al.Curriculun making in Europe：policy and practice witnin and across diverse contexts.Bingley：Emerald Publishing Limited，2021：1-28.

课程与教学有着千丝万缕的联系，其界限难以划分，甚至有诸多专家学者认为课程就是教学，这在一定程度上弥合了课程与教学的分离。在本研究中，教学即课程实施，是课程的重要环节。上文所提及的研究方法类课程、小型课题研究类课程、实验操作类课程，无论是课程内容抑或是课程实施，都直指科研训练的重要途径，是学生尝试科学研究的机会与平台。除此之外，其他诸多的专业课程会采用多样化、富有探究性质的实施模式，以研讨式教学、辅导式教学、网络教学等方式培养学生的自主探究能力，直接或间接地指向学生研究性思维与能力的培养。

1. 研讨式教学。

南洋理工大学研讨式教学的主要特点包括小班授课、小组讨论等，以解决问题为中心。具体来说，研讨式教学是教师创设问题情境，指导学生查找资料，与学生共同研究、讨论、实践、探索，提出解决问题的办法，旨在帮助学生掌握知识和技能。这种研讨式教学需要教师和学生高度配合。（1）研讨式教学对于教师的能力和素养提出了较高的要求。第一，教师在课前要充分了解学生的学术背景情况。南洋理工大学本科教育打破了班级的建制，每一门课程的学习者都来自不同专业的学生，他们根据自己的兴趣和需要进行选课。因此，教师在课前要了解学生的专业背景和学术背景，掌握他们原有的知识基础和能力水平，以便帮助他们合理分组。第二，教师要能够创设贴近学生现实生活的情境，提出有价值的问题。教师要对所要研究的问题有深入的了解，并多渠道收集多方面、多角度的材料。第三，教师需要具备熟练运用现代化教学设备的能力，提高教学效率。（2）研讨式教学对于学生的准备工作和能力水平也提出了一定的要求。第一，学生要有独立研究问题的心理准备。研讨式教学意味着学生要逐渐脱离教师这根"拐杖"，在知识道路上独自"行走"。第二，学生要学会从多方面收集资料，并对资料加以整理。南洋理工大学始终强调加强学生的阅读能力和写作能力。学生在收集资料后要大量阅读，并对已有资料进行归纳整理，及时做好阅读笔记，记录研究者提出的观点。第三，学生要善于表达自己的观点和意见。研讨式教学的本质是合作学习，师生之间或生生之间要通过语言交流来传达观点和想法。学生在阅读材料和提炼观点后要善于表达自己的发现，并与他人分享。

南洋理工大学只有南洋商学院的本科学制是 3 年，并且没有完成毕业课题的硬性规定。因此，南洋商学院主要采用研讨式教学的方式授课，将研究与教学相结合，以此来训练学生的研究性思维和能力。以商业分析专业（business analytics）为例，教师会在教学周第一周对参与课程的约 50 名学生进行分组，每组 5 个人围坐在一起。随后，教师会列出 10 多个研究主题，并以抽签的形式决定小组汇报的时间和主题内容，保证每个小组在本学期中至少有一次展示与表达交流的机会。教师会在每一小组汇报展示的前一周布置阅读材料，在教师的指引下，汇报小组需要在一周之内完成"查找文献—阅读文献—归纳总结—提出具有创新性的观点—提供事实依据证明观点—完成 PPT 制作"等一系列工作任务。每周上课时，汇报小组会用 30 至 60 分钟的时间完成 PPT 展示工作，剩余的时间则留给其他小组进行提问。南洋商学院的研讨式课程更加关注非汇报小组学生的学习情况，鼓励他们主动发问。教师会根据他们发问的频率和问题的质量进行打分，并将其算入课程的总成绩当中，占总成绩的 15% ～ 25%。这种激励举措不仅使得汇报小组认真准备演讲内容，更能激发非汇报小组成员的学习热情，他们会与汇报小组的学生共同学习这一主题的内容，争取在课堂上更多地发问，提出高质量有意义的问题。

2. 小班辅导式教学。

作为该校专业课程的特色教学方式，小班辅导式教学（tutorial）沟通和连接了一般讲授和研讨式教学两种教学模式，即以一般讲授的知识作为教学内容，主要运用小班研讨的形式开展特色教学活动。具体来说，教师会在每一个教学周利用 2 ～ 3 个小时为大约 80 名学生讲授一门核心课程。课程全程以教师讲解为主，几乎没有师生互动的机会。在每次课程结束后，大班学生将被分成 4 个小组，每组约 20 人，每一小组会于本周的指定时间段在指定课室进行 1 个小时左右的小班温习和答疑，教学内容主要基于上一节核心课程的知识内容。为了解每一组学生的能力水平和对知识内容的掌握情况，教师会要求该组学生利用 15 ～ 20 分钟的时间进行小组展示和汇报，汇报内容集中于对课程内容的理解以及重难点分析。教师则根据学生的汇报内容有针对性地为学生答疑解惑。小组汇报与教师点评过后，学生还可以与教师进行一对一的交流，让教师更清楚地了解每一个学生的困惑。除此之外，教授的博士研究生和硕士研究生也会协助教授为学生答疑解惑，与学生形成学习共同体。这种小班辅导式教学是个性化教学的具体体现。对教师来说，他们能更加清楚地了解学生在大班学习过程中遇到的问题，对学生进行有针对性的辅导；对学生来说，他们能够在小班教学中汇报学习情况并理清困惑与问题，与教师、同伴进行交流互动，有助于提高他们的学习效率，增进师生和生生之间的感情。

3. 网络教学。

南洋理工大学本科专业课程的网络教学（online teaching）主要表现为两种形式：一种是教师直接利用线上平台以一般讲授的形式进行授课；另一种是教师在上课之前将已录制好的视频学习资料和习题集上传到南洋理工大学学生专属学习平台 NTU-Learn 的网站上，学生可以在课前或者课后自主学习。目前，越来越多的核心课程采用直接线上授课的形式来进行。以南洋商学院商业分析专业所需修读的课程为例，该专业要求学生在本科3 年内修读 103 学分，其中，教师直接利用网络资源完成授课的课程占 24 学分，约占总学分的 23%。尤其是第一学年（包括第一学期、第二学期、特殊学期），总学分要求 38 学分，利用网络资源进行授课的课程包括财务会计、财务管理、程序与分析中的决策制定、中级 Excel 以及统计与分析，共计 13 学分，约占第一学年总学分的 34%。[①]

学生利用教师已经上传好的学习资源进行自主学习是网络教学的第二种形式，相比于前者，这种网络教学形式更能够培养学生的独立性、自主性和探究性。具体来说，教师在每节课上课前会告知学生将要学习的主题内容，并要求学生在 NTU-Learn 网站中的 LAMS 学习平台上进行内容预习和习题练习。LAMS 学习平台会为学生提供新课程的课程简介、课程目标、短视频和相关的习题作业。学生在每周新课程开始之前按照 LAMS 的规定学习短视频的内容，并完成相关的练习题。教师会在后台对学生的学习情况进行检测，并将习题作业的成绩计入课程总成绩当中。需要说明的是，

---

① Nanyang Technological University.Academic units required for graduation-batch admitted in AY2021［EB/OL］.［2021-10-20］.https：//ts.ntu.edu.sg/sites/intranet/cs/nbs/Undergraduate/curriculum/Curriculum_NBS_Students/Pages/Programme-Structure.aspx.

短视频的内容可以长期保留在 LAMS 学习平台上，为学生的课前预习和课后复习提供便利。但是，习题系统则会在每一周新课程开始前一天自动关闭，也就是说，学生必须在新课程开始前的一周之内完成相应习题，否则就无法获得这一部分的课程成绩。

## 第三节　高等教育的保障体系

高等教育的保障体系是指参与高等教育实践活动的各要素相互联系、相互制约，从而形成能够推动高等教育可持续发展的一个多层次、多结构的运行系统。对于新加坡高等教育而言，政府持续增长的财政支持、大学自治制度以及全方位布局的师资管理是推动新加坡高等教育可持续发展的重要因素。

### 一、政府持续增长的财政支持

1985 年，外部工业国家经济放缓，对新加坡商品与服务的需求持续下降，加之新加坡国内劳动力成本上涨、生产率降低、建筑业低迷等现象相继出现，导致了新加坡自独立以来第一次经济大衰退。为应对经济危机，时任新加坡贸易与工业部（Singapore Ministry of Trade and Industry）部长陈庆炎于 1985 年 3 月组建了经济委员会（Economic Committee），并于 1986 年发布了《经济委员会报告》（Economic Committee Report）。该报告提出新加坡应从一个依靠廉价劳动力的生产基地转变为一个能够吸引跨国公司在此建立运营总部、开展产品研发、提供服务与贸易出口的国际商业中心。[①] 随着经济的缓慢复苏，新加坡政府于 1991 年起草了《战略经济计划》（Strategic Economic Plan），该计划的主要目标是将新加坡从工业经济转变为以高科技和高附加值制

---

① Economic Committee.The Singapore economy：new directions［R］.Singapore：Ministry of Trade and Industry，1986.

造业与服务业为双重引擎的知识经济[①]，而这些转变的关键在于劳动力结构的调整与劳动力技能素质的提升。由此，新加坡政府对于人力资源的开发提出了新的要求：第一，学校除了教授专业知识和专业技能，还要培养学生的创业意识和创业心态；第二，要求有数量大、质量高的人力资源来支撑产业的发展；第三，结构性失业率要逐渐降低；第四，社会要为人才提供相匹配的工作，促使人才潜力的充分发挥。[②]1998 年，为进一步加快新加坡知识经济的发展，经济委员会又起草了《经济发展局的企业 21 条总体规划》（ Economic Development Board's Industry 21 Master Plan），旨在将新加坡发展为具有全球竞争力的知识驱动型经济体。[③]进入 21 世纪后，新加坡政府开始寻求新的经济发展方式，确定了以人才推动创新、以创新驱动经济的可持续发展框架，即逐步实现从知识经济到创新驱动型经济的转变。基于工业经济向创新驱动经济的转型，社会对创新人才的需求与日俱增，对高等教育亦提出了更高的要求。因此，自南洋理工大学正式建立后，新加坡政府就加大了对高等教育系统的关注，尤其关注新加坡国立大学与南洋理工大学这两所院校的发展，致力于将它们打造成能够与美国一流大学相媲美的世界级大学。为推动高等教育的发展，新加坡政府重新规划了财政资源，对于高等教育的财政支出从 1985 年的 4 亿新元增长到 2018 年的 33 亿新元。[④]

总体来说，新加坡政府支持高等教育发展的总支出是呈递增趋势的。不得不提的是，新加坡的大学从 2006 年开始进入大学自主化发展阶段，即大学能够重组理事会、自行分配经费、自定学费、自行制定招生条件、自行调度各院系招生人数、全权处理人事的征聘与晋升等，通过与教育部签订政策协议、绩效合同，并遵循教育部的大学质量保证框架来保证教育质量。

① Economic Planning Committee.The Strategic economic plan：towards a developed nation［R］. Singapore：Ministry of Trade and Industry，1991.

② CHIA S Y. Singapore：towards a knowledge-based economy［EB/OL］.［2021-09-16］.https：// www. nomura-foundation.or.jp/en/wordpress/wp-content/uploads/2014/09/20000127-28_Siow-Yue_Chia.pdf.

③ 同②.

④ DE MEYER A，ANG J.Building excellence in higher education：Singapore's experience［M］. London：Routledge，2021：25.

大学进行自治化改革后，政府对于大学的资助由发展费用的 100% 和日常经费的 75% 下调到总费用的 75%，但政府仍然是大学最大的资助者。[①]

## 二、崇尚自力更生的自治制度

2005 年，新加坡政府公布了名为《大学自治：迈向卓越巅峰》的重要报告。根据该报告的内容，新加坡对三所公立大学，即新加坡国立大学、南洋理工大学和新加坡管理大学进行自治改革。改革的总体表现是弱化政府控制，强化大学自治，确立大学与政府之间的新型关系。这种改革也在其他三所公立大学中得以萌芽和发展。

### （一）政府职能的转变：由直接管理转为宏观监控

大学自治改革之后，政府主要承担拨款与监督两大职能，大学自身需负责具体的办学与治学事务。首先，政府拨款职能的有效发挥。虽然进行了自治化改革，但是大学仍然是国家的重要机构，承担着为国家发展以及公共利益服务的重任。因此，政府必须保证大学拥有稳定的经费来源，以切实推动大学能够对国家和社会发展发挥更大的作用。因此，教育部的经费仍是大学发展的关键。政府对于大学的拨款遵循三个重要原则：第一，所有的经费分配机制必须以绩效为基础；第二，大学拥有财政自主权，可以管理自己的经费，以使有限的资源得到最大效率的使用；第三，大学要积极寻找其他经费来源达成自己的目标和使命。将激励机制引入拨款框架中，可以推动大学不断地追求卓越，达成国家的目标和需要。[②] 以往，新加坡政府对于大学的经费支持主要集中在大学运营、研究与发展三个方面。而在大学自治改革后，为了提高政府投入经费的效率，政府拨款的具体内容也有所改变，主要表现在大学日常运作所需经费方面、研究生培养方面、基础设施投资方面。具体来说，在大学日常运作所需经费方面，教育部以大学本科毕业学生人数而不再以入学人数为基准予以拨款；在研究生培养方面，除了国家发展迫切需要的个别专业教育部会给予补助外，其他专业的学生全部自费，大学可自定学费

① 王喜娟.新加坡、马来西亚高等教育改革与发展［M］.桂林：广西师范大学出版社，2017：43.

② 王喜娟.新加坡现代大学制度建设的政策探析［J］.高教发展与评估，2013（4）：62-69.

标准；在基础设施投资方面，政府则采用全新的发展基金框架，主要包括战略性项目经费和年度债偿基金项目。

其次，大学监管职能的有效发挥。自治与控制永远是相对的。大学享有更大权力的同时往往也要承担更大的责任，更要接受政府的监督与评价。为了确保政府所拨付的经费得到合理使用，保证大学的发展目标与国家要求相一致，大学在获得自主权之前，要与教育部签署一系列协议，从而保证大学的发展是在国家和政府的引导和监督之下进行的。这些协议主要包括以下三个方面：第一是政策性协议，明确教育部为大学设置的战略性方向和指导原则，明确大学的自主权范围；第二是绩效协议，主要由大学制定，须得到教育部的认可，明确列出大学在教学、科研、服务等方面的五年发展规划；第三是大学质量评估和保障体系，提供大学责任制落实情况的信息，以完善绩效协议的内容。

## （二）大学的角色：由顺从者到当家人

大学自治改革旨在打破传统的行政性体制，对大学进行公司化改革，大学成为非营利性的公司，自主经营、自负盈亏，其担当的角色从政府的顺从者逐步过渡到自信的当家人。由此，自治型大学在一定范围内不必再遵守政府相关部门的规章制度，可以更为自主地决定未来的发展方向，这种自主性体现在教师聘任、财政与经费运用、投资决策等方面。更为重要的是，公司化改革还将引发影响深远的思想革命。公司化改革使得大学利益相关者拥有更加强烈的主人翁意识，更为尽职尽责地为学校服务，他们成为大学未来发展的规划者和参与者，而不只是依从于政府及大学管理机构的指示。这样，大学将获得更大的空间来发展特色，从而实现教学和科研上的卓越及国际地位的提高，有效推动大学实现可持续发展。

## 三、全方位布局的师资管理

教育中的关系是伦理关系，而非认知关系。教师不是一个单纯的专业知识的答疑解惑者，教师承担着将学生带入一个专业领域与文化世界的责任，既要有严格要求的权威，也要有利于创新的宽容。这种责任与义务对教育而言是一种支持和保障。新加坡政府和大学尤为看重教师在大学发展中的地位，并在全世界网罗优秀人才，加强对他们的激励和管理。而各个学校为吸引和留住人才所采取的措施大不相同，笔者将以新加坡南洋理工大学为例，阐述其为教师招聘、晋升、奖励以及专业发展所设定的严格的规章制度。

### （一）教师的招聘

南洋理工大学的教师招聘是建立在经费预算和人员编制基础上的，采用上下一体的形式，即学校董事会、校领导、学院领导、教员以及学生都会参与到教师招聘的流程之中。具体来说，学院层面会经院长批准成立一个由 5 人组成的招聘工作委员会。如若招聘助理教授，委员则由学院教授和副教授组成；如若招聘副教授和教授，委员则全部由教授组成，而且必须至少有 1 位评审教授来自学部内其他学院，以充分体现跨学科评审。委员会成员将对海量申请者进行严格考核，并从中筛选出 10 位候选人进行网络面试，再从中选出 3 位参加学校面试，最后确定 1 位最佳人选。学校面试的考核内容主要分为以下三个方面：第一，应聘者要为本科生讲授一堂基础课，并由学生对其进行打分；第二，为教师和学生做一场学术报告，以便呈现其学术研究能力和水平；第三，要与院长单独面谈并共进午餐，以便让院长对其行为举止进行近距离考察。[①]由此可见，胜任本科教学工作是南洋理工大学对于各级应聘者的基本要求。另外，学校也将本科生纳入考核团体，由学生来选择本科教学指导教师，这有助于发挥学生的民主性，同时也提升了考核的科学性和全面性。

### （二）教师的晋升

南洋理工大学教师职称可以分为两个层级，第一个层级包括讲师和高级讲师，他们要承担较多的教学任务，是教学型教师，但是同时也会承担相应的科研和服务工作。第二个层级包括助理教授、副教授和教授，是教学科研并重型教师。学校实行终身教职制度，副教授和教授都享有终身教职的待遇。职称晋升时所要考核的主要指标包括教学、科研与服务等内容，这里的"服务"是指教师为学校所做的，除科研和教学以外的额外工作，如在学院做行政工作或担任某部门的管理人员等。在科研方面，学校要求

---

① 刘宏，李光宙.国际化人才战略与高等教育管理：新加坡经验及其启示［M］.广州：暨南大学出版社，2020：144.

对教师学术生涯中的所有学术成果进行评估，主要考核论文的数量与所发期刊的质量、论文被著作选用编辑的情况、论文的引用率和影响力等。在教学方面，学生评教占 40%，优秀教师评课占 20%，辅导本科生占 20%，这里的辅导主要是指教师将科学研究成果融入教学内容，带领和指导本科生进行科学研究。

### （三）教师的考核

南洋理工大学每年一次的教师考核工作具体操作程序包括：教师要在绩效考核系统中填报相关数据；学院召开考核评估委员会对学院教师的年度成果进行讨论并上报学部，最后经学校考核评估委员会审核批准。考核一般分为 A、B、C、D、E 五个等级，每个等级会有不同的标准和要求，同时也会匹配相应的奖惩。其中，A 等级占 10%，能力水平远远超过职级要求，达到卓越标准的，可获得额外 3 个月的薪酬。处于 D、E 等级的教师亦占总人数的 10%，这部分教师未达到职级要求，无法获得绩效和每年的薪酬涨幅。教师考核共 12 分，教授、副教授和助理教授这一级别的教师在教学、科研和服务领域的考核要求为 5 ∶ 5 ∶ 2；讲师和高级讲师的考核要求则设定为 8 ∶ 2 ∶ 2。具体考核内容由教学业绩指标、科研业绩指标、服务及其他贡献指标共同组成，具体内容见表 6-1。

表 6-1　南洋理工大学教师年度考核评估指标表

| 指标 | 教学业绩指标 | 科研业绩指标 | 服务及其他贡献指标 |
|---|---|---|---|
| 考核<br>内容 | （1）过去1年及3年的教学指标分数（教学指标分数＝讲课与辅导分数／学院教学指数平均值）<br>（2）指导硕士研究生指标分数（毕业数／就读数）、指导博士研究生指标分数（毕业数／就读数）<br>（3）教学获奖情况<br>（4）教学创新情况 | （1）学术生涯发表论文总数<br>（2）过去3年发表论文总数，第一作者和主要作者数<br>（3）学术生涯在一级期刊发表文章总数，第一作者和主要作者数<br>（4）过去3年在一级期刊发表文章总数，第一作者和主要作者数<br>（5）过去3年文章被引用总数<br>（6）赫希（Hirsch）指数<br>（7）过去3年的专利数<br>（8）学术期刊编委成员<br>（9）过去3年所获研究经费特别是外部竞争性研究经费<br>（10）过去3年研究成果所获奖项、成就及影响 | （1）学术服务、行政工作量、外部组织和社区服务，也包括创业活动、技术转让以及为大学筹款而推介项目<br>（2）过去1年服务奖，服务总分为服务得分×权重值 |

资料来源：刘宏，李光宙.国际化人才战略与高等教育管理：新加坡经验及其启示［M］.广州：暨南大学出版社，2020：148.

### （四）教师的专业发展

大学教师的专业发展体现在两个方面：其一是科研实力的发挥；其二是教学能力的提升。因此，大学不仅要创设一流的科研环境，保障教师科研水平与科研实力的发挥，同时也要注重教学创新实践发展，不断提升教师的教学能力，这不仅是新时代教师专业发展的必然要求，同时也是保障大学可持续发展的关键所在。

首先是保障教师科研实力的发挥。第一，将科学研究嵌入学校发展战略规划。近年来，随着社会的发展需求，愈加强调跨学科研究的重要性。2010年5月，南洋理工大学出台了NTU2015战略规划，并提出南洋理工大学在未来五年内要实现以"可持续地球""未来健康医疗""新创意媒体""新丝绸之路""创新亚洲"为代表的跨学科研究的"卓越五峰"。NTU2020

战略规划建立在 NTU2015 战略规划的坚实基础之上并直指社会重大现实问题，旨在将大学推向卓越研究的更高巅峰，具体指"可持续地球""环球亚洲""安全社区""健康社会""未来学习"。第二，建设多元化的重点学科平台。为推动科学研究的发展，南洋理工大学主要创建了三大类学科平台。其一是学校组织直接竞标成功的、由政府主导的平台项目；其二是学校根据战略发展规划设置作为争取国家和企业资源支持的平台；其三是南洋理工大学与国外一流高校或知名企业共建的一批联合工作实验室等。第三，给予教师充分的生活保障。教师不仅可以通过符合规定的招聘程序，用科研启动金聘请研究助手，而且还享有自由的学术休假，即每年有 42 天的带薪休假。获取终身教职的教师每 5 年享有 8 个月的带薪学术休假。

其次是保障教师教学能力的提升。南洋理工大学创设了"创新、研究与卓越教学"，它尤为注重对教师教学能力的训练和发展，通过提供先进的教学方法、举办教师教学研讨会以及颁发教学卓越奖项来激励教师发挥专业所长，推动本科教学创新，提高人才培养质量。第一，鼓励教师掌握先进的教学方法用以帮助学生实现广泛参与。南洋理工大学为教师教学指导准备了一套具有程序性的系统流程，教师可依据学校提供的教学资源并结合专业发展与学生发展的实际情况来开发具有特色的教学模式。第二，设置教师教学培训课程与研讨会来促进教师之间的教学交流。学校专门为新入职的教员、博士研究生或其他对教育教学感兴趣的人员开设了培训课程与研讨班，分别是面向新入职教员的"大学学习与教学基础"（foundations of university learning & teaching）、面向博士研究生的"教学助理计划"（teaching assistant programme）以及面向对教学感兴趣的其他人员的"教学与学习研讨会"（teaching & learning workshops）。第三，设立卓越教学奖项来激励教师的教学创新。南洋理工大学设立了三项重要的荣誉奖励来表彰教师在教学领域所取得的进展和成就，分别是 EdeX 教学与学习资助金、约翰·张社交媒体奖和南洋教育奖，如表 6-2 所示。

表 6-2　南洋理工大学三大教学卓越奖项

|  | EdeX 教学与学习资助金 | 约翰·张社交媒体奖 | 南洋教育奖 |
|---|---|---|---|
| 设立目的 | 旨在推动教学研究创新，为教学策略研究、开发与应用提供平台 | 用以表彰教师在教学实践中使用社交媒体的模范性和创新性 | 旨在表彰教师在教学领域所取得的突破性进展和创新 |
| 基本内容 | 2021—2022 学年，该项目拟定的研究主题包括："学生多样性、包容性与身心健康""真实学习""跨学科教学"。申请成功的教师将进行为期 18 个月的教学研究 | 该奖项颁发于每年 10 月，与由约翰·张教育社会媒体基金会赞助的"创新教学研讨会"共同举行，为获奖者提供每人 $1000 的现金奖励 | 该奖项分为大学、学部、学院三个级别。大学层面的奖项每年由校长颁发 |
| 申请资格 | 个人申请：助理教授、副教授、教授、讲师、高级讲师<br>团队申请：同学院组队、跨学院组队、教员与非教员组队 | 可推荐候选人的学院有：商学院、工学院、文学院、理学院、李光前医学院、国立教育学院、拉惹勒南国际研究院 | 学院层面的获奖者可以被提名申请参与学部级别的评选活动；学部层面的获奖者可以被提名参与学校级别的评选活动 |
| 评选流程 | 开放申请系统—开办宣讲会—公布入围名单—公布最终结果 | 各学院提名候选人—评委会颁发奖项 | 申请提名—秘书处汇总档案资料—大学教育颁奖委员会对候选人面试—选拔获奖者 |

资料来源：① NTU EdeX grants 2021-2022（1st call）［EB/OL］.［2021-11-27］.https：//view.officeapps.live.com/op/view.aspx?src=https%3A%2F%2Fwww.ntu.edu.sg%2Fdocs%2Fdefault-source%2Ftlpd-documents%2Fntu-edex-grant-2021-1st-call-application---updated-aprial-2021.docx%3Fsfvrsn%3D98b77ad6_2&wdOrigin=BROWSELINK.

② John Cheung social media award［EB/OL］.［2021-11-27］.https：//www.ntu.edu.sg/education/teaching-learning/grants-and-awards-john-cheung-social-media-award.

③ Nanyang education award［EB/OL］.［2021-11-27］.https：//www.ntu.edu.sg/education/teaching-learning/grants-and-awards-nanyang-education-award.

## 第四节 大学的创新创业教育

20 世纪 80 年代以来，随着新加坡经济向创新驱动经济转型，大学研究日益受到重视，创新创业活动也不断受到关注，笔者以新加坡国立大学为例进行说明。

1997 年爆发的亚洲金融危机在次年引起了新加坡经济的衰退，这在一定程度上促成了新加坡国立大学转型的变革。"新加坡政府开始构建一套经济重建策略以激发经济繁荣发展。"①在这一规划中，向创新型、知识经济加速转型的必要性得到一致认可，并形成了政府投入、社会配合、高校推进三者互相配合的动态关系。在这个关键时期，新上任的新加坡国立大学校长是该校发展战略转型的主要推动者。在新加坡政府的强力支持下，该校长不仅在大学发展转型过程中发挥了至关重要的领导作用，更为重要的是，为大学向创业型大学战略转型构建了一套系统策略。

### 一、全球化知识企业：新加坡国立大学创新创业的定位

早在 1997 年，新加坡前总理吴作栋就指示，要把新加坡定位为建立一个"东方波士顿"，即区域教育中心的愿景。当时的主要目标之一是把新加坡国立大学和南洋理工大学建成世界一流大学，现在新加坡国立大学已跻身于世界一流大学的行列。但面对全球竞争、国家经济发展的转型和高等教育发展的新形势，原有定位已不能满足需求，需要在继承的基础上着力创新。于是，时任校长把新加坡国立大学的目标明确定位为"全球化知识企业"（global knowledge enterprise）。

这种大学发展战略定位体现了新加坡国立大学要把培育学生创业技能、激发学生创新创业精神嵌入教学和科研活动中。一方面，新加坡是一个人口仅 500 多万的国家，国内自然资源匮乏，市场份额很小，这就意味着知识商品化的成功需要大学具有参与全球化竞争的精神和能力，因此创业型活动必须要有全球化的取向；另一方面，对创业活动的追逐不能以牺牲科

---

① Economic Review Committee（ERC）. Report of the entrepreneurship and internationalization subcommittee［R］. Singapore：Ministry of Trade and Industry，2002.

研和教育为代价。事实上，正是这种大胆的战略规划定位才让新加坡国立大学能够在 21 世纪屹立于世界名校的行列，同时也推动了该校在人事招聘组织结构变革等方面的重大转型。

　　"全球化知识企业"最重要的核心战略之一就是为招募世界上著名的科学家、工程师以及其他人才营造宽容和创造的氛围。新加坡国立大学的人员招聘和晋升政策严格根据绩效考核标准执行。为了帮助新加坡国立大学顺利转型，新加坡政府给予该大学的公共资助每年都在稳定增长，甚至颁发财政激励政策，即如果新加坡国立大学在指定阶段顺利完成政府的特定指标要求，政府将继续追加更多的资金以支持该大学更深层次和更广泛地推进创新创业策略，充分调动大学等创新主体的积极性和创造性。

## 二、组织结构整合：新加坡国立大学创新创业的需求

　　新的大学发展战略规划必须具有与之相契合的组织结构，这样所推行的变革举措才能顺利进行。新加坡国立大学校长在完成"全球化知识企业"战略规划之后，随即成立一个新的部门——新加坡国立大学企业（National University of Singapore Enterprise），为新加坡国立大学走上创业型大学之路做先锋。为了激励这个新部门，校方每年拨给该部门的经费低于新加坡国立大学总经费支出的 1%，这种资助策略迫使新部门像企业一样积极增加收益和吸引外部资金来支持自己的研发活动。

　　新组成的新加坡国立大学企业主要通过整合和协同的方式来实行创新创业活动，例如，该部门在 2001 年成立，到了 2003 年，在经过两年初期的试验之后，为了更好地履行各部门在实施创新创业活动中的任务，新加坡国立大学企业合并了所有主要的运作单位（如表 6-3 所示）。

表 6-3　新加坡国立大学企业组织结构演进图

| 2003 年新加坡国立大学企业组成单位 | 核心功能 | 2006 年后调整过的结构 |
|---|---|---|
| 新加坡国立大学创业中心 | 创业教育<br>外延拓展活动<br>创业、创新、应用研究和思维领导 | 扩展后包括了新加坡国立大学企业孵化器 |
| 企业与技术联络办公室 | 技术认证和知识产权管理<br>产业联络 | 命名为"企业联络办公室" |
| 新加坡国立大学咨询部 | 咨询服务 | |
| 新加坡国立大学扩展部 | 继续教育 | |
| 新加坡国立大学出版部 | 大学出版 | |
| 新加坡国立大学风险资助部 | 商业孵化<br>风险支持服务<br>学校有关公司的种子基金 | 被吸收进创业中心，并改名为"新加坡国立大学企业孵化器" |
| 新加坡国立大学海外学院 | 海外高科技新公司的实习和教育项目 | |

　　2003 年，也就是新加坡国立大学企业成立的第 3 年，其最初的组织结构整合成 5 个主要运作部门：新加坡国立大学创业中心、企业与技术联络办公室以及新加坡国立大学咨询部、扩展部、出版部（NUC Publishing）。其中，创业中心主要承担大型创业活动，而企业与技术联络办公室主要负责管理知识产权的科技许可等，此外，该部门的负责人还创建了海外学院和风险资助部两个新单位。

　　每个新部门的运作都不是一帆风顺的，新加坡国立大学企业也不例外。该部门在最初成立的 3～4 年里，其运作有时候甚至陷入杂乱无序的状态，这主要是因为该部门的领导者在运营过程中侧重于目标导向，缺乏长期规划，满足于短期的数量目标。在这种情况下，2006 年，新的首席执行官除了继承整合组织结构的传统，还通过联合一些较为分散的单位来加强新加坡国立大学企业内部单位之间的协调性和合作性，使新加坡国立大学企业内部各子部门形成分工明确又通力合作的新布局。例如，风险资助部被创业中心合并为企业孵化器（Entrepreneurship Incubator），企业与技术联络办公室也被重组并命名为"企业联络办公室"（Industry Liaison Office）。

## 三、协同推行项目：新加坡国立大学创新创业的新布局

### （一）创业中心的创新创业举措

新加坡国立大学企业的创业中心主要利用教育项目来激发新加坡国立大学社区的创业热情，通过科研来发展新加坡和地方的技术风险政策与实践知识。创业中心通过在校园内外传播和加速外部创业经济系统，使新加坡国立大学变成一个创业网络活动的凝聚地，紧密连接新加坡国立大学附近社区和外部创业经济系统。显而易见，这种举措对于新加坡薄弱的外部风险系统至关重要。例如，创业中心在1999年举办了一年一度的国家商业计划大赛。这个大赛借鉴了美国"麻省理工学院5万美元创业大赛"（MIT $50K Entrepreneurship Competition）[①]，所不同的是创业中心根据新加坡具体的创业境况做了相应的调整，参赛对象不局限于新加坡国立大学的学生，而是面向整个新加坡有意愿参赛的选手。除此之外，创业中心负责人还模仿"硅谷天使团"（Band of Angels in Silicon Valley）的运作模式在新加坡创建了"东南亚地区商业天使网络"（Business Angel Network Southeast Asia），并担任该组织的主席。

创业中心还成立了一个专门面向所有新加坡国立大学本科生的"技术创业辅修项目"，重点关注科学和工程领域的学生，这项举措主要想唤起学生的商业意识和激发学生的创业精神，弥补了新加坡国立大学课题体系中缺乏创业课程的缺陷。尽管创业中心不是一个学术部门，但是在校方的大力支持下，创业中心建立了一个特殊的学术教学单位来开设"技术创业"课程，利用该中心丰富多彩的课外教育活动和富有乐趣的创业项目，"技术创业"课程注册者从第一学年的不足200人迅速增加到2005—2006学年的3000多人，并在2007年并入商学院。随后，创业中心又推行"成功企

---

① "MIT $50K Entrepreneurship Competition"是麻省理工学院在1989年发起的全球知名的大学创业竞赛，从2006年开始升级为"MIT $100K Entrepreneurship Competition"，该活动20多年来成功鼓励了120家新创公司成立，提供了2500个工作机会，并且创造了125亿美元的市值。

业家发展计划"新项目，为脱颖而出的本科生高科技创业者提供为期 7 个月的实习机会和两周的海外访学之旅，这个项目于 2010 年被转入海外学院。

2009 年，在国家研究基金会（National Research Foundation）的大学创新基金（university innovation fund）的资助下，该中心发起了多个创业教育活动以丰富创业教育体系，其中包括针对博士生的实习项目外部挑战（extra chapter challenge）。此项目为论文选题具有商业潜力的博士生提供为期 6 个月的外部联谊拓展训练，并为此项目配备具有丰富创业经历的导师，这对具有创业意识的博士生而言是难得的商业机遇。该中心还提供了创新和创业实践授予计划，该计划提供最高 10 万新元的种子资金给学生来开发他们的创新理念。

## （二）企业孵化器的创新创业举措

大学衍生公司最初诞生于非商业环境，因此其最大的难题是缺少市场知识。为了帮助企业了解目标市场，同时将大学的政策和资源支持加以落实，为企业的创建、发展直至成功保驾护航，新加坡国立大学通过整合风险资助部，最终建立了企业孵化器，主要通过商业化试点基金、原型开发计划和种子基金等帮助衍生公司跨越可能遇到的各方面障碍，推动大学研究成果转化产品并继而商品化直至最终形成产业。这并不是一个一蹴而就、自然而然的发生过程。因此，为了鼓励大学研究人员和学生创业，激发他们的创业精神，企业孵化器投入了大量的资金，对衍生公司每次资助最高可达 30 万新元。该组织成立不到两年已经资助了 21 家衍生公司。

值得一提的是，即使企业孵化中心是独立于创业中心的一个组织，但两个单位在推行创业活动中经常通力合作。例如，当企业孵化器单位成立管理投资委员会时，经常倾听来自创业中心单位专家的建议和接受他们提供的管理支持，企业孵化中心经常引入富有成功创业经历的企业家、投资者、高级管理人员为新加坡国立大学衍生公司提供定期指导。

## （三）海外学院创新创业举措

2001 年，新加坡国立大学成立海外学院，这项新举措顺应了全球化和创业两种发展趋势。按照新加坡国立大学校长最初的构想，成立海外学院的基本理念是把具有创业精神的本科生输送到世界五大创业枢纽中心，让他们在高科技衍生公司中实习 1 年，实习期间他们也可以在各个国家的合作院校注册学习有关创业的课程。实际上，这是一种"浸入式"学习创业的经历，也就是说，让学生作为学徒，沉浸在国外地区的高科技衍生公司中，让他们成为企业的一部分，使他们每天在这样的创业实践和外国企业文化中耳濡目染，在认识和体会国外高科技衍生公司的实践创新过程中引导他们，潜移默化地激发他们的创造热情，增强他们的创新意识，培育他们的创新创业价值观。该项目被认为是为培养学生具有全球化思维和社会网络整合能力所做的长期投资。

海外学院并没有催促学生毕业之后马上进行创业，而是着重培养他们的创业实践能力和激发他们的创业精神及创业意识，这种思维将会把他们未来的研究导向商业创新，也会影响他们的职业选择，使他们更倾向创新型职业。而且，这个项目也能帮助他们和顶级海外高科技创业社区建立长远的社会网络，这样他们就可以带着国际化的视野做好高科技创业的准备。

2001年，新加坡国立大学第一次与硅谷合作，建立了第一所海外学院；2003年，在费城与宾夕法尼亚大学合作成立了生物谷海外学院；2004年，与中国复旦大学合作建立了第三所海外学院；2005年至今，分别在斯德哥尔摩、班加罗尔（2008）、北京（2009）、特拉维夫（2011）开设海外学院（如表6-4所示）。海外学院每年招收200名学生，而且海外学院并非独自运作，它与创业中心紧密合作，通过和海外地区的合作院校（如硅谷的斯坦福大学、上海的复旦大学、斯德哥尔摩的皇家理工学院、北京的清华大学）建立伙伴关系来为海外实习项目提供教育支持，为学生创造实践锻炼的机会。

表6-4　新加坡国立大学海外学院一览表

| 年份 | 海外学院 |
|---|---|
| 2001 | 美国加州硅谷，斯坦福大学，高科技中心 |
| 2003 | 美国费城，宾夕法尼亚大学，生物谷 |
| 2004 | 中国上海，复旦大学，联合研究生院 |
| 2005 | 瑞典斯德哥尔摩，皇家理工学院，移动 IT |
| 2008 | 印度班加罗尔，科技园区，IT 行业 |
| 2009 | 中国北京，清华大学，高新技术企业 |
| 2011 | 以色列特拉维夫 |

### （四）企业联络办公室的创新创业举措

企业联络办公室是 2006 年通过整合企业与技术联络办公室而成，这种整合的目的是要在大学—产业的研究合作和技术转化之间形成更大的协同作用。为了筹划大学的技术力量版图，指导未来的创新方向和建立专利布局，在入选的技术区域达到群聚效应，办公室的专业人员配置必须加强。整合完成之后，企业联络办公室的业务范围拓展至为大量新的国际合作研发项目承担知识产权管理，这些项目主要由新加坡国立大学与海外著名院校合作发起，其中包括新加坡国立大学与麻省理工学院的"新加坡—麻省理工学院联盟"等项目。

近几年，企业联络办公室在培养科研成果转化领域的职员方面采取了多种举措，包括开展培训工作来帮助教授、研究生和博士后研究人员理解技术商业化和资产拆分过程，以及为他们的发明做市场应用潜力评估。其中最为典型的例子是，在 2013 年，企业联络办公室通过与创业中心的合作，发起了"精良新加坡发射台"（Lean Launchpad Singapore）项目，该项目面向新加坡国立大学的全体教授和研究人员，并且由长期负责美国国家基金会项目"精良发射台"（Lean Launchpad）的美国加州大学伯克利分校的 Jerry Engel 和 Steve Blank 两位教授来帮助推行。

# 第七章
# 新加坡职业教育

技术与职业教育及培训（以下简称"职业教育"[①]）与新加坡的经济社会发展相伴而行，经过了几十年的探索与发展，形成了成熟、完整的体系，在新加坡的经济发展中占据极其重要的地位。新加坡广义的职业教育包括中学阶段学生分流、工艺教育学院、理工学院、继续教育与培训四大部分，并大力推行应用学习教育模式和全民终身学习的继续教育与培训，以此不断探索让每一个人都能发挥最大潜能的教育新路。[②]

本章将阐明新加坡职业教育的培养目标与实施机构，介绍新加坡职业教育的课程与教学，对新加坡职业教育的保障体系进行总结，以新加坡发展高职的五所理工学院为主要案例，介绍新加坡职业教育的现状与发展。

---

① 新加坡职业教育领域曾在不同时期出现技术教育（technical education）、职业教育（vocational education）和技术与职业教育及培训（technical and vocational education and training）等名称表述，为叙述方便，本章标题统称职业教育。文中不同时期名称表述尽量遵从原文，其间的内涵区别参照 1984 年联合国教科文组织（UNESCO）发布的《技术与职业教育术语》中的解释，技术教育设置在中等教育后期或第三级（高中后教育）初期，包括理论的、科学和技术的学习以及相关的技能训练，培养目标是中等水平人员以及大学水平的在高级管理岗位的工程师、技术员和技术师等技术人才；职业教育通常设置在中等教育后期，旨在培养熟练工人，使其具备胜任一种（一组）职业、行业和工作岗位的基本资格，即通过实践训练培养操作方面的技能人才。

② VARAPRASAD N. 50 years of technical education in Singapore：how to build a world class TVET system[M]. Singapore：World Scientific Publishing Co.Pte Ltd.，2016：18.

## 第一节　职业教育的培养目标和实施机构

20 世纪 90 年代，世界经济进一步发展，经济全球化席卷全球。以高科技信息产业为主导的发展趋势越来越明显，科技研发、创新能力及高附加值的服务越来越受到重视。新加坡顺应时代发展潮流，全力扶植第三产业，促进经济结构均衡发展，力图成为国际金融中心、信息中心等国际服务中心，并建成以高科技、高工艺、高增值集约型产业为基础的现代化国家，进入以高科技为特点的第三次工业革命。①

为配合新的经济发展战略的实施，新加坡高等职业技术教育有了新发展，新加坡政府于 20 世纪 90 年代初制订了高职教育改革计划，并推行了"工读双轨计划"，该计划扩大了新加坡高等职业技术教育的规模。同时，以工艺教育学院取代了职工局，并实行了"混合型学徒计划"，鼓励学徒边学边工作。

### 一、职业教育的培养目标

当前，新加坡职业教育的培养目标是顺应时代潮流，为经济发展服务，高质量地培养新加坡在信息化时代经济社会所需的大量拥有专门技术的人才，助力职业教育完成转型，向内涵式发展，培养出适合现代企业的职工队伍，产生真正的现代化企业，跟上甚至引领世界经济发展的步伐。

### 二、职业教育的实施机构

实施职业教育的学校主要有五所，分别是新加坡理工学院（Singapore Polytechnic）、义安理工学院（Ngee Ann Polytechnic）、淡马锡理工学院

---

① 孙元政 . 考察新加坡高职教育的几点启示 [J]. 辽宁高职学报，2004（3）：1-3.

（Temasek Polytechnic）、南洋理工学院（Nanyang Polytechnic）和共和理工学院（Republic Polytechnic）。五所理工学院经过一段时间的发展，都在总目标指导下形成了具有自身特色的培养目标。

新加坡理工学院创建于 1954 年，"以技能服务"是新加坡理工学院的教育使命。2014 年，新加坡理工学院对教育使命进行了更新，"以掌握为本"重申了作为新加坡理工学院的独特优势。希望毕业生最终通过奉献和实践，掌握自己选择的专业，并利用掌握的专业知识改善生活，对社会产生影响，为新加坡的转型发展做好准备。

义安理工学院创建于 1963 年，开设有语言、商业和技术课程。该学院坚定不移地致力于通过超越教科书和地理界限的整体教育，激发学生对学习的热爱，同时让他们具备在未来的劳动力队伍中茁壮成长的技能，为学生提供出色的学习之旅，使每个学生都有机会发现并充分发挥其潜力，最终培养自信、自主、创新、适应能力强的学生。

淡马锡理工学院创建于 1990 年，在专业设置和教学内容上都不断引进世界最新研究成果。课程灵活，不仅注重向学生传授实用知识，同时也注重培养学生的创新精神，其教育通过许多学生主导的活动释放出巨大的创新能量，成为青年学生智力和创新活动的中心。所有课程都为学生未来的教育深造及事业发展奠定扎实的基础，为学生积累社会经验。

南洋理工学院创建于 1992 年，旨在通过创新教学方法和以行业为中心的项目，为学生在人生的下一阶段提供领先起点，最大限度地发挥学习者的潜力，赋予学习者工作与生活能力，使其不仅能够做好学业准备，而且能够应付生活、事业或继续教育对自身造成的影响，与行业共同进步，与工业共同创造价值。

共和理工学院自 2002 年成立以来，一直走在引进新的更好的高等教育转型方式的前沿，激励学生取得超越学术的杰出成就。该学院为学生提供发展自身优势和培养创业精神的途径，旨在培养个人与利益相关者合作，利用基于问题的学习，为充满活力的世界做好准备。

## 第二节 职业教育的课程与教学

新加坡职业教育的发展处于世界领先水平，这与其适宜的培养目标、优质的实施机构密切相关，更离不开其有效的课程教学设计。新加坡职业院校的课程教学具有教学内容组织的适切性、教学结构设置的合理性、"教学评"三者目标的一致性、教学模式注重学生学习的参与性等特色。本节分课程目标、课程结构、课程内容和课程实施四部分阐述新加坡职业院校课程教学的相关特色。

### 一、课程目标

课程理念服务于既定的教育目的和培养目标，也就是要服务于人才培养的规格和要求。如当培养目标要求学位获得者应具有良好的职业道德，既要掌握某门学科坚实的基础理论和系统的专业知识，又要懂得学科基本理论和学科教学或教育管理的理论及方法，具有运用所学的理论和方法解决学科教学或教育管理实践中存在的实际问题的能力，能比较熟练地阅读本专业的外文资料，则课程理念必须服务于这一培养目标，对这一目标进行具体化。按照每门课程各自的目标定位，在授课期间通过主讲教师呈现给学生，使学生在学习过程中有所体会。[①] 课程理念按照教育教学的要求，有计划地组织学生学习科学知识，帮助学生达到获取知识、参与实践、体验生活等目标。

"教育的目的，不是培养人们适应传统的世界，不是着眼于实用性的知识与技能，而是要去唤醒学生的力量，培养他们自我学习的主动性、抽象的归纳力和理解力，以便使他们在目前无法预料的种种未来局势中，自我做出有意义的选择。"[②] 新加坡职业教育的课程理念注重培养适应性、发展性、多样性的人才，以不断适应国家人才发展战略。职业教育是服务社会

---

① 杨明全，时花玲，王艳玲. 我国教育硕士专业学位教育课程设置的调查研究 [J]. 全球教育展望，2010（7）：57-61.

② 张国民. 新加坡职业院校课程教学的特点分析及其启示 [J]. 高等职业教育（天津职业大学学报），2018（4）：35-39.

的，特殊的社会需求使得课程要根据劳动力市场需求的变化及时调整，而新加坡职业院校很好地做到了专业课程内容与职业标准的精准对接。除了培养学生未来就业的知识与技能，职业院校还着力培养学生的学习能力和面向未来发展的软技能，注重学生的有效参与和协作学习，强调主动性发挥和学习力培养。因此，大部分理工类学院毕业的学生在升入大学学习之后，都表现出较强的自我学习能力和将理论与实践相结合的能力。

基于新加坡职业教育的课程理念，职业教育有了明确的课程目标，下面将以五所理工学院为例对新加坡职业教育课程目标展开分析。

### （一）培养实用生活技能，满足社会转型需求

新加坡的职业教育在注重理论知识学习的同时，也重视实用技能的培养。以新加坡理工学院为例，新加坡理工学院把"以技能服务"（2014年更新为"以掌握为本"）作为教育使命。其课程理念是"作为一所适合所有年龄段学生的理工学院，为学习者做好生活准备，做好工作准备，为新加坡的转型做好准备"。

将该理念贯穿于课程教学中，主要培养学生实用的生活技能，满足社会转型需求。具体有以下三个方面：第一，新加坡理工学院为学生提供全面、真实并与行业相关的课程。学院开设了如食品科学与技术、土木工程、工商管理等实用性课程，致力于培养具有创造性的思考者、自信的沟通者及为工作和社会做好准备的自主学习者。优质课程为企业社会广泛认可，文凭受到雇主高度重视，得到全球知名大学承认。第二，新加坡理工学院的共同核心课程能够让学生为不断变化的世界做准备。学生将学到10个共同核心课程模块，涵盖新加坡理工学院希望在所有学生中培养的广泛跨学科技能和价值观，让学生懂得解决问题和提出解决方案的方法不只一种。学生不仅学习广泛的基础技能，还将学习如何使用创新、算法、数据驱动、以用户为中心的分析方法来解决现实世界中的复杂问题，使其无论未来从事哪个行业或工作，都能批判性地思考现实世界中的问题，适应混合工作所创造的越来越复杂的工作新角色，与当地和全球社区产生共鸣，利用获得的技能实现变革，建设一个更好、更可持续的新世界。第三，新加坡理工学院的继续教育和培训类课程为学生的未来工作做好了充分准备，通过与行业相关公司的培训提高学生能力，实现职业过渡和新的目标。课程和

方案的提供方式包括兼职文凭、高级文凭、专家文凭等，采用在线和面授的方法，通过提供跨行业和跨部门的简介以及与行业相关的培训课程，来帮助忙碌的在职成年人提高和刷新技能，掌握新兴技能和技术，升级原有知识，向未来前进。

### （二）培养国际视野，适应未来发展需求

新加坡职业教育注重国际化视野培养，与时俱进，适应未来发展趋势需要。例如，淡马锡理工学院在教学方法、教学设施和教学管理等方面均处于领先地位，在专业设置和教学内容上不断引进世界最新研究成果，由富有教学经验的教师采用先进的教学方法进行授课，适应未来发展。义安理工学院课程理念是"热爱学习，强调生命的价值，为迎接时代挑战做准备，为全球工作场所做准备"，培养自信、自主、创新、适应能力强的学生，为未来经济的成功提供条件。义安理工学院的核心优势是开创基础广泛、整体的学习方法，建立战略联盟，提供丰富的海外经验，为学生提供全球工作场所。学院的课程设置通过实践与行业标准为世界工作做好准备，同时注重开阔海外视野，从工作室、实验室到模拟和技术空间学院拥有一流的设施，通过实习和协作使学生拥有大量成长机会，能够让学生在所学内容中寻找意义，为具有技能和知识的社区创建解决方案。义安理工学院具有超越教科书和地理界限的整体教育，课程旨在激发学生对学习的热爱，同时让他们具备在未来的劳动力队伍中茁壮成长的技能。学院有由学生、校友和教职员工组成的未来准备校园，以数字方式支持、创新、进步，为未来经济做好准备；有多样化的成功理念，认为教育是培养学生的才能和兴趣，每个学生都有机会发现并充分发挥其潜力。超越课堂学习，不再局限于课堂或时间表，让每个学生通过在行业和社区中的学习，获得跨学科学习的体验和国际化的视野。

### （三）培养创新创业精神，校企之间密切合作

新加坡职业教育注重创新精神培养，密切开展校企合作。例如，淡马锡理工学院在课程理念上不仅注重向学生传授实用知识，同时也注重培养学生的创新精神。所有课程都为学生未来的教育深造及事业发展奠定扎实的基础。同时，学院还同企业界紧密合作，安排学生到企业中实习，造就高品质的学术环境和非凡的学术成就。学院的毕业文凭在东南亚及英联邦

国家申请海外就业通用，在国际上被 140 余所知名大学认可。

义安理工学院以"培养具有 21 世纪能力、在职场和社会上受到重视的终身学习者"作为教育使命，通过 9 所学术学校提供 36 门全日制文凭课程及 3 门普通入学课程，同时开设许多实用且受欢迎的课程。基于行业对未来发展的需求，学生在课程中学习并具备如自动化和机器人技术、企业管理、业务发展及市场营销、社区护理与发展等相关专业技能和生活方式。

南洋理工学院自办学以来始终以"能干的精神、无边界团队合作、创新与企业发展方向、培养与关爱文化"作为核心价值观，以"赋予学习者工作与生活能力，与行业共同创造增长与可持续发展"作为学校的使命愿景和理念。在上述理念的指导下，学院课程努力培养"为未来做准备的人、学习者和工业的纽带"。首先，学院注重工业与工作能力的培养。在学院的战略目标中格外注重参与和发展学校的人才培养，为国家工业发展、学生未来工作做好准备。学院以员工敬业度、幸福度以及能力与领导力发展作为评判指标，在课程、项目、实习中共同培养学生，与行业密切协作、与工业共同创造价值。南洋理工学院通过创新教学方法和以行业为中心的项目，为学生在人生的下一阶段提供领先起点。学生不仅能够做好学业准备，而且能够为未来做好准备——能够应付生活、事业或继续教育中对自身造成的影响。学院通过利用强大的行业合作伙伴网络，与本地和国际公司进行宝贵的实地工作培训，学生在当地甚至国外优秀公司获得实习机会，学院为学生准备广泛的海外项目，鼓励学生参加比赛或参加文化浸入式课程，包括学习之旅、文化浸入计划、教育之旅和青年探险计划等，为学生提供学习和亲身体验机会。学院每年的毕业生就业调查显示，南洋理工学院的学生一直受到多个行业雇主的认可，许多毕业生也去了本地或海外的大学，继续在擅长的学习领域深造。同时，在精神教育方面，学院通过社区服务等活动让学生认识到回馈社会的重要性。其次，学院注重学习与生活能力的培养。南洋理工学院通过劳动力终身学习战略、渐进式课程、引人入胜的体验、整体发展与福祉观念的学校教育，最大限度地发挥学习者的潜力。

共和理工学院致力于营造终身学习的环境、培养解决问题的技能，是一所以"培养创新创业、有文化专业人员"为办学理念的教育机构，共和理工学院成功实现使命的根本是其信奉和实践"实现最佳心态、一起更强大、机智以承担未来"的价值观，学院要求每位员工都应表现出符合共和理工学院核心价值观的行为。同时，学院以"我们培养个人，让他们与利益相关者合作，利用基于问题的学习，为充满活力的世界做准备"作为办学使命。在上述办学理念的指导下，学院课程努力培养学术知识扎实、具备创业能力、符合学院及社会需求的创新型人才。一方面，学院注重创新创业能力。为支持新加坡人民终身学习，共和理工学院的继续教育学院提供全面广泛的兼职课程，为学生提供各种机会，提高毕业生学习技能，使学生在社会中作为解决问题者、受人尊敬的专业人士和充满激情的公民发挥积极而有意义的作用，帮助学生发展事业，和希望提高工作技能的专业人士获得更好的职业。学院的职业中心还提供一系列活动，如职业研讨会和职业咨询，由专业教育和职业指导顾问进行。学生可以在职业指导顾问的帮助下更好地探索教育和职业选择，通过增强实习体验以更好地适应未来的工作场域，通过青年人才计划获得海外工作经验。此外，共和理工学院致力于培养为未来工作做准备的人才。在校学生需完成为期16至24周的实习，体验梦寐以求的职业，发现各种职业道路，并获得实际工作经验和可转移技能。学生还有机会与学院的行业合作伙伴共同开展合作项目。学院还注重与行业进行协作，通过开展职业与机会博览会等活动，为学生提供就业实习机会。在行业合作伙伴的大力支持下，共和理工学院的实习计划旨在为学生提供工作环境的第一手体验，并鼓励学生应用从课堂获得的知识、技能和技术。另一方面，学院注重学术基础。共和理工学院除了全日制文凭和终身学习课程，还提供专业课程，以扩展学生其他学科的知识。

### （四）培养全面发展人才，开发丰富多彩活动

除了各种实用技能的培养，新加坡职业教育还注重开发丰富多彩的活动来促进学生全面发展。例如，新加坡理工学院致力于培养和造就有决心在艺术、体育等领域实现梦想的人才。学生的生活应该是课程和社会经验之间的平衡，学生发展部致力于帮助学生挖掘潜力、激发激情，同时发展领导力和生活技能，通过提供一系列激动人心的课外活动将学生培养成全面发展的年轻人，为未来生活做好准备。

淡马锡理工学院通过开展大量丰富的活动来培养和激发学生的兴趣。通过许多学生主导的活动（包括艺术表演、最新创新理念的项目展示、充满活力的体育文化和学生创业活动）释放出巨大的创意能量，将淡马锡理工学院打造为能够培养学生智力与创意的活动中心。此外，淡马锡理工学院还有种类丰富的体育项目，经过多年的顽强训练，学院的许多高水平运动队在各种运动会上持续取得了不俗的成绩。通过学生会和制宪俱乐部、课外活动与兴趣小组等，为学生提供领导力发展机会，服务、领导并积极影响学生社区，在此过程中扩展和磨炼学生的领导技能，培养学生非学术领域的能力，打造有趣和充满活力的校园。

南洋理工学院通过共建与维持创新创业文化、数字化转型、多学科协作等项目，重点发展创新与进取文化，通过 35 门以上的全日制文凭课程和普通入学课程提供优质教育和培训，通过一系列普通研究模块（GSM）为学生提供多样的教育，这些主题涵盖广泛的选择，让学生接触到其他感兴趣的领域。通过核心和选修课跨学科 GSM 的组合，让学生获得全面、实用的知识。南洋理工学院还拥有一整套继续教育和培训选项，通过可供选择的 80 多项共同课程活动来服务终身学习。此外，南洋理工学院具有充足的学生资源、完善的服务和设施，注重培养个人发展和多元化人才，使院校生活充满活力。

共和理工学院同样认识到培养学生的各种才能和丰富他们的经验的重要性，鼓励充满活力的学生生活。校内设有大约 100 个共同课程活动，帮助学生发现他们的兴趣和才能，促进友谊和社区参与感，学生还可以在共和理工学院的 3 个年度节日中体验不同类型的音乐、舞蹈、戏剧和视觉艺术。

## 二、课程结构

新加坡的职业教育以五大理工学院为主，其文凭课程基本格局经历了从 20 世纪 60 年代"劳动密集工业"、70 年代"技能密集工业"、80 年代"科技密集工业"、90 年代"创新与科研工业"，到 21 世纪"知识主导经济"、未来"数据时代"的经济发展进程，形成了航空工程、化工、电子信息、金融、生物医药、物流与供应链、精密工程、专业服务等产业群的基本格局。为契合支柱产业及未来产业的发展，新加坡教育部规划了应用艺术、环境建设、工商管理、工程科学、健康科学、人文科学、数字信息、海事科学、媒体设计、应用科学、教育与服务等 12 大门类。各学校可根据产业发展需要，从这 12 大门类中自主开发新的文凭课程。目前 5 所理工学院共提供 251 门大专文凭课程，理工学院的大专文凭课程相对于新加坡国内所提的专业及专业目录略有区别，其更强调科目（即新加坡国内所讲的课程、项目）的设计，在开发逻辑和内容上更加合理。开发学术专业，实质是开发课程或项目。各理工学院在所开设的专业课程下，结合自身资源优势，形成了符合学校实际、独具特色的课程结构（见表 7-1）。

表 7-1　理工学院课程结构表

| 学校 | 院系 | 文凭及课程设置 | 课程结构特色 |
|---|---|---|---|
| 新加坡理工学院 | 建筑与建筑环境学院、商学院、化学与生命科学学院、计算学院、电气与电子工程学院、生活技能与沟通学院、媒体艺术与设计学院、机械与航空工程学院、数学与科学学院、专业和成人继续教育学院、新加坡海事学院 11 个学院 | 30 门全日制文凭课程，68 门大专文凭课程，3 门理工基础课程，492 门继续教育课程 | CDIO 教学模式指导下的课程结构 |
| 义安理工学院 | 商业与会计学院、设计与环境学院、工程学院、人文与社会科学学院、健康科学学院、电影与传媒学院、生命科学与化学技术学院、跨学科研究学院、信息通信技术学院、继续教育学院 10 个学院 | 开设 51 门大专文凭课程 | "少教多学"教学模式指导下的课程结构，注重培养 "T" 型人才 |
| 淡马锡理工学院 | 应用科学学院、商学院、设计学院、工程学院、人文与社会科学学院、信息学与信息技术学院 6 个学院 | 开设 44 门大专文凭课程（专业）和 40 门业余大专文凭课程 | 课程设计注重"以学生为中心"，广告、时尚设计类专业突出 |

续表

| 学校 | 院系 | 文凭及课程设置 | 课程结构特色 |
|---|---|---|---|
| 南洋理工学院 | 应用科学学院、工商管理学院、设计与媒体学院、工程学院、健康与社会科学学院、信息技术学院和基础与普通研究中心6个学院 | 开设50门大专文凭课程 | 教学工厂模式指导下的"双轨制"课程结构 |
| 共和理工学院 | 应用科学学院、工程学院、酒店管理学院、信息通信学院、管理传播学院、体育健康与休闲学院、艺术技术学院7个学院 | 开设38门大专文凭课程 | 问题导向模式指导下的课程结构 |

### （一）新加坡理工学院的课程结构

在课程开设方面，新加坡理工学院有建筑与建筑环境学院、商学院、计算学院、化学与生命科学学院、电气与电子工程学院、生活技能与沟通学院、数学与科学学院、媒体艺术与设计学院、专业和成人继续教育学院、机械和航空工程学院、新加坡海事学院十一大院系，应用科学、建筑环境、商业管理、工程、健康科学、信息数字、海洋研究等8大全日制课程种类，共30门全日制文凭课程，10个基于广泛的跨学科技能和价值观的共同核心课程模块，492门继续教育课程，以及选修模块课程和辅助课程。

在课程安排方面，新加坡理工学院一个学年分成两个学期、四个阶段：第一学期15周，分为第一、第二两个阶段，第一阶段7周，之后有3周假期，第二阶段8周，之后有2周考试和6周假期；第二学期也是15周，分为第三、第四两个阶段，第三阶段8周，之后有3周假期，第四阶段7周，之后有2周考试和6周假期。四个阶段总周数为52周。授课的时间分为上课、辅导和实习三部分，每周总课时不超过26学时，课程种类分为考试和非考试两种，每门课由几个评估项目组成，每个项目都有其比重，考试课程包括测验、作业及考试内容，非考试课程包括测验、作业、试验报告和作业汇报。

在课程评价方面，新加坡理工学院的课程普遍采用学分制，学分制是"高等学校的一种教育管理制度，以学分作为学习分量的单位，以取得一定数量的学分作为毕业的标准"[①]，即学生需完成 15 个科目的学习，包括 6 门核心课程和 9 门选修课程，每门课程为 3 个学分，学生需取得 45 个学分方可毕业。而学生的成绩绩点（GPA）成绩将决定其可以申请的大学等级。如果将 4 分满分的 GPA 等级分为 3.6～4 分、3.2～3.6 分、3.0～3.2 分、2.8～3.0 分、2.4～2.8 分、2.0～2.4 分、2.0 分以下几档，则不同档位的成绩对应可以申请到不同的大学。

在课程特色方面，2002 年新加坡理工学院引入 CDIO，并在 2003 年率先在电气与电子工程学院试行 CDIO 实施框架，2004 年成为 CDIO 的全球合作者。CDIO 代表构思（conceive）、设计（design）、实施（implement）和运作（operate），是"做中学"和"基于项目的教育和学习"（project based education and learning）的集中概括和抽象表达。[②]如今，新加坡理工学院各专业的课程结构均体现出 CDIO 教育理念与特色，其中土木与结构工程、媒体与资讯、信息技术、健康科学、化学与生命科学、海洋研究以及商业、金融和法律等专业较早融入了 CDIO 框架体系中。按规模和范围一般分为三级，一级项目为包含本专业主要核心课程和能力要求的项目，二级项目为包含一组相关核心课程、能力要求的项目，三级项目是为增强该门课程能力与理解而设的项目。三级项目的设立形式，由各门课程根据大纲需要确定，按照学生学习进程，以学习成果为导向，由简单到复杂设置课程或企业项目。整个课程体系以项目为主线，把专业知识、能力、素质等培养目标融入项目教学过程中。特点是学习内容都围绕项目核心进行，并与核心融合成一个整体。通过三年的教学安排，合理规划课程项目、综合项目等，把基础课程（入学条件）、公共课程、专业基础课程、专业课程等内容，以及应达到的能力目标，如创新能力、交流合作能力、技术与职业道德以及走向社会后应具备的项目管理等能力要求融于项目中，并通过实施项目

---

① 周清明. 中国高校学分制研究：弹性学分制的理论与实践 [M]. 北京：人民出版社，2008：150.

② 任常愚，丁红伟，尹向宝，等. 基于 CDIO 的应用物理学专业人才培养模式的探索与实践 [J]. 高师理科学刊，2013（2）：94-97.

培养学生的综合应用能力，循序渐进，逐步提高。[①]学生在实施项目的过程中学习、探索、应用知识，掌握实际项目开发的工作流程、组织与管理，培养 CDIO 能力。下面以新加坡理工学院电气与电子工程专业为例，讲解新加坡理工学院在 CDIO 模式指导下的课程结构（见表 7-2）。

表 7-2　电气与电子工程专业文凭课程结构一览表

| 年级 | 学期（课程类别） | 课程名称 | 教学说明 |
|---|---|---|---|
| 一 | 两学期（通用课程） | 结构化编程；计算机辅助设计绘图；网络基础；数字电子 1；数字电子 2；电气和电子工程原理 1；电气和电子工程原理 2；工程简介；工程设计与解决方案；数据流畅度；批判性分析思维；叙事思维；基础数学；工程数学 I；教育和职业指导等 | 一级项目，旨在激发学生的学习兴趣，了解今后的工作方向 |
| 二 | 两学期（核心课程与选修课程） | 电路理论与分析；微控制器应用；电气安装设计；数字系统设计；晶圆制造基础；工程师物理学；可编程逻辑控制器（PLC）应用程序；项目沟通（报告）有效性；社会创新项目；工程师统计与分析；工程数学 II；人工智能及其影响；职业发展（选修 1、选修 2） | 二级项目，以锻炼学生与企业接触、了解社会为目的，结合专业核心课程设计，旨在使学生牢固掌握专业基础内容，为后续发展奠定基础。结合应用、解决实际问题，培养学生实际应用能力，以及服务社会的责任意识 |

① 陈文杰，任立军，张林，等 . 新加坡理工学院基于 CDIO 模式的项目教学改革 [J]. 职业技术教育，2009（35）：91-93.

续表

| 年级 | 学期（课程类别） | 课程名称 | | 教学说明 |
|---|---|---|---|---|
| 三 | 两学期（专业课程与实践项目） | 实习计划（22周）、专业效率沟通、选修3、专业课程之一的4个模块 | 生物医学：解剖学和生理学；生物医学仪器设计与应用；生物医学设备与实践；机器人技术 | 三级项目，单门课程是为增强学生对该门类课程的能力与理解而设的项目。可以深化培训 |
| | | | 通信：数字信号处理；沟通原则；卫星和光通信；无线技术应用 | |
| | | | 微电子学：集成电路测试；质量和可靠性；集成电路设计；先进的晶圆制造技术 | |
| | | | 机器人学＆控制：系统与控制；机器人技术；智能传感器和执行器；数字制造技术 | |
| | | | 力学：电力电子和驱动器；输配电；电力系统分析；智能电网和储能 | |
| | | | 快速运输技术：快速传输信号系统；快速交通系统；智能传感器和执行器；沟通原则 | |

资料来源：笔者根据以下资料整理。

Singapore Polytechnic，Singapore.Electrical & electronic engineering[EB/OL].（2021-11-17）[2022-01-21]. https：//www.sp.edu.sg/engineering-cluster/eee.

### （二）义安理工学院的课程结构

义安理工学院是新加坡政府创立的5所理工学院之一，同时也是世界一流的职业院校，具有39门全日制文凭课程，200门短期课程，商业与会计学院、设计与环境学院、工程学院、人文与社会科学学院、健康科学学院、电影与传媒学院、生命科学与化学技术学院、跨学科研究学院、信息通信技术学院等9个学院，1个继续教育学院和100多个课外活动俱乐部。

义安理工学院始终坚持"学生是学习的主体，学生有自主学习主动探索的能力与潜力"理念。教师应作为学生学习的"指导者"与"引路人"，而非单一通过讲授进行"填鸭式"教育。义安理工学院注重培养学生动手

实践的能力，主张在课堂上"少教多学"。教师在课堂教学的设计上应多考虑学生展示、讲课、提问、角色扮演、游戏、讨论、自我测试等灵活多样的教学活动，少安排一点"教"的时间，多安排一点学生"学"的时间。作为新加坡第一所具有宽带网的理工学院，高科技在教学中应用广泛，学生可以使用手提电脑自主学习，是典型的"无纸化"学院。除此之外，义安理工学院旨在培养知识面广且专业性强的"T"型人才。课程结构在前两年的学习中，重在拓宽学习的广度，学生通过大量的跨专业领域的学习形成"T"字形中的"—"人才，第三年，重在加强学习的深度，根据学生选择的专业方向，进行深入学习以精通专业技能，形成"T"字形中的"|"人才。[①]在以上理念指导下，义安理工学院形成了自己独具特色的课程结构，下面以义安理工学院护理专业为例进行说明（见表 7-3）。

表 7-3　义安理工学院护理专业文凭课程结构一览表

| 年级 | 学期 | 课程名称 | 教学说明 |
|---|---|---|---|
| 一 | 上学期 | 行为科学；临床实践 1.1（2 周）；护理学基础；人类生物科学 1.1；Excel 数据分析简介；护理技能实验室 1.1；英语语言表达；创新成为可能 | 了解人体解剖学和生理学，了解护理和药理学的基本知识 |
| | 下学期 | 临床实践 1.2（3 周）；老年医学与社区护理；人类生物科学 1.2；药理学导论；护理技能实验室 1.2；沟通要点；健康与保健 | |
| 二 | 上学期 | 临床实践 2.1（6 周）；综合护理科学 2.1；护理研究导论；法律、道德与卫生保健；护理技能实验室 2.1；世界问题：新加坡的视角 | 了解护理研究、心理健康护理和姑息治疗，并学会照顾妇女和儿童 |
| | 下学期 | 临床实践 2.2（6 周）；综合护理科学 2.2；心理健康护理与姑息治疗；护理技能实验室 2.2；妇女和儿童健康 | |

① 李文璟 . 新加坡义安理工学院职业教育的特色及启示 [J]. 郧阳师范高等专科学校学报，2016（4）：139-141.

续表

| 年级 | 学期 | 课程名称 | 教学说明 |
|---|---|---|---|
| 三 | 上学期 | 综合护理科学3.1；护理管理与专业发展；护理技能实验室3.1；跨学科研究（IS）模块 | 了解如何管理危及生命的疾病，并在医院环境中照顾患者。还可以更好地了解自己作为注册护士的未来角色 |
| | 下学期 | 临床实践3.2（4周）；临床实践（专业）（5周）；医疗保健职业和专业准备（护理）；毕业注册前综合训练 | |

资料来源：笔者根据以下资料整理。

Ngee Ann Polytechnic，Singapore.Diploma in nursing[EB/OL].（2021-12-14）[2022-01-21]. https：//www.np.edu.sg/hs/pages/nsg.aspx.

如表7-3所示，在专业、基础课程方面，护理专业根据医院护理岗位所需要的知识、技能、态度来开设课程，以护理技能培养和系统疾病为主线来设置课程，避免教学内容的重复，主要专业是护理学基础、综合护理科学、护理技能实验室。义安理工学院的护理专业学制3年，第三学年的大部分时间是临床实习，严格遵循"少教多学"理念，紧密结合临床实践。新加坡护士的临床实践课程贯穿于学习的不同阶段，他们从学习护理专业起就接受护理知识培训，并且有机会进入医院体验真正的护理工作。义安理工学院护理专业的实践授课是边教学、边实习、边训练。护理技能的学习主要根据各项操作的难易程度逐渐增加难度。在通识课程方面，新加坡为了培养综合素质高的人才，让学生更加了解自己，为学生因经济困难而转行准备，设置了很多跨专业的课程，大致占总课程的15%，如沟通技巧、企业入门、艺术与人文、科学与科技、生命科学等。

此外，为更好反馈学生对课程的学习情况，义安理工学院不同科目也有相对应的学分设置，同样以义安理工学院护理专业为例，具体学分设置如表7-4所示。

表 7-4　义安理工学院护理专业文凭课程结构一览表

| 学年 | 学期 | 课程名称 | 学分 |
|---|---|---|---|
| 第一学年 | 上学期 | 行为科学 | 3 |
| | | 护理学基础 | 4 |
| | | 人类生物科学 1.1 | 4 |
| | | Excel 数据分析简介 | 2 |
| | | 护理技能实验室 1.1 | 6 |
| | | 英语语言表达 | 0 |
| | | 创新成为可能 | 3 |
| | 下学期 | 临床实践 1.2 | 4 |
| | | 老年医学与社区护理 | 3 |
| | | 人类生物科学 1.2 | 4 |
| | | 药理学导论 | 2 |
| | | 护理技能实验室 1.2 | 6 |
| | | 沟通要点 | 3 |
| | | 健康与保健 | 1 |
| 第二学年 | 上学期 | 临床实践 2.1 | 4 |
| | | 综合护理科学 2.1 | 6 |
| | | 护理研究导论 | 3 |
| | | 法律、道德与卫生保健 | 2 |
| | | 护理技能实验室 2.1 | 6 |
| | | 世界问题：新加坡的视角 | 2 |
| | 下学期 | 临床实践 2.2 | 4 |
| | | 综合护理科学 2.2 | 6 |
| | | 心理健康护理与姑息治疗 | 3 |
| | | 护理技能实验室 2.2 | 6 |
| | | 妇女和儿童健康 | 3 |
| 第三学年 | 上学期 | 综合护理科学 3.1 | 6 |
| | | 护理管理与专业发展 | 3 |
| | | 护理技能实验室 3.1 | 8 |
| | | 跨学科研究（IS）模块 | 4 |

续表

| 学年 | 学期 | 课程名称 | 学分 |
|------|------|---------|------|
| 第三学年 | 下学期 | 临床实践 3.2 | 6 |
| | | 临床实践（专业） | 4 |
| | | 医疗保健职业和专业准备（护理） | 1 |
| | | 毕业注册前综合训练 | 12 |

资料来源：Ngee Ann Polytechnic，Singapore.Diploma in nursing[EB/OL].（2021-12-14）[2022-01-21].https：//www.np.edu.sg/hs/pages/nsg.aspx.

### （三）淡马锡理工学院的课程结构

淡马锡理工学院开设有应用科学学院、商学院、设计学院、工程学院、人文与社会科学学院、信息学与信息技术学院 6 大学院，共 44 门全日制大专课程和 40 门业余课程，其中以设计类专业最为出名，在这里每名学生的潜能都能获得充分发挥。下面以传播设计专业文凭为例讲解淡马锡理工学院课程结构（见表 7-5）。

表 7-5　淡马锡理工学院传播设计专业文凭课程结构一览表

| 年级 | 学期 | 课程类别及名称 | 教学说明 |
|------|------|--------------|---------|
| 一 | 两学期 | 基础课程：沟通与信息素养；工作场所沟通；有效沟通；当前问题与批判性思维；创新与创业；领导力：基本属性与实践 1；领导力：基本属性与实践 2；领导力：基本属性与实践 3；运动与健康；职业准备 1；职业准备 2；职业准备 3；全球研究；管理工作中的多样性；全球公民与社区发展；文化表达；引导式学习<br><br>核心课程：创意与视觉素养；设计基本原理；协作设计；字体排印学；数字要点；摄影；平面设计史；图形风格化与技术 | 使学生了解需要学习的大部分基本知识，从数字工具包到摄影、编辑工作、排版等。磨炼学生的设计敏感性，激发学生形成自己的风格与方式 |

续表

| 年级 | 学期 | 课程类别及名称 | 教学说明 |
|---|---|---|---|
| 二 | 两学期 | 核心课程：工作室项目1；工作室项目2；工作室项目3；屏幕设计；屏幕2的设计；广告；触觉设计；动感图形；打印设计<br><br>选修课程：图像设计（视觉叙事、图像制作技术）；品牌设计（品牌战略）；集成通信（数字生态系统设计、综合运动） | 学生开始专攻，可以在导师的建议下选择品牌设计、集成通信或图像设计等领域，保持学生的创意流动 |
| 三 | 两学期 | 基础课程：学生实习计划<br><br>核心课程：趋势与研究；行业工作室项目<br>主要项目：CMD | 通过16周的本地或海外实习，走进设计工作室、品牌咨询公司、广告公司和传播公司等广阔天地，这次学习之旅将是学生获得技能、知识和经验的机会 |

资料来源：Temasek Polytechnic，Singapore.Diploma in communication design[EB/OL].（2021-12-12）[2022-01-21]. https：//www.tp.edu.sg/schools-and-courses/students/schools/des.html.

　　淡马锡理工学院的不同学科也有相对应的学分设置，在第一学年，所有学生将完成公共课程的学习，满足共同课程学分要求的学生都将在第一学年结束时，选择符合学习兴趣的文凭课程，并进入第二学年的学习。同时，淡马锡理工学院学生的毕业也受到学分要求的限制，毕业应达到的学分条件如表7-6所示。

表 7-6　淡马锡理工学院传播设计专业文凭学分要求

| 科目 | 学分 |
|------|------|
| 基础科目 | 36 |
| 文凭科目 – 核心科目 | 92 |
| 文凭科目 – 选修科目 | ≥ 6 |
| 已完成的总学分 | ≥ 124 |

资料来源：Temasek Polytechnic，Singapore.Diploma in communication design[EB/OL].
（2021-12-12）[2022-01-21]. https：//www.tp.edu.sg/schools-and-courses/
students/schools/des.html.

### （四）南洋理工学院的课程结构

在课程开设方面，南洋理工学院下设应用科学学院、工商管理学院、设计与媒体学院、工程学院、健康与社会科学学院、信息技术学院和基础与一般研究中心，通过 35 门以上的全日制文凭课程和普通入学课程，提供优质教育和培训。学院拥有一整套继续教育和培训选项，从专业文凭、高级文凭到技能未来模块课程作用于终身学习。

在课程安排方面，南洋理工学院的学制为三年，学院根据"教学工厂"的理念编制课程，即学生在三年的学习中，犹如处在一个大企业的各个部门，既接受完整有效的理论知识教育，又接受来自"教学工厂"的行之有效的实践技能培训。[①]在第一、第二学年学习基础课程，第三学年学习专业课程，课程安排采用"双轨制"（如图 7-1 所示），这种课程模式能最大化利用教师教学资源，配合企业项目需求，保证学生到企业顶岗实习的连续性。此外，学院根据专业要求将主课与辅助课严格分开，按照一定的课时比例安排各学期的课程结构情况，辅助课程又叫互补课程，可以是法语课、日语课等语言课，也可以是营销类课程，或者体育运动队、文化艺术团、创新学会等。下面以机器人与机电一体化专业为例讲解新加坡南洋理工学院"双轨制"课程结构（见表 7-7）。

---

① 覃敬新 . 南洋理工学院的 "教学工厂" 理念 [J]. 机械职业教育，2010（01）：59-60，63.

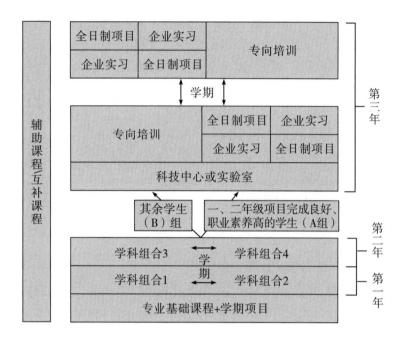

图 7-1 专业基础课程与学期项目 [①]

## 表 7-7 机器人与机电一体化专业课程结构

| 年级 | 学期（课程类别） | 课程类别及名称 | 教学说明 |
|---|---|---|---|
| 一 | 两学期（基础课程） | 代数、微积分、编程、电气原理、力学基础、工程简介、工程绘图和建模、材料技术、热流体、有效的沟通技巧、创新与企业的基本原理、工程勘探项目、工作场所数字技能、一般研究 | 课程由两个相互独立的学科组（program modules）组成，将学生分为 A、B 两组。A 组学生可以在第一学年第一学期中学习学科组 1（工程有关课程），B 组学生学习学科组 2（电子有关课程），两组学生在学习完后完成相应学期项目。在第一学年第二学期，A、B 两组互换学科组继续学习 |

---

① 笔者根据 Nanyang Polytechnic，Singapore.ROBOTICS & MECHATRONICS[EB/OL].（2021-11-30）[2022-01-21].https：//www.nyp.edu.sg/schools/seg/full-time-courses/robotics-and-mechatronics.html. 自制。

续表

| 年级 | 学期（课程类别） | 课程类别及名称 | 教学说明 |
|---|---|---|---|
| 二 | 两学期（基础课程） | 微分方程＋系列、概率与统计、自动控制、设备连接和编程、电机、机器人系统与外围设备、机械设计、微控制器应用、质量保证、热流体、塞梅斯特尔项目、一般研究 | 第二学年同第一学年，在第一学期，一组学生学习学科组3（机械设计类课程），完成相应学期项目；另一组学生修读学科组4（控制类课程），并完成学期项目。第一学期结束后进行互换学习 |
| 三 | 两学期（专业课程） | 航空航天技术：<br>核心模块：塞梅斯特尔项目、航空航天制造系统、航空航天材料与NTT技术、专业与人际沟通技巧、一般研究<br>选修模块（选择两个）：计算机辅助工程、可靠性与故障分析、飞机推进系统、系统与控制 | 第三学年开始专业方向的培训。机电一体化工程分为四个专业方向：航空航天技术、自动化与机器人技术、晶圆制造技术及生物医学工程。第三学年的教学仍采用"双轨制"，但与前两个学年有所不同：学生在第五学期分为两个大组，一个大组修读专业方向课的学科组5，并完成学期小型项目5；另一大组分为两个小组，分别完成毕业项目和企业实习，6周后，这一大组的两个小组互换课程，第六学期两个大组再交替轮换 |
| | | 自动化与机器人技术：<br>核心模块：塞梅斯特尔项目、运动控制与驱动、自动化系统设计、专业与人际沟通技巧、一般研究<br>选修模块（选择两个）：机制设计与模拟、通信与网络、晶圆制造工艺、智能系统、系统与控制 | |
| | | 晶圆制造技术：<br>核心模块：塞梅斯特尔项目、半导体技术、晶圆制造工艺、专业与人际沟通技巧、一般研究<br>选修模块（选择两个）：真空技术与射频等离子体、通信与网络、纳米材料科学、电子材料、系统与控制 | |
| | | 生物医学工程：<br>核心模块：塞梅斯特尔项目、解剖学和生理学、生物医学制造技术、专业与人际沟通技巧、一般研究<br>选修模块（选择两个）：生物材料、医疗和辅助设备、系统与控制 | |

资料来源：Nanyang Polytechnic，Singapore.ROBOTICS & MECHATRONICS[EB/OL].（2021-11-30）[2022-01-21].https：//www.nyp.edu.sg/schools/seg/full-time-courses/robotics-and-mechatronics.html.

在课程评价方面，南洋理工学院采用学分制，将学生的不同学分划分为不同等级，学分与等级按照所得分数的比例相互对应，得分小于总分一半的学生，学分为 0，等级为 F；得分小于 60% 的学生，学分为 1 ～ 1.5，等级为 D；得分小于 70% 的学生，学分为 2 ～ 2.5，等级为 C；得分小于80% 的学生，学分为 3 ～ 3.5，等级为 B；得分大于等于 80% 的学生，学分为 4，等级为 A。此外，对于等级中合格或不合格的模块，还有其他判定。另外，当学生通过本模块学习并获得全额学分，在"有足够和可接受的相关先前学习或培训"的条件下，根据自身情况可选择申请获得相应模块的学分转移。

## （五）共和理工学院的课程结构

共和理工学院下设有应用科学学院、工程学院、酒店管理学院、信息通信学院、管理传播学院、体育健康与休闲学院、艺术技术学院 7 个学院。它是新加坡目前最年轻的一所国立理工学院，采用独具特色的教学模式，推行 PBL（基于问题式学习）教学方法，这种教学模式的重点在于培养学生终身学习、解决实际问题的能力，塑造团队合作精神。共和理工学院的学生在校 3 年，6 个学期，需修 30 个学科。共和理工学院采取每学期学习5 门课程，周一至周五每天学习一门学科，将一个班级分为若干小组，并形成团队，由课程专任教师指导，根据学科内容结合实际情况设计出一个问题，每天解决一个问题，到学期末解决完所有学科问题。这种教学模式，即为"一天一题"教学模式。下面将以工业和运营管理专业文凭课程为例进行说明（见表 7-8）。

### 表 7-8　工业和运营管理专业文凭课程结构一览表

| 年级 | 学期（课程类别） | 课程名称 | 教学说明 |
|---|---|---|---|
| 一 | 上学期（基础课程） | 批判性思维和解决问题；全球工作场所的沟通；创新与实践；生活技能Ⅰ；生活技能Ⅱ；生活技能Ⅲ；探索工作的前景；为未来做好准备 | 宽基础课程（同系一年级的课程相同） |
| | 下学期（基础课程） | | |

续表

| 年级 | 学期（课程类别） | | 课程名称 | 教学说明 |
|---|---|---|---|---|
| 二 | 上学期 | 专业课程；实践项目（个人小论文） | 物理；数学；工程设计；工程数学；编程和数据分析；工业物联网基础；运营规划；运营规划二；设施规划与设计；工程成本决策；工程统计方法；库存管理；制造规划与控制；个人专业领域研究与分析（实践项目） | 小班（25人）上课，专业课程和实践项目课程（个人的专业领域研究与分析、小型论文及小组毕业设计）同时进行，专业课程每周一天一题，实践项目每周一天 |
| | 下学期 | | | |
| 三 | 上学期 | 专业课程；实践项目（小组毕业设计） | 精益制造和六西格玛；人为因素工程；项目管理；质量管理；质量和可靠性工程；人力资源管理；商业金融；分销和运输；供应链管理；小组毕业设计（实践项目） | |
| | 下学期 | | | |

资料来源：Republic Polytechnic，Singapore.Diploma in industrial & operations management(R11)[EB/OL].（2022-01-08）[2022-01-21]. https：//www.rp.edu. sg/SEG/full-time-diplomas/Details/diploma-in-industrial-and-operations-management.

## 三、课程内容

理工学院是新加坡职业教育的主体执行机构。新加坡中学毕业生每年约有25%进入公益教育学院，40%～45%进入理工学院学习。[1]理工学院一方面作为新加坡中学生学习职业技能、取得高级专科文凭的场所，为中学生今后的就业做准备与预演；另一方面也作为中学毕业生进入高等教育学府的预修班。新加坡的理工学院在课程内容的设置上拥有渐进性、前沿性与实用性三大特点。新加坡的5所理工学院在这三大特点的基础上根据学院优势的不同，各自拥有自己的核心专业。例如，新加坡理工学院的海运研究、义安理工学院的电影与媒体研究、淡马锡理工学院的广告设计专业、南洋理工学院的数字媒体专业等。

---

[1]　VARAPRASAD N. 50 years of technical education in Singapore：how to build a world class TVET system[M].Singapore：World Scientific Publishing Co.Pte Ltd.，2016.

### （一）课程阶段设计遵循渐进性原则

理工学院在课程内容设置上遵循循序渐进的原则，学生的课程阶段设置从理论逐步过渡到实践，学生在实践过程中通过对实际情况进行研讨与探究，进一步扩充自身理论，完成最后从实践到技能认证的过程。以新加坡理工学院的海运研究专业为例，学生在海运研究专业的学习需要经历 5 个普通学期与 1 个实习学期，新加坡理工学院开设了海洋工程（marine engineering）、海运业务（maritime business）与航海研究（nautical studies）3 门课程。课程的最终目的是协助学生获得能够出海航行的能力，并通过新加坡海事和港务局的认证，取得海洋工程文凭。

海运研究专业的课程内容主要分为实践训练、案例研究、讲座学习与研究考察，主要对应学生学习理论、实践技能与为技能考试准备 3 个阶段。在第一阶段中，学生将会进行 18 个月的出海入职培训，主要掌握基本职业安全及与海员相关的安保培训课程。第二阶段是学生在经过第一学年的理论知识学习之后，在第二学年中进行为期 12 个月的海上训练，在实践中掌握技能的同时，也能够通过团队合作分析收集到的经验，将实践经验转化为理论知识，进而获得全面的学习经验。在第三阶段中，学生能够通过自由选择前往海上或岸上进行实习来应用所学知识。参加航海实习的学生还将能够记录他们 6 个月的航海经验和时间，以便有资格参加由新加坡海事和港务局进行的五级轮机长资格证书考试。选择在岸上海事公司实习的学生也将能更好地应用他们从造船厂或工程公司学到的海军建筑和海洋工程知识（见表 7-9）。

表 7-9　新加坡理工学院海运研究课程三阶段

| | |
|---|---|
| 第一阶段：出海前入职培训（18 个月） | 新加坡理工学院的这门出海前入职培训课程为期 3 个学期，学生将作为船上的见习生，教师会向学生传授海员所需的基本知识和技能。在课程期间，学生还应参加经批准的《1978 年海员培训、发证和值班标准国际公约》（STCW）基本职业安全和安保培训课程 |
| 第二阶段：海上培训和通信（12 个月） | 在此阶段，学生接受船上培训，并遵循结构化培训计划，其中包括函授课程、完成相应培训课程和记录评估。学院的培养目标在于要培养出能够承担航海军官的责任的航海士。如果学生要获得航海研究文凭和三级资格证书，他们至少需要完成 12 个月的海上培训 |

续表

| 第三阶段：新加坡理工学院全日制学习（6个月） | 海运研究文凭课程的最后学习阶段（时长一个学期），主要包括三级资格证书预备课程，要获得三级资格证书，学生必须通过海事和港务局口试和模拟考试。如果学生持有相应文凭，则可免于参加新加坡海事和港务局举办的三级资格证书的书面部分考试 |
| --- | --- |

资料来源：Singapore Polytechnic. Diploma in nautical studies (DNS) EAE/DAE only[EB/OL].（2022-1-13）[2022-01-21].https：//www.sp.edu.sg/sma/courses/full-time-diplomas/nautical-studies.

### （二）专业课程设置精细化

培育技能型人才、缓解新加坡市场的人力资源短缺问题是新加坡职业教育的重要目的之一。新加坡的经济发展迅速，市场对新技能型人才的需求也在不断变更，为了培育出符合新加坡劳动力市场需求的人才，新加坡的理工学院在课程内容安排上紧跟市场潮流、课程设置十分灵活，课程设置也趋近于精细化。首先，新加坡政府引导的理工学院在课程设置上与就业岗位紧密挂钩；其次，新加坡独特的技能鉴定与认证体制使理工学院的毕业生们在上岗就业前需取得国家职业技能证书，这些职业技能证书划分细致，并与理工学院的课程设置相对应。

理工学院的教师们也会根据企业的需求对课程内容与教材进行及时更新与调整。通过这种方式编写出来的内容具有较强的前沿性，并且与市场需求接轨。以理工学院的应用艺术类专业设置为例，2020年的应用艺术类课程设置与2015年的比较，新增添了动画与视觉效果、设计学、体验与沟通设计、沉浸式媒体与游戏设计、媒体制作与设计、运动图形设计和空间设计7门新专业，同时删去了互动设计、互动媒体设计等7门旧专业。

### （三）专业内容安排贯彻实用主义

新加坡的理工学院在专业课程内容设计上以实用性为主，课程内容上理论部分较为浅显，主要辅助学生解决在进行实践课操作时遇到的实际问题。专业课程内容打破了学科的范畴，与新加坡市场的实际生产方式结合，联系紧密，并围绕新加坡技能标准与认证体系来开设呈现。理工学院的专业课程内容直指企业在运行过程中面临的实际问题，还有学生走上工作岗位之后将会遇到的真实情况。

理工学院校园中的教学设施齐全，并与企业共建了技术学院，这些技术学院能够帮助学生体验到真实的工作环境，并能使学生预见今后行业的走向与趋势，满足学生对未来职业的规划需求。学生在实用主义的专业内容安排下将会获得大量的实践机会，学生在校企协力合作下能够体验行业运行标准，参与行业工作并为行业提出自身的建议，与行业共同成长。

## 四、课程实施

新加坡职业教育充分吸收国际先进教学经验，取各家所长，并结合本土实际情况进行调整，形成了独具特色的教学方式。在具体实施方面，新加坡的理工学院的真实学习环境是在现有教学环境内营造企业的实践环境，追求实践与教学、科研与教学的双融合，例如南洋理工学院"教学工厂"的理念源于"教学医院"的启示。

### （一）构建基于真实学习环境的校园生态系统

在新加坡职业教育发展早期，理工学院的主要定位是为中层职位培养辅助性专业技术人才，但是传统的教学方法以学校教育、理论知识为主，学生毕业后无法顺利衔接到工业岗位当中，不利于新加坡"利用工业化快速创造就业"的经济政策。[①] 因此，理工学院在教学方法上进行了改革，不再进行专业课程和技术类教育共存的混合式办学，而是着重于培养专业技术人才。新加坡的职业教育一向注重学习国际职业教育领域的成功经验，例如德国的双元制职业教育，该教育模式强调对技能型人才的培养，并高度重视理论与实际结合。这样的教学方式与新加坡的市场经济需求不谋而合。新加坡的理工学院汲取双元制职业教育的优点，结合本国实际情况加以改进，形成了一套新加坡独有的教学方式，即让学生在真实学习环境中学习。

虽然将真实学习环境融入教学当中的理念来自世界各地，但是新加坡将这一理念实际落实到了教学当中，形成了一种独有的优秀教学方式。在这种理念的运用之下，新加坡能够培训其劳动力达到真正先进的标准，让

---

① VARAPRASAD N. 50 years of technical education in Singapore: how to build a world class TVET system[M].Singapore: World Scientific Publishing Co.Pte Ltd., 2016.

行业成为培训的亲密伙伴，使学生能够在专门为培训设计的环境中进行培训，这些环境与真实的企业工作环境非常相似，因此在这种环境下学生面临的挑战与他们将在工作场所面临的挑战非常相似。在许多方面，它结合了一流学徒制的大部分优点和一流校本职业教育系统的优点。

### （二）课程与实践相结合的教学模式

理工学院往往会在第三学年为学生提供大量的实习实践机会，学生将被安排到与他们的能力和兴趣相匹配的公司或机构实习。实习使学生有机会将所学知识和技能应用到实际工作中。

义安理工学院秉持"培养创新思维，引领创业精神"的理念，将学生形容成"初露头角的企业家"（budding entrepreneurs）。义安理工学院重视培养学生的创新思维，并强调学生的动手操作能力，"教、练、学"三者紧密结合的思想同时体现在课程内容上。义安理工学院的电影与媒体研究学院是新加坡较为成熟的媒体学院，电影与媒体研究学院主要开设3门课程，分别是媒体后期制作、大众传播与电影、音效与视频。电影与媒体研究学院重视学生在现实中学习，培养学生的创新创业意识，学院为学生创业提供创新平台，也拥有设备完善的工作室和声场空间，让学生能够在一流的行业设备标准下进行学习与实践。学生在第一学年与第二学年中主要以理论学习为主，目的是使学生掌握专业理论的概念和原理，培养学生的专业写作能力、战略规划能力、设计原则认识与相关的基本视频音频制作技术。而在第三学年中，义安理工学院学生能够利用前两个学年所学的概念和应用知识，尝试管理和运营与学院有合作的旗舰单位。学生同时也将获得与外部客户合作和实施项目的机会，进一步磨炼和整合实际技能。学院为学生提供的项目合作主要包括以下几方面：（1）为选定客户制定战略并规划综合品牌传播活动。（2）利用数据洞察为不同目标受众及跨平台定位和制作新闻或其他节目。（3）为客户制作引人入胜的多媒体故事、摄影相册和手机特辑。（4）为社交网络创建动画视频、数字海报、交互式网站或内容。

所有项目都将为学生提供实践机会，学生在进行项目合作当中能够将所学的技术与学校提供的平台和项目合作机制结合起来，在实践中实现预期的市场影响。

### （三）以体验式学习为特征的课程实施方式

新加坡理工学院是新加坡第一所在课程中采用"设计思维"教学法的理工学院，该教学法通过团队合作的解决方式，拓宽学生的创新思维方式，增强学生学习体验。

为学生提供以实践为导向的培训。理工学院教学方式的特点之一是让学生在体验中学习技能与知识。特别是在学习的最后阶段，学生需要与他们的导师一起参与项目。参与项目是一个非正式的纸面练习，但现实生活中的挑战是存在于行业和商业世界中的，能够解决项目实践中的问题意味着学生有能力进入企业工作，成为独当一面的技术人员，不论他们是为生物医学工程公司构建诊断设备，还是为银行开发软件应用程序，或是为商业公司进行市场研究，体验式学习带来的这些经验将对他们今后的工作学习生涯有所帮助。

体验式学习与学生实习计划相融合。体验式学习的教学方式在理工学院为学生提供的工业实习计划上体现得尤为明显。作为其课程学习的一个组成部分，理工学院的工业实习是为了使学生在现实生活的工作环境中获得经验。在跨国公司和中小企业的大力支持下，理工学院的学生甚至在毕业前就能够获得实际工作经验，并了解行业前景。新加坡的职业教育提出，要在整个职业教育的学习过程中贯穿培养 21 世纪技能，使得学生多元化全面发展，而不是仅限于课堂教学，如学术课程、课外活动、个性和公民教育及应用学习课程。[①]

以课外活动为例，新加坡理工学院在课外活动中开展服务型教学。课外活动主要由学生发展部负责。新加坡理工学院重视课外活动，官网上单独有一模块为课外活动，学院认为学生的生活应该是课程和社会经验之间的平衡。学生发展部旨在通过课外活动将学生培养成全面发展的年轻人。新加坡理工学院为学生提供一系列丰富多彩的课外活动，帮助学生发展生活技能，为未来做好准备。课外活动包括艺术、社交等活动。

新加坡理工学院改革传统的以学科为中心的教学模式，实行以能力为中心的教学模式，服务学习旨在培养学生真正理解、关心弱势群体并为弱

---

① 张扬. 国际比较视角下高职学生核心素养的培养路径探究 [J]. 中国高校科技，2017（S1）：39-41.

势群体做出贡献的意愿。根据服务学习的原则，学院认为学生应该在履行服务时向他们服务的人学习。反思是服务型学习所有活动的重要组成部分，因为这有助于学生的个人成长和发展。学院全年组织本地和海外服务学习项目。这些项目符合本地和海外社会的需要，可以是临时性的，也可以是长期性的。学院亦为学生领袖举办青年社区领袖训练计划。

颇具代表性的案例有南洋理工学院的"教学工厂"以及淡马锡理工学院创造的"问题启发式教学法"，其中以"教学工厂"案例尤为突出。"教学工厂"是南洋理工学院的一个标志性概念：学生在入学的头两年学习基础课程，在最后一年进行专业实习，在实践中促进有效学习。这是一个采用实践和应用导向的培训方法的概念，该方法结合了实际的学习工作环境，从中产生了现实和相关的学习经验。该模式将实际企业项目引入教学之中，并将二者融合在一起，形成学院、"教学工厂"、企业三位一体教学模式。"教学工厂"理念的内涵主要体现在三个方面：企业环境、项目开发、学校本位。"教学工厂"的教学培养模式为学生提供了一个完善和有效的学习环境，项目开发则能使学生将所学到的知识和技能应用到多元化、多层次的社会环境当中，也为学生技能的形成和掌握提供了从模拟到模仿再到融合的过程，是"教学工厂"里不可或缺的一个重要环节，符合职业教育的规律。同时，项目开发既能促进学院与企业实现深度合作，又能提升教师的专业能力，更能为学校课程设置和新专业的开发提供参考，十分具有针对性和预见性。

值得注意的是，"教学工厂"是以学院为本位，而不是以企业为本位，它是在现有教学系统（理论课、辅导课、实验课和项目安排）的基础上设立的。为实现教学目标而将企业项目引入学校，为学生提供一个更加完善和有效的学习实践过程，以此鼓励和开发学生的创新能力与团队精神以及提高他们解决问题的能力。不同于"三明治"课程安排，也不同于"双元制"课程设置，"教学工厂"办学理念的推进，有效改善了南洋理工学院的办学基础，提升了办学能力，促进并加深了学校与企业之间相结合，实现了真正意义上的职业教育。[①]

---

① 陈荣生.新加坡高等职业教育发展模式及对福建省的启示 [J].东南学术，2016（5）：240-245.

"教学工厂"是面向实践和应用的教学模式。工程学院的大三学生从事工业项目工作，旨在为工业提供工程和设计解决方案。与行业的密切合作使工程学院的员工和学生遵守行业标准的同时，在有限的时间和预算内从事实际工程项目。这些工业项目由多学科的工程师团队带队，和学院内全日制大三学生共同承担。学生从以实践为导向的课程中获得的真实生活经验将有助于他们与学习的职业方向紧密联系，有助于弥合工业需求与培训之间的差距。

"教学工厂"模式实际上不仅仅是一种有利于学生学习的教学方法，还代表了一种全系统方法，释放了许多相互关联的关键成功因素之间的潜在协同作用。如果正确实施"教学工厂"模式，它不仅会对教学质量产生巨大影响，而且同样重要的是，还会对教职员工和学生的态度与心态产生巨大影响。在南洋理工学院，这种积极自我强化的系统性互动极大地促进了团队合作和创新，与行业的紧密联系，以及对能力发展的高度重视。工程学院的"教学工厂"模式使学生在现实环境中学习更有效，使学生更加注重实践，专注于解决实际问题。同时，以实践为导向的培训还将增强学生信心，对学生的就业创业有所帮助。随着当前科学技术的快速发展，"教学工厂"模式允许学校与企业积极合作以保持相关性，从而让学生从最新的技术实践中获益。"教学工厂"模式是一种深层次的产学结合模式，它将职业教育与企业有机地融为一体，表现为校企双方围绕着具体的、实际的生产项目紧密地结合在一起。学校将教学的基点牢牢植根在工学结合的"土壤"中，逐步打造成了"校企一体化"的"分阶段多循环"工学结合人才培养模式。

## 第三节　职业教育保障体系

新加坡从教育政策、财政投入、教师资源和毕业生就业等多个方面入手，构建起新加坡职业教育的保障体系。新加坡的职业教育注重提升学生的实践能力与技能掌握程度，职业教育的主要目的是为新加坡技术密集型产业培养高技能人才，因此在保障体系的构建上，新加坡着重于保障培育出具备专业技能的人才。职业教育应当作为职业院校与市场需求之间的桥梁，使得人才能够顺利流入市场当中。新加坡职业院校的教育与实际情况对接，让学生在毕业之后能够适应工作环境，快速投入到实际工作生产中。

## 一、政策保障情况

新加坡的职业教育政策保障体系与国家经济紧密联系，在发展的过程中不断探索、不断改进。新加坡职业教育政策一直不断根据当下情况进行改革。国家经济战略是新加坡执行国家项目时的重要支持和有力保障，新加坡政府高度关注职业教育政策与国家经济战略的结合。职业教育政策随产业结构的改变而调整。[①]作为职业教育的主要载体，理工学院需要满足政府与社会的需要。政府与职业教育之间具有双向关系，经济发展与政策之间也具有主要联系。新加坡的教育部、贸易和工业部、人力部和其他人力开发系统共同制定了职业教育政策。新加坡政府通常会根据形势发展，通过由各方代表组成的委员会定期结合时事，对职业教育各方面的问题进行讨论，最终形成报告书提交国会，形成新加坡职业教育相关的法案政策，其中较为著名的包括《曾树吉报告书》《雪莱报告书》《吴庆瑞报告书》等政策。

### （一）《曾树吉报告书》

《曾树吉报告书》在 1961 年由职业与技术教育调查委员会发布，根据该报告书，政府首次对中学职业教育、职业学院与理工学院的培训体制、教育系统与师资来源等方面进行了系统布局，对新加坡职业教育体系的建立具有深远影响。该报告书将中学分为 4 大类型，即学术中学、技术中学、混合中学与职业中学，学生从小学毕业之后便进入不同类型的中学学习，实施"分流教育"。职业中学的目的是培养出大量的技术型工人，以应对新加坡日益繁荣的市场需求。同时，该报告保障了知识技术水平方面的教育质量，确立了新加坡职业教育中职业学院的课程年限，将职业学院规定为两年制，招收职业中学毕业生，为新加坡培养专业技术人员。

---

① 董立彬.新加坡经济转型期的教育对策及其启示 [J]. 河北学刊，2008（2）：222-223.

### （二）《雪莱报告书》

1976 年的《雪莱报告书》针对当时中学毕业生毕业后不再就学，且缺乏谋生技能而提出，报告书中明确了职业教育的重要性，并对当时的职业教育提出改革。《雪莱报告书》提出削减技术课程的学时，增加专业性课程的时长，以便中学生能够更好地掌握职业技术理念。同时，报告书强调了工厂实践课程的重要性，并提倡学生要亲自动手体现所学内容，这也奠定了理工学院在实践中学习的基础。

《雪莱报告书》将技术教育规划为中学职业教育课程的重要部分，并将技术教育的学习时间从 2 年延长到 4 年。同时，《雪莱报告书》修正了有关女性接受职业教育的部分偏见，肯定了女性在技术学习上并不落后于男性，将一部分女生课程加入到技术教育，强调了职业技术教育的性别平等。

### （三）《吴庆瑞报告书》

1979 年的《吴庆瑞报告书》是新加坡职业教育史上最重要的政策文件之一，它对职业教育改革具有划时代意义。在《吴庆瑞报告书》颁布之后，新加坡职业教育的学生流失率下降，毕业率不断攀升，越来越多的学生能够适应职业技术教育，投身学业中。《吴庆瑞报告书》提出，新加坡学生应当进行分流，分流能够对学生因材施教。在具体的做法上，《吴庆瑞报告书》给予了学生更自由的学习时长选择，成绩优异的学生能够更快完成学业，参与"N"水准与"O"水准考试。普通学生则能够根据自己的节奏放缓学习进度，拥有更长的学习时长来准备水平考试，普通的学生可以选择采用 5 年时间完成他们的中学教育。报告书同时强调了语言教育的重要性，提出英语优先，使学生能够拥有较强的英语表达能力，有利于他们今后的工作生涯发展。[①]

### （四）职业与工业训练局：技能标准与认证体系

1979 年，新加坡职业与工业训练局成立，该机构最初的功能是负责成人的职业与技术培训课程，以帮助他们完成"O"水准或"A"水准考试。随着机构职能的逐渐扩大，该机构形成了一套通用的职业技能测试标准，

---

[①] VARAPRASAD N. 50 years of technical education in Singapore：how to build a world class TVET system[M].Singapore：World Scientific Publishing Co.Pte Ltd.，2016.

这套职业技能测试标准即为如今的新加坡国家职业技能认证体系的雏形。

如今，新加坡政府通过这些法案政策，建立了新加坡职业教育"先培训，后就业，未经培训不得就业"的制度，以文凭作为驱动，将理工学院与企业环境进行对接，来培养人们自觉自愿接受职业技能培训的意识。这些政策为每个新加坡人提供了获得教育及职业训练的发展机会，使职业教育颇具吸引力，改善了人们对理工学院的偏见。

## 二、财政保障情况

新加坡的职业教育财政保障由政府主导。自新加坡独立以来，政府通过拨款、立法和行政手段，逐步建立起教育的国家集权管理模式，各类教育发展均以公立为主体。虽然从 2005 年开始推行大学自主，扩大大学的办学自主权，但大学的经费来源仍然主要靠政府拨款。

理工学院和工艺教育学院是教育部法定单位，政府承担基建、设施等所有的基本建设费用，以及 80% ～ 85% 的日常运行和人力成本（其余 15% ～ 20% 来自学费收入）。新加坡政府财政公共支出中，教育支出仅次于国防支出。2015 年，教育占政府公共支出的比例为 21.4%（国防为 23.2%）。[①] 在 2015 年之后，理工学院来自政府资助的费用有所减少，最终稳定在 14000 万～ 20000 万新元（见表 7-10）。

表 7-10　政府发展支持资金

单位：万新元

| 年份 | 小学 | 初级中学 | 工艺教育学院 | 理工学院 |
|---|---|---|---|---|
| 2015—2016 年 | 345975 | 59858 | 535 | 79498 |
| 2016—2017 年 | 391398 | 86206 | 0 | 24518 |
| 2017—2018 年 | 299273 | 68799 | 0 | 9027 |
| 2018—2019 年 | 210453 | 69608 | 0 | 14044 |
| 2019—2020 年 | 261397 | 73005 | 0 | 20412 |
| 2020—2021 年 | 150903 | 43360 | 0 | 14174 |

资料来源：笔者根据新加坡教育部网站相关资料整理而成。

---

① VARAPRASAD N. 50 years of technical education in Singapore：how to build a world class TVET system[M].Singapore：World Scientific Publishing Co.Pte Ltd.，2016.

政府同时为需要接受职业教育的学生提供资金资助。1979 年，新加坡政府成立了"技能发展基金"，目的是帮助低技术、低文化工人进行再培训，使工人能更好地适应工作的变化，提高他们的专业技能，将他们训练成专业技能人才。新加坡政府从 1979 年 10 月起，要求企业要为每月工资不足 750 新元的职工向国家缴纳相当于其工资收入 4% 的技能发展基金（1985 年 4 月调低至 2%，1986 年 4 月又调低至 1%），作为他们进行职业教育的保障金。这些基金以向企业集资的形式筹集，由新加坡经济发展局管理监督发放。经济发展局根据技能发展基金的有关规定及条例，为符合条件的企业、工厂提供津贴，扶持并奖励雇主开展企业内职工培训。

这样一来，职工无须承担任何学费压力就能够通过职业教育培训提高自身的技能档次，同时也可改善待遇。技能发展基金条例规定，凡是在新加坡注册和成立的公司，都有资格申请津贴，以此支付职工培训费用，并且基金会和雇主共同承担部分特殊职工的培训费用。取之于企业又用之于企业的政策，使企业愿意投资职业教育与培训。1998 年，为了加强劳、资、政三方的合作，新加坡成立了"人力 21 指导委员会"，共同制定全国人力资源发展框架，使劳动者将提高技能和再培训作为竞争上岗的重要途径。企业采取措施继续鼓励和奖励接受培训后技能提高的员工，政府则致力于加大投入并加强协调工作。[①]

## 三、师资保障情况

### （一）校企教师资源流通

新加坡高职学院很看重教师的企业经验，教师需要了解当前市场实际情况，才能够教给学生不过时的经验，一支拥有企业经验的教师团队能够保障新加坡职业教育学院的教学质量。教学企业的项目教学与研发，同样也必须要有一支专业理论和专业技能很强的师资队伍，理工学院 80% 的教师都曾是企业的经理或业务骨干。教师在大学毕业后如果没有经过企业实践的锻炼，没有企业业绩，很难进入高职学院任教。在高职教师队伍中，一般全职教师占 70%，兼职教师占 30%。

① 马早明. 亚洲"四小龙"职业技术教育研究 [M]. 福州：福建教育出版社，1998：184-199.

职业教育离不开师资力量的支持，一支优秀的师资团队能够给理工学院提供优质实用的教学，并为教学企业提供科研研发技术。职业教育紧紧跟随市场与经济而变动，如果教师停滞不前，脱离企业的实际情况，那么学生就可能被教授过时的技术。因此，新加坡的理工学院十分重视教师在企业中的工作经验。为了保障教师能够不断提升自己，新加坡的职业教育也在促进教师专业能力再开发的培训：理工学院会定期鼓励教师回到企业中去了解市场行情，并参加行业协会；除了让已有的教师"走出去"，还会将新教师不断"请进来"，学院每学年都选派教师到国外培训，聘请国外学者和企业的技术人员来校任教。每一位教师，学院都建立有详细的资料档案，包括履历记录、学历、进修情况、专业技术技能、个人专长、参与的研究项目、掌握的语言及个人爱好等。为保证教职员工能够不断提高专业水平，以南洋理工学院为例，学院会为教职员工提供良好的学习进修条件，每位教职员工在一年内可以有一个月以上的学习进修时间，学校无偿提供机会和经费。良好的用人机制和教师再培养制度，保证了学校教学企业的良性运转，使南洋理工学院的办学特色更加鲜明。

（二）教师"无货架寿命"理念

"无货架寿命"理念认为：一个优秀的教师必须要延长自己的"专能保值期"和"保鲜度"，而达成这些目标的重要途径就是回到企业一线，保持与一线的密切联系，获得学习最新科技的机会。这种倡导终身学习的理念是教师素质的保鲜剂，因为在知识和技能更新迅速的时代，知识和技能的生命周期只有 3～5 年，教师如果不及时更新自身的知识技能，在校园内教授 2～5 年后，教师所教授的知识技能就容易过时，这一概念被命名为"货架寿命"。[①]淡马锡理工学院为所有教学人员安排了两年制的师资培训课程，并要求教师在完成课程之后获得外部认证，这样能够保证来自工厂与企业的熟练技术人员具备教育教学能力，也能够促进他们将实际经验转化为理论实际，并投入教学方法当中，为职业教育带来创新。

同时，理工学院为了保持教师团队的活力，也在不断补充全新的师资力量，以保证能够教授给学生有用的技术。而对于原有的师资团队，新加

---

① 陈荣生.新加坡高等职业教育发展模式及对福建省的启示 [J].东南学术，2016（5）：240-245.

坡的理工学院也出台了诸多方针来确保教师能够不断提升自己的实力，不断发展自己的专业技能。教师是职业教育质量的关键。除了聘请企业一线具有技术研发能力的技能专家来学校任教，新加坡政府还制定了教师进修奖学金制度，鼓励在职教师去国外或在国内进行专业能力培训，掌握最新的技能知识，开阔教师的国际视野。

随着师资力量的大幅提升，新加坡涌现出很多一流的职教品牌，这也吸引了学子们主动选择职业学校进行深造。如今在新加坡，高级技工与本科毕业生的收入相当，有些还略高，甚至很多商界政界领袖也都是高级技工出身。技能型和学术型人才，仅是社会定位和社会分工不同，两者都是社会发展中重要的人力资源，技能型人才的比例甚至应该大于学术型人才。

## 四、学生毕业就业出路情况

理工学院的重要任务之一就是使学生适应好工作环境，让毕业生能够顺利进入工作岗位。理工学院的毕业生们需要具备优秀的专业知识水平，经过系统技能训练的专业技术，并具备创业创新精神和全球化视野，这使他们既能够胜任岗位，也能够尝试创业活动。新加坡职业技术学校的专业设置和调整都严格按照市场经济对人才需求的动态分析和预测为依据，从学生进入理工学院开始，就在为今后的就业做准备。

从学校角度来看，理工学院在学生在校期间就会为其提供职业生涯规划的讲座与咨询等服务，同时在教授专业课程时，学校也会为学生提供该专业可能进入的工作岗位与行业未来前景的介绍。以新加坡理工学院的海运研究专业为例，学生在完成学业之后可以直接参加由澳大利亚、英国和美国的本地大学和知名高等院校举办的航运管理、海运业务和物流相关理学学士（荣誉）课程，也可以通过参加"A"水准考试来进一步前往大学深造，到新加坡国立大学、南洋理工大学、新加坡管理大学或新加坡科技设计大学学习商业课程。新加坡理工学院通过与外国大学的大力合作，学生可以直接进入海外大学提供的一些海事项目学习。

同时，新加坡的理工学院与企业之间搭建了教育与工作的互动平台。通过在企业实习实践，学生能够在实习的过程中获得宝贵的工作经验，并接触到所从事工作的具体需求，使他们能够有效地适应未来的就业，同时，企业与理工学院进行校企合作，也为许多学生提供了就业机会。

在政府方面，新加坡政府不断完善文凭证书体制，国家职业技能证书分为国家工艺教育局证书、高级国家工艺教育局证书与特级国家工艺教育局证书三个等级。理工学院只颁发文凭，不颁发证书，但学生就业必须持有相关证书。政府规定国家二级技工证书、工人技师证书相当于高中毕业水平，一级技工证书认定为大学毕业水平。在学生考取证书之后，就能够前往相关的岗位进行工作，这使得学生能够减少专业不对口、学校教授的知识与市场脱节而导致的就业不顺利等情况。

对于职业教育学院的学生来说，大多数理工学院毕业生在毕业后进入工作岗位，大约 40% 的毕业生在理工学院毕业后五年内继续接受教育并获得大学学位。如果职工取得了某种相当于高中毕业水平的证书，就可以参加本专业的大学水平的招考，继续学习并取得更高的文凭，这使得理工学院具备了作为前往研究型大学的"先修班"的作用。理工学院也通过这样的方式在新加坡职业教育中将专业技术型学生与市场需求联系起来。

# 第八章　新加坡教师教育

新加坡教育以培养文化水平高、专业技术强、具有国际思维和文化竞争力的公民为目标，而训练有素的教师、行之有效的教学是实现此目标的关键。在新加坡，教师是一个极具吸引力的职业，原因有很多：教师的起薪与会计师和工程师的起步工资相当；师范生学费全免；职前教师在正式步入职场之前也有工资，而且可以报销购书费和笔记本电脑费用。教师是一份有保障的工作，新加坡的教育体系会根据不同教师的发展需求提供不一样的职业发展阶梯。此外，教师在新加坡具有很高的社会地位，受到全体国民的尊重。可以说，新加坡创建了一个目标建设、路径实施以及保障健全的高效的教师培养体系，体系内各组成部分相互补充、相互支持。

# 第一节　教师教育的目标机制

新加坡教师教育的目标机制指导着新加坡教师教育发展的总体路向，具体表现为新加坡教师成长的三大基础和面向 21 世纪教师专业发展的重要目标。

## 一、教师成长的三大基础

教师教育的有效开展离不开育人理念的方向引领、具体培养原则的微观指导与预期实践的扎实落地。新加坡以明智、修德、善思与善行作为教师教育理念，遵循以人为本的主体性原则、协作学习的关系性原则、灵活多样的活动性原则，将实践视为教师教育的本质属性、关键内容与发展路径。理念、原则与实践三者共同构成了教师成长系统的基础。

### （一）教师成长之理念

在教师成长模式中，新加坡将明智、修德、善思与善行作为教师教育理念。明智，即通达教育智慧，是"教师教育理念、知识学养、情感与价值观、教育机智、教学风格等多方面素质的综合体现"[1]。作为教师教育的首要目标，对明智的追求能引导教师在知识的省察、交互、重构与创新中获得专业成长智慧，体悟教学专业的价值意义与终极关怀。"只有当知识转化成美德和善行时才是真正的智慧。"[2] 智慧关联知识与道德，明智与修德在某种意义上以一体两面而存在。孔子毕生"志于道，据于德，依于仁，游于艺"，将明智与修德作为师者一生的追求。修德是对理性道德的追求，教师通过对自然道德与伦理道德的审思与提升，塑造"理性道德的我"，进而以

---

① 田慧生.时代呼唤教育智慧及智慧型教师 [J]. 教育研究，2005（2）：50-57.
② 梅特林克.智慧的力量 [M].吴群芳，王宇飞，译.北京：中国档案出版社，2001：114.

"理性道德的我"应对生活与职业。善思指善于进行分析、综合、推理与判断等思维活动。从时空维度来看，思考可分为对未来的预测、对当下的省察与对过去的反思三类。"未经审思的生活不值得过"，思考是教师从过去的自在，到当前的自为，最后走向未来的自由的必经途径。善思要求教师以自己或他人过去、现在的教学经验、理论或实践以及将来的预测与判断作为考察对象，对习以为常的事物、疑惑与冲突进行思考，并优化思考的方式，拓展思考的深度与广度。善思者善行，善行是善思的归宿。从教师职业来看，善行就是依据正确的教育理念，运用恰切的教学方法教授最符合学生需要的内容。新加坡在建构教师成长模式时按照明智、修德、善思与善行的内有逻辑确定其为教师教育的应有理念。

## （二）教师成长之原则

教育原则是教育工作遵循的权威性规范，其作为教育理论与实践的中介，贯穿于整个教育思想体系之中，对教育实践产生重大影响。在新加坡"教师成长模式"中，教师教育的基本原则包括以人为本的主体性原则、协作学习的关系性原则、灵活多样的活动性原则。以人为本的主体性原则要求尊重学习者的主体性。未来的学校必须把学习者变成自己教育自己的主体，使他们成为获得的知识的最高主人而不是消极的知识接受者。[①]学习者主动性的彰显已经成为教育领域的共识，教师教育的有效开展建立在教师主动要求发展、自主规划专业成长的基础之上。协作学习的关系性原则指教师培养应当注重主体间的互动关系，以协作的方式推进教师发展。仅从自身教学经验中获得职业发展的养分是有限的，教师应当与其他人、其他群体以及他们带来的资源协作互动。在协作互动中，教师从经验与知识碰撞、彼此关照反思与资源共享中受益。灵活多样的活动性原则提倡借助多样化的教学活动促进教师专业发展。教学活动在提高学习者学习投入方面具有得天独厚的优势，有助于激发学习者学习动机与维持学习者学习兴趣；同时又与学习者生活经验有着天然的联系，有助于促进学习者经验的改造与创新。

---

① 联合国教科文组织国际教育发展委员会 . 学会生存：教育世界的今天和明天 [M]. 华东师范大学比较教育研究所，译 . 北京：职工教育出版社，1989：218-219.

### （三）教师成长之实践

新加坡"教师成长模式"极力凸显教育是学习者与环境相互作用，促进经验生成与发展并逐渐走向成熟的本质过程，其中涉及经验性理论与经验性实践。首先，实践是教师教育本质属性的重要组成部分，教师的认识活动本体、认识对象与认识方式都带有实践属性。教师的认识活动是教师基于一定动机，为达成改善实践目的所进行的一系列动作的总和，认识活动本身就是一种特殊类型的实践。在认识活动中，实践既是教师的间接认识对象也是直接认识对象，教师以他人的实践智慧和自己过去、现在与将来的实践作为反思、考量与预测的对象，从中获得发展。实践是教师开展认识活动的主要方式，教师的经历、经验、经验的改造或新经验的产生都依赖于实践。其次，培养实践能力是教师教育的关键内容。新加坡"教学实践"模型聚焦教师专业实践能力培养，构建了以课室文化建设、课程准备、课程实施及评价与反馈 4 个模块 24 个子目为主要内容的教师实践模型（见图 8-1）。投身实践是教师发展的必由之路。教学作为一种特殊的活动，作用对象是成长背景与心智发展各异的学习者，仅仅依靠现有理论与经验难以奏效，因为"几乎没有一个恒定的表现方式，在此时此地适用的行为，在彼时彼地就不见得适用，事先精心策划的行为，在实际的课堂教学中并不见得能够'畅通无阻'"[①]。所以，教师需要进入具体教学情境中，获得真切、丰富与立体的体验与感悟，激发原有教学经验与现时情境的碰撞，及时调整当下教学行为，并为后续教学实践提供反思的生长点。

---

① 胡塞尔.逻辑研究：第 2 卷 [M].倪梁康，译.上海：上海译文出版社，1998：64.

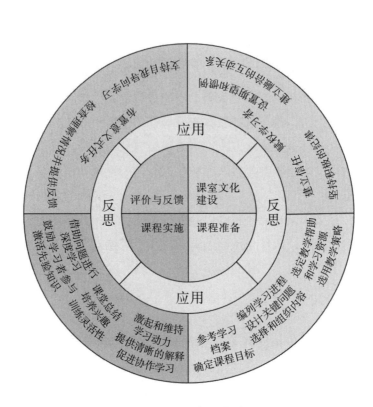

图 8-1　教学实践模型图

资料来源：Ministry of Education，Singapore. Teaching practice[EB/OL].[2019-04-24].
https：//www.moe.gov.sg/about/singapore-teaching-practice.

## 二、面向 21 世纪教师专业发展目标

新加坡素有重视教师教育的传统。早在 1966 年，时任新加坡教育部部长王邦文就强调，"教师责任重大，因为我们每个人的未来很大程度上都是由教师的表现决定的……新加坡政府认可教师的重要价值，也认识到教师队伍的综合素质和薪酬待遇对于整个教育系统的良性发展的重要性"。1997年，新加坡实施面向 21 世纪的"思考型学校，学习型国家"教育发展战略，对教师专业发展进行了专门部署。2008 年，南洋理工大学国立教育学院对教师教育项目进行了评估和完善，并发布了题为《21 世纪教师教育模型》的战略报告。作为新加坡教师教育改革的蓝皮书，该报告希望借此引领教师教育项目的设计、实施和评估，将职前教师和在职教师培养成为 21 世纪

高素质的教学专业人员。[①]

20 世纪 80 年代至今，新加坡教师专业发展经历了从关注工作效率、教学能力到强调价值导向的阶段性转变。[②]《21 世纪教师教育模型》强调"21 世纪的学习者需要 21 世纪的教师"，高素质的教师队伍需要具备"专业实践能力""领导力和管理能力""自我效能感"三方面的综合素养[③]（见表 8-1）。

表 8-1　21 世纪教师的综合素养

| 能力维度 | 核心能力 |
| --- | --- |
| 专业实践能力 | 1. 培养全面发展的学生<br>2. 为儿童提供高质量的教学<br>3. 为儿童提供高质量的课外活动<br>4. 人才培养的知识<br>（1）精通所教科目<br>（2）反思性思维<br>（3）分析性思维<br>（4）原创精神<br>（5）创新性教学<br>（6）关注未来 |
| 领导力和管理能力 | 5. 赢得他人认同<br>（1）理解环境<br>（2）发展他人<br>6. 与他人合作<br>（1）与父母合作<br>（2）参与团队合作 |
| 自我效能感 | 7. 了解自己和他人<br>（1）自我调整<br>（2）坚守诚信和法律责任<br>（3）理解和尊重他人<br>（4）适应能力和应变能力 |

---

① National Institute of Education（NIE）. A teacher education model for the 21st century.[R/OL]. [2016-07-22].http：//www.nie.edu.sg/docs/default-source/te21_docs/te21-online-version-updated. pdf?sfvrsn=2.

② 段晓明 . 学校变革视域下的新加坡教师教育图景 [J]. 比较教育研究，2013（6）：61-65.

③ 同①.

《21世纪教师教育模型》不仅强调教师的综合素养，而且对教师的专业特质进行了细致全面的论述。"价值观、技能和知识模型"关注"学生中心""教师身份认同""服务专业和教师群体"三种价值观，也强调全球化趋势下改进学生学习效果必备的知识和技能。[①]

表 8-2　价值观、技能和知识模型

| 价值观 | | | 技能 | 知识 |
|---|---|---|---|---|
| 学生中心 | 教师身份认同 | 服务专业和教师群体 | | |
| ·与学生寻求共鸣<br>·相信所有学生都能学习<br>·发展每个学生潜能的承诺<br>·重视多样性 | ·以高标准为目标<br>·热爱探寻的特质<br>·追求学习、力求完善<br>·充满热情<br>·适应能力和应变能力<br>·诚信可靠<br>·保持专业性 | ·合作学习和实践<br>·为新教师发展服务<br>·社会责任和参与<br>·从事管理工作 | ·反思性技能和思维特质<br>·教学技能<br>·人事管理技能<br>·自我管理技能<br>·沟通技能<br>·辅导能力<br>·技术能力<br>·创新创业技能<br>·社会和情绪智力 | ·了解自我<br>·了解学生<br>·了解社区<br>·了解学科内容<br>·教学法<br>·教育基础和政策<br>·课程<br>·多元文化素养<br>·全球意识<br>·环境意识 |

资料来源：National Institute of Education（NIE）. A teacher education model for the 21st century.[R/OL].[2016-07-22].http：//www.nie.edu.sg/docs/default-source/te21_docs/te21-online-version-updated.pdf?sfvrsn=2.

传统上，新加坡延续了英国的教师专业发展"双轨制"，由新加坡教师培训学院（Teacher Training College）和新加坡大学教育学院分别为不同教育程度的未来教师提供相应的培训项目和课程。后来，新加坡大学教育学院被关闭，教师培训学院与体育学院合并成为南洋理工大学的国立教育学院，在历史上，该学院长期以来也曾是新加坡唯一的教师教育组织机构。

国立教育学院、教育部和公立中小学是教师教育项目的主要利益相关

---

① National Institute of Education（NIE）. A teacher education model for the 21st century.[R/OL].[2016-07-22].http：//www.nie.edu.sg/docs/default-source/te21_docs/te21-online-version-updated.pdf?sfvrsn=2.

者，这三者间的紧密合作是完善教师教育项目、提高中小学教师质量的重要保障。为了推动教师教育的发展，国立教育学院与教育部和公立中小学密切合作，通过落实教育实习、完善在职培训课程等帮助职前教师顺利适应教学工作，不断提高在职教师教学水平；中小学也积极参与国立教育学院和其他教育研究机构开展的教育研究；作为教育主管部门，教育部通过出台教育政策、资助教师教育改革、支持教师教育研究等方式改善国立教育学院和中小学的实践工作。[①]

## 第二节　教师教育项目概况与教师专业发展模式框架

在新加坡教师教育总体目标的引领之下，新加坡教师教育的发展路径表现出独特的模式与框架。在此，笔者拟从教师教育发展的项目与教师专业发展的主要模式进行阐述。

### 一、教师教育项目概况

新加坡的师资培训独具特色，其特色首先体现在教师的准入机制方面。与一般的高等教育项目开放申请不同，新加坡的教师教育项目招生计划由新加坡教育部根据公立学校反馈的人事需要和长期系统需求产生的教师空缺制订。在新加坡，教师教育项目极具吸引力，主要原因如下：第一，新任教师工资与同等资格毕业生起薪相当或更高；第二，教师可以获得许多专业发展和职级晋升的机会，工资也会随之增加；第三，教育部为教师教育项目的学生支付全额学杂费，并提供奖学金。

（一）准入标准

由于绝大多数新加坡中小学教师是来自国立教育学院教师教育项目的毕业生，为了从源头保证未来教师的质量，只有那些在学习成绩、国家考

---

① National Institute of Education（NIE）. A teacher education model for the 21st century.[R/OL]. [2016-07-22].http：//www.nie.edu.sg/docs/default-source/te21_docs/te21-online-version-updated. pdf?sfvrsn=2.

试成绩和教师入职水平考试成绩等方面表现处于前 1/3 的高中毕业生才有资格申请教师教育项目。成绩合格的申请者还需要参加面试，证明其具备从事教师行业需要的热情、价值观、学习意愿和沟通技巧等，教师教育项目的最终录取率仅为 1/8 左右。

### （二）职前培养

南洋理工大学国立教育学院是新加坡最主要的负责教师职前培养的机构，每年该学院通过教育文凭项目、研究生学位项目和文 / 理学士学位项目为新加坡公立中小学输送 2000 余名教师。教育文凭项目是非学位的两年制项目，拥有多科技术文凭的准教师以及没有达到学位要求的教师可以申请此类项目的资助。新加坡—剑桥普通教育证书（高级水准）（Singapore-Cambridge general certificate of education advanced level，GCEA-Level）的拥有者可以获得申请四年制文 / 理学士学位项目的资助。研究生学位项目供大学毕业生申请，大学毕业生可以通过该项目将理论应用于实践，并获得教学资格。[①]虽然新加坡教师的主要来源是国立教育学院教师教育项目的毕业生，但是中小学教师体系并非封闭的体系，其他行业的从业者也可以申请成为教师。新加坡出台政策也认证其他行业从业者的非教学经验和教学经验，保障其工资水平和获得职称晋升权利。

### （三）职业发展路线

为了充分发挥教师自身的专长，实现教师自身的发展志向，新加坡教育部为教师提供了 3 种不同的职业发展路线。教师路线（teacher track），为渴望进一步发展教学能力的教师提供专业发展和提升的机会；领导路线（leadership track），为教师提供承担学校和教育部门领导岗位的机会；高级专家路线（senior specialist track），适用致力于运用高深的专业知识和技能寻求教育发展的教师。值得注意的是，相关教育证书和文凭是教师在不同职业发展路线上获得晋升的必要条件之一，这也成为新加坡教师积极参加专业发展培训项目和课程的重要推动力。[②]

① INGERSOLL R M. A comparative study of teacher preparation and qualifications in six nations[EB/OL]. [2016-07-22]. http：//www.cpre.org/images/stories/cpre_pdfs/sixnations_final.pdf.

② 祝怀新，刘晓楠 . 新加坡教师专业化发展保障制度评析 [J]. 教师教育研究，2004（6）：70-74.

## 二、教师专业发展主要模式

新加坡中小学师资在职培训的主要模式有三种：基于工作场域的教师专业发展模式、专业机构实施和官方认证的教师专业发展模式、教师自主设计的专业发展模式。

### （一）基于工作场域的教师专业发展模式

在新加坡，新教师毕业后将接受工作学校为期两年的辅导和训练。为了帮助新教师在这两年的"延长实习期"内更好地适应教学工作，学校对新教师的工作量要求一般约为经验丰富的教师工作量的 2/3。为了提升新教师的培训效果，新加坡教育部专门启动了"熟练教学和强化指导项目"（Skillful Teaching and Enhanced Mentoring，STEM）。该项目包含 3 种导师角色：导师协调者、导师和专项导师。导师协调者是"导师的导师"，通常由学校的部门领导或高级教师担任，负责新教师指导项目的领导工作和为导师提供支持；导师通常由高级教师担任，负责新教师的教学技能发展和专业成长，同时以身作则作为新教师学习的榜样；专项导师负责新教师特定知识和技能的发展。实施新教师指导项目的学校可以选择通用和专项两种模式。通用模式是指根据新教师的学科和年级为其匹配一名导师，主要负责为该教师提供指导；在专项模式中，不同学科的导师开展团队合作，同时辅导一组新教师，满足新教师的不同学习需求。[①] 新教师也可以通过学校的专业学习社区继续专业学习。专业学习社区不仅仅面向新教师，也对所有在职教师开放。2009—2010 学年，新加坡教育部要求所有的公立学校都要建立专业学习社区。通过专业学习社区，新教师以 4～8 人小组会议的形式共同讨论如何改善教学效果或参与学校的课程设计和评估活动。具有共同兴趣的学习社区可以互通有无，相互促进。专业学习社区的主要活动是开展行动研究。[②] 此外，专业学习社区不仅限于本校教师的参与，还经常邀请国立教育学院、新加坡教师学院的专家或来自其他大学和中小学的教

① SCLAFANI S. Rethinking human capital in education：Singapore as a model for teacher development[EB/OL].[2016-07-22]. https：//assets.aspeninstitute.org/content/uploads/files/content/docs/education/SingaporeEDU.pdf.

② BAUTISTA A，WONG J，GOPINATHAN S. Teacher professional development in Singapore：depicting the landscape[J]. Psychology，society，& education，2015（3）：319-320.

师参与。教育部为专业学习社区的发展提供大量支持：教育部制作和发布了《专业学习社区启动工具包》手册，介绍专业学习社区参与者的职责以及开展行动研究的相关方法、步骤和工具；教育部为实施专业学习社区的中小学提供了专门经费，帮助学校培养行动研究者和进一步推动行动研究。[①]

**（二）专业机构实施和官方认证的教师专业发展模式**

官方认证的教师教育活动包括教师教育项目、短期课程和工作坊等。这种类型的教师培训主要由国立教育学院和新加坡教师学院负责实施。

1. 国立教育学院提供的教师专业发展项目。

国立教育学院为不同学科的在职教师提供丰富多样的专业发展短期课程。这些课程主要集中在学科内容、课程开发、教学方法、课堂评估等方面。大多数课程能够授予在职文凭和高级专业资格。此外，国立教育学院是主要的教育学研究生学位项目提供者。[②]

国立教育学院还通过发行出版物和电子资料等方式促进教师的持续学习，如"新教育"电子杂志、《国立教育学院研究简报》、教育研究公告和工作文件等。

2. 新加坡教师学院提供的教师发展项目。

新加坡教师学院的前身是新加坡教育部 1998 年建立的教育部培训和发展部教师网络科室。教师网络科室的口号是"为了教师，依靠教师"，其使命是支持教师主导的由下至上的专业发展项目。2010 年，培训和发展部与教师网络科室进行改组重建，成立了现在的教师学院，其目的是帮助教师讨论和分享所教学科的创新教学实践，从而提升专业标准、促进教师主导的专业交流、传播分享和合作的文化。

新加坡教师学院提供的主要教师专业发展平台包括"学习圈"和专业发展项目。"学习圈"是一个协作式问题解决方案，之所以被称为"圈"，是因为它通常由"扫描—计划—行动—观察—回顾"五个步骤构成循环的

---

① BAUTISTA A，WONG J，GOPINATHAN S. Teacher professional development in Singapore：depicting the landscape[J]. Psychology，society，& education，2015（3）：320-321.

② BAUTISTA A，WONG J，GOPINATHAN S. Teacher professional development in Singapore：depicting the landscape[J]. Psychology，society，& education，2015（3）：316-317.

工作过程。在这个过程中，4～8名教师构成学习者共同体参与批判性的对话和反思过程。"学习圈"的目标是将教师培养成为反思性实践者，帮助教师在参与合作探究和学习过程中从不同的角度分析问题和解决问题。新加坡教师学院提供一系列教师专业发展项目，包括教学技能强化指导项目、教师—领导者项目、新教师指导培训项目和教师研究项目等。这些项目满足了不同发展阶段教师的多样化专业发展需求，完善和提升了教师的学科知识和教学技能。除这些项目外，教师学院还组织会议促进教师对教学、课程和评估等内容进行交流和分享。

新加坡教师学院下设4个学科分会，即人文学科（地理、历史、社会研究）、数学学科（小学数学、中学数学）、科学学科（生物、化学、物理、小学科学）和其他学科（设计和技术、营养和食品、科学、会计学）学会。①所有受雇于教育部教授这些学科的教师都是学科分会成员。除了学科分会，学院还下设6个卓越中心（或学院），其中4个为不同语言的教师提供专业发展，即新加坡英语学院、新加坡汉语中心、新加坡马来语中心和泰米尔语中心。另外2个中心专门负责音乐和艺术教师的专业发展。学科分会和卓越中心组织丰富的教师专业发展项目，从正式活动（如校本研究方法工作坊、关注学科内容和教学方法的课程和研讨会、会议、座谈会）到专业发展研讨活动（如行动研究、合作反思性讨论）。

### （三）教师自主设计的专业发展模式

除了上述两种制度化的教师专业发展模式外，新加坡教育部规定教师每年还要参与至少100小时的专业发展活动，希望借此改进教师的教学技能和增加学科知识。教师一般可以自我选择其他有助于提升其专业素养的专业活动。利用这段时间，教师可以申请从事其他岗位的职责，如领导行动研究或者在学校委员会任职。此外，教师甚至可以利用这段时间开展专业休假，如到其他学校开展调研，或者去工商企业从事兼职工作，从而增进对教学实践和现实世界的了解。

---

① BAUTISTA A，WONG J，GOPINATHAN S. Teacher professional development in Singapore：depicting the landscape[J]. Psychology，society，& education，2015（3）：311-326.

## 第三节　教师教育的保障体系

为保障教师教育目标的积极建设以及项目与模式的持续更新，新加坡教育部为教师教育的发展建立了一套完善的保障体系，具体包括新加坡教师教育质量保障机制的框架和新加坡教师教育质量保障机制的运行程序。

### 一、质量保障机制的框架

经济合作与发展组织（The Organization for Economic Cooperation and Development，OECD）强调，一个国家高等教育部门的质量及其定义、评估和监测不仅是其社会和经济福祉的关键，而且也是教育系统国际定位的关键因素。OECD 将质量保障定义为"一种有计划的、系统的必要行动模式，以充分相信产品将符合既定要求"。2008 年，联合国教科文组织在建立其质量保障能力全球倡议时，将高等教育质量保障定义为一个系统的过程，根据标准化的质量基准评估和核实投入、产出和成果，以保持和提高质量，确保问责制，并促进跨学术方案、机构和系统的标准的统一。哈维（Harvey）在 2007 年提出，质量保障是一种帮助利益相关者建立信心的过程，即提供（输入、过程和输出）满足期望并达到阈值的最小需求。因此，建立质量保障机制似乎已被接受为全球教育转型的重要哲学和工具。

#### （一）影响质量保障机制框架建立的文化模式

新加坡教师教育文化模式是一场长期的社会运动，新加坡在制定该质量管理框架时综合了五种模型，分别代表新加坡教师教育质量保障框架的不同特点。这些模型表明，质量变化和发展是通过协作和学习发生的，具体如下。

1.进化论模型。

教师教育机构受其周围环境的影响，外部环境影响教育机构处理和努力提高质量的方式。这一模式对框架的理论影响表明，新加坡的教师教育过程可以通过以下几种方式进行转变：（1）增加职能和责任；（2）审查、批评和翻译外部利益相关者及其改革建议；（3）调整结构环境以有效应对财政紧急情况。该模型对教师教育方案的演变影响是缓慢和渐进的，受环境的影响很大，并导致新的结构和过程。

2. 目的论模型。

教师教育质量管理的前提是制定任务和愿景声明、规划和组织领导的参与。任务和愿景说明以及战略计划的制订被认为是关键的变革过程，因为它们有助于构建质量管理框架，以及它们是指令性的。其影响是有目的和回顾性的，朝着具体和明确的目标前进。就新加坡的教师教育而言，改革是在系统内启动的，这往往是领导人和关键利益相关者（如教育部）内部有权力或有知识的人之间进行协调的结果。

3. 辩证模型。

学术质量管理发生在机构成员建立联盟、参与非正式讨论、谈判和相互竞争的派别之间。这种模式假设新加坡的教师教育存在于一个多元化的世界中，这个世界存在着各种各样的事件或价值观，它们相互竞争以争夺统治地位。这一模式考虑到了新加坡的教师教育是在国家基础之上进行的，主要是针对当地人的，而且与政府有关。

4. 社会认知模型。

创新发生在委员会、校园对话、阅读小组、工作人员发展方案和会议中。共同的意义可以在不同的群体和社区中进化和解释。新加坡教师教育环境中各社区之间的关系，特别是转型层面的关系，可以通过重新规划的过程加以改变。

5. 文化模型。

该模型表明新加坡的教师教育符号和结构可以用来阻碍或促进教师教育质量的提升。在新加坡，这种模式结合了社会认知和辩证模型的要素。

**（二）质量保障机制框架的内容**

为了使教师教育质量得到较好的保证，定期评估和审查教师培训计划及相关课程成为国立教育学院的日常工作。2003 年至 2005 年的项目评估促使国立教育学院建立了师范生培训质量保障框架，从学生选拔、培训过程和能力输出等方面来系统地对教师教育进行评估。在多次修订之后，该框架已被用作评估和监测新加坡教师培训过程的工具，也是可持续改进和创新教师教育质量管理的重要保障。

教师教育质量保障和管理框架是在 CIPP 项目评估模型（情景、投入、过程、产出）的基础上建立的（见图8-2），CIPP模型由斯塔弗尔比姆（Stufflebeam）提出。"情景（C）"是指国立教育学院的组织愿景与使命：致力于打造新加坡卓越教师队伍，成为世界输出杰出师资的培育机构。"投入（I）"主要指招生生源的保障，具体指选拔门槛、招录考试等程序准则。它标志着确保全面公平和优质准入的第一步，它还为接纳未来学生的连贯程序提供指导。该战略包括共同的指导原则和关键业绩指标。"过程（P）"着眼于跨课程的教学、学习和评估，从课程设置、教学过程及环境、教学评估等方面来保障整个过程。"产出（P）"则主要是指毕业生能力标准考核以及质量监控。CIPP模型建立并运用于新加坡教师教育的优势在于使整个教师培训过程得以系统性的监控，包括个体、组织、制度等多维度的因素，使教师教育质量保障机制链条完整、运行顺畅、导向明确。

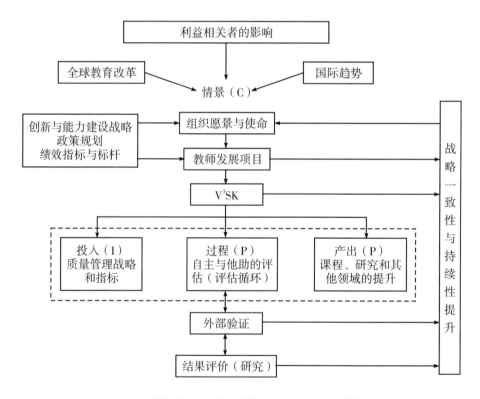

图8-2 新加坡国立教育学院教师教育质量管理框架

此外，该质量管理框架也是在增值（value-added）视角下构建的，主要聚焦于教师教育专业素养的提升、培训过程的改进，而非仅是对培训成果进行总结性的评估。质量保障的增值观是指着重于培训教师所知道的和所能做的改变，聚焦于质量保障对教师能力的积极影响。为了能够显示方案的增值特效，必须有系统的计划来收集、分析、报告和解释学习成果数据，以方便审查和改进。新加坡教师教育质量管理的性质不仅旨在确保最低质量标准，而且旨在随着时间的推移提高教师发展方案的质量。根据Stufflebeam 和 Shinkfield 在 2007 年提出的说法，对成绩的审查或评估是对教师发展提供的内在质量的评估，通过比较各种方案的业绩与既定的专业卓越标准来判断。然而，在新加坡教师教育方案中的价值评估有明显不同，因为它评估了方案在特定背景下的外在价值的重要性。在这方面，成绩和价值之间的这种区别与制定新加坡教师教育方案的学术质量管理框架有关。在结构层面，这要求采取必要的政策、态度、行动和程序，以确保维持和提高质量。学术质量管理框架的主要目标之一是发展课程活动和方法相结合的评价程序。教师教育质量管理框架的关键战略目标是，开发一个广泛的、专业的和负责任的质量管理框架原型，以解决教师发展的过程、发展和组成部分，识别项目评估的质量组成部分，并将其转化为实际过程和绩效指标。

## 二、质量保障机制的运行程序

吸引优质的人才进入教育行业是新加坡教师教育质量保障机制的一个起点。教师教育质量保障机制是从招生选拔、职前培训、教育实习到在职专业发展的一个环环相扣的整体系统。

### （一）新加坡教师教育生源保障程序

招生与选拔是教师教育质量保障机制的起点，严格的招生程序能提高进入教师教育培训的门槛。作为新加坡教师教育质量保障机制首要利益相关者的教育部和国立教育学院，通过增加教师职业吸引力和设定高要求的招生标准两种途径来保障教师教育的生源质量。

1.增加教师职业吸引力。

教师的职业吸引力是候选人职业选择的重要衡量因素，也是在职教师的职业认同感影响因素，因此，增强教师的职业吸引力是提升教师教育质量的重要措施之一。英格索尔（Ingersoll）等学者基于中国、美国、新加坡等6国的教师教育培育项目的对比实证基础发现，教师职业吸引力包括待遇、地位、工作环境等因素有利于提升教师候选人的生源质量。[①] 进入21世纪后，各国在招聘教师时，不再单单提供高薪，也致力于为教师提供一个舒适自由的工作环境，对人才进入教师行业增大了吸引力。良好的工作环境有利于教师在工作中减轻人际交往的负担，能够更加轻松舒适地专心投入工作并提高效率，并从中获得良好的体验感。[②] 这一点在新加坡体现得淋漓尽致，新加坡政府通过"带薪培训"的模式为师范生免费提供福利和经济保障，为在职教师提供住房并增加薪酬，提升教师职业的社会地位和职业荣誉感，拓展在职教师的发展途径等方式，使得教师在新加坡成为受人尊重和令人向往的职业之一。

新加坡深受儒家文化的影响，延续了儒家尊师重道的传统文化。2013年全球教师地位调查报告表明，新加坡在21个国家中位居第七，且大部分新加坡受访者表示会鼓励自己的孩子成为教师，有超过46%的受访者表示学生十分尊重教师。[③] 新加坡教育部的公共认知调查显示，在新加坡，教师被公众视为对社会贡献度最高的职业。[④] 据TALIS 2018调查结果显示，10位教师中有7人将教师作为他们的首选职业。关于他们为什么加入这个行业，有95%的新加坡教师认为教育很重要。可见新加坡教师的积极性和对职业的认可度也很高。

与其他国家不同的是，新加坡的师范生同时也是被国家雇佣的公共服务机构人员，简称"教育公务员"（general education officer）。在新加坡，教师不仅是一种受人尊敬和令人向往的职业，而且福利待遇优厚。比如，中

---

① INGERSOLL, et al. A comparative study of teacher preparation and qualifications in six nations[R]. CPRE Policy Briefs, 2007.

② 孔令帅，丁笑炯，吕杰昕. 当前教师教育改革的国际经验与启示 [J]. 外国教育研究，2013（9）：3-10.

③ 21 Global teacher status[EB/OL]. [2018-09-01]. https://www.varkeyfoundation.org/media/4604/global-teacher-status-index.pdf.

④ TAN O, LIU W. Championing the teacher factor[M]//TAN O, LIU W, LAW E. Teacher education in the 21st century. Singapore: Springer, 2017: 33-44.

学毕业的师范生可以享受学费及生活开支全免，并且每个月能领取津贴，金额相当于新入职教师第一年薪酬的一半。对于那些研究生水平的师范生，他们的补贴相当于大学毕业的公务员薪酬水平。但是如果教师候选人没有成功完成项目的研修学习或者入职后没有在其岗位工作 3 ～ 6 年，那么学费和津贴需要全部偿还。这成为承诺完成教师项目的一个重要保障。

在教师入职后，往不同的职业方向发展需要获得相应的教育文凭。在这种门槛要求下，新加坡的教师队伍有自身明确的职业发展路线（见图8-3），并能刺激教师以终身学习为理念，不断完善自身的教育专业能力和水平，从而消除一定的职业倦怠感，在教育领域获得良好的发展空间。这不仅成为吸引各界人才进入教师行业的一个吸引点，也促进了在职教师质量的可持续提升。

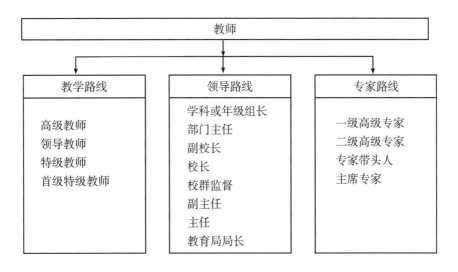

图 8-3 新加坡教师职业发展路线图

资料来源：Ministry of Education，Singapore. Career information[EB/OL].[2021-07-22]. https：//www.moe.gov.sg/careers/teach/career-information.

2. 严格的招生与选拔程序。

在新加坡，国立教育学院（NIE）是负责全国教师招聘与培训的唯一机构。为了确保教师的质量，国立教育学院从源头上设置了一套严格的招生与选拔程序。新加坡国立教育学院根据政府对教师退休和招新的计划，确

认中小学教师的招聘培训人数。近年来，国立教育学院平均每年开放 2000
个工作岗位，但在全国会有 16000 名招聘者，这使教师成为高选拔性的职
业。学生可以在十二年级或大学以及理工学院毕业后进入教师教育培训。
只有毕业班级成绩、国家考试或者教师入学资格考试中排名前 3% 的学生
才有资格申请教师培训。但这些还不够。完成培训后的学生在通过了论文
评审之后，将接受面试，以确定他们是否有激情、信守承诺、具备正确的
价值观、乐于学习、拥有良好的沟通技能，是否能成为一名优秀的教师。
但最终只有 1/8 的人能通过面试，通过面试的部分教师候选人还将参加入
学考试。

（1）申请。

教师候选人首先要自行向国立教育学院或教育部提交资格申请，这是
成为预备教师的第一步。国立教育学院对于所有教师职位都有相应的准入
标准，按任教科目和教学年龄做具体规定。所有教师职位申请者必须满足
以下条件之一：拥有大学学位及毕业文凭；通过 2 个 GCE "（A/H2）" 水准
（General Certificate of Education Advanced Level，普通教育高级证书）和 2 个
"AO/H1" 水准；拥有 IB 文凭（International Baccalaureate Diploma Programme,
国际预科证书）。除了这些基本资格要求外，申请人在申请对应中小学教学
科目时还必须达到对应学科的学历和能力要求。以英语语言为例，申请人
想要申请该科目的任职教师，必须至少符合以下要求中的一项：综合考试
中通过 GCE "A" 水准；知识与问询的成绩达到 H2 水平；通过标准（高级）
英语水平考试（国际预科）；GCE "O" 水准测试中英语成绩达到 B3；新
加坡国立大学高中文凭中英语 CAP 为 3.0。申请人如果想要成为体育老师，
就需要额外进行体能测试。[①]

（2）面试。

申请成功的人员，将会收到包含入围教学科目和面试详情等信息的面
试邀请。面试内容包括书面任务、简短陈述和面试小组讨论三部分。但如
果入围的科目为母语教学，面试者将被要求在各自的母语教学中完成书面
任务和简短演示。面试的主要目的不在于考察申请者的知识能力，更多的

---

① 刘世强 . 新加坡职前教师教育质量管理研究 [D]. 石家庄：河北师范大学，2018：30-31.

是考察其是否具备教育热情和情怀。最终只有约 1/8 的申请者可以通过面试。

（3）入学考试。

顺利通过面试的申请者，获得免试资格的可以直接进入国立教育学院学习，剩余的申请者还需要通过政府组织的入学能力测验（entrance proficiency test），通过该考试才能有资格进入国立教育学院学习。顺利通过面试和入学考核的申请者还需进行体检，体检的相关费用由教育部提供，达到身体健康要求的人员，最终拿到录取资格。

新加坡与其他国家不同的地方在于其将教师教育质量保障前移到了对师范生的选拔。[1] 教育部和国立教育学院在教师教育的源头上就对教师的质量进行了严格的把关，建立了具体、公平的教师选拔制度，在极大程度上利于国家把优异且具有教育情怀的人才筛选进入教师教育培训项目，从根源上保障了新加坡教师教育质量保障机制的健康运行。

### （二）新加坡教师教育课程质量保障程序

教师教育课程方案是教师教育培训的核心，对于教师教育课程质量的保障也是新加坡教师教育质量保障机制的关键一环。彼得·尤厄尔（Peter Ewell）总结了过去 20 年各国高等教育质量保障机制的演变发展后得出如下结论：各国的质量保障机制逐渐从高等教育机构院校设置和分配等宏观层面聚焦到高校教师的教学技能表现等微观层面。[2] 而教师教育质量保障也同样反映了这一转变趋势："过去更加关注外部的机构构建和资源分配等问题，而如今更加关注实际培养过程中教师候选者的学习成果以及实际教学情景中教师的教学能力。"[3] 近年来，为提升新加坡教师教育质量，新加坡政府进行了一系列教师陶冶及专业培养项目。

---

[1]　TATTO M T. The role of research in the policy and practice of quality teacher education: an international review[J]. Oxford review of education, 2015（2）: 171-201.

[2]　EWELL P. Twenty years of quality assurance in higher education: what's happened and what's different? [J]. Quality in higher education, 2010（2）: 173-175.

[3]　LOUGHRAN J. Quality in teacher education: challenging assumptions, building understanding through foundation principles[M]// ZHU X, GOODWIN A L, ZHANG H. Quality of teacher education and learning. [S.l.]: Springer, 2017: 69-84.

1. 课程目标保障：培养自主而有思想的教师。

传统的教师教育课程以注重教育知识、教学技能和课堂管理为主，随着 21 世纪新时代信息技术的发展，有关专家指出，教师教育需要具有变革性，才能培养出具备价值、知识和技能的高质量教师，教师应该从"静态知识的拥有者"向"学生学习的鼓舞者"转变。根据新加坡教育部在《思考型学校：学习之邦》一文中提出的观点，教师的主要任务是教会学生终身学习的能力，为新加坡的发展塑造新一代文化情结的人才。从中可知，教师可以从文化价值、学习变革、思维创新等方面进行自我提升，给学生做出表率和榜样。这种理念就是从价值观与态度层面对教师队伍进行审查，从本质上对教师提出道德要求。对此，新加坡国立教育学院的教师教育培育目标开始逐渐强调价值理念的培养，包括情感、技能、态度价值观。[①] 在 21 世纪，新加坡教师教育课程体系以培养自主而有思想的教师为目标，紧紧围绕"国立教育学院毕业生能力框架"（见表 8-3）而设置，来保障教师教育的课程培训质量。在学校层面，教育部越来越重视培养准教师具备 21 世纪必备的技能、知识和价值观，使他们能适应迅速变化的社会环境，在工作中取得成功。正如表 8-3 所示，对准教师的能力要求不仅停留在知识与技能层面，更加强调对教师自身的价值与思维、态度等的培养。硬性的毕业能力要求为教师教育的培育课程提供了指标性的保障。"毕业生能力框架"为国立教育学院毕业生制定了一套专业的标准，与教育部制定的教师专业标准相一致，这使得毕业生从职前培训到课堂教学也能继续发展这些能力。它为准教师提供了一个共同的工作基准，为导师提供了一个良好的发展框架，并为教师教育利益相关者提供了明确的期望。

2. 课程结构保障：灵活化、多样化、国际化、精英化的课程体系。

新加坡国立教育学院为预备教师提供了三类职前教师教育项目：文／理学士（教育）本科项目、研究生教育文凭项目以及教育文凭项目。在课程结构方面，三类教师教育项目虽在学习周期、申请资格方面有些差异，但培养内容大体相似。三类项目的课程都包含了以下四门主干课程：教育研究（20%）、课程研究（50%）、实习（25%）、语言强化与学术论述技巧（5%）。

---

① 谌启标.新加坡教师专业主义传统与变迁 [J].基础教育参考，2004（6）：25-27.

表 8-3 国立教育学院毕业生能力框架表

| 绩效指标 | 核心能力 | 学习水平 |
|---|---|---|
| 专业实践 | 1. 培育儿童 | CB |
| | 2. 为儿童提供高质量的学习 | CB |
| | 3. 在协同联动课活动中为儿童提供高质量学习 | CB |
| | 4. 培育知识 | AR |
| | （1）学科知识 | CB |
| | （2）反思性思维 | CB |
| | （3）分析性思维 | CB |
| | （4）主动性 | AR |
| | （5）创造性教学 | AR |
| | （6）关注未来 | AR |
| 领导力与管理 | 1. 赢得心智 | AR |
| | （1）熟悉环境 | AR |
| | （2）发展他人 | AR |
| | 2. 与他人共事 | AR |
| | （1）与父母成为伙伴 | AR |
| | （2）团队合作 | CB |
| 个人效能 | 认识自己与他人 | CB |
| | （1）倾听自我的声音 | CB |
| | （2）人格正直 | AR |
| | （3）理解并尊重他人 | CB |
| | （4）韧性与适应性 | CB |
| 注：学习水平分为两类：（1）能力建构（capacity-building，CB）；（2）意识培养（awareness raised，AR）。 | | |

这些课程是确保学生教师能够达到授课教师标准的基本保障，是确保教师质量的重要手段。[①] 本节从文 / 理学士（教育）本科项目出发来分析新加坡如何通过课程结构的设置来保障教师教育质量。文 / 理学士（教育）本科项目的课程包括 9 门课程，除了上述提及的 4 门课程外，还包括学科知识（subject knowledge）、基础课程（essential course）、团队服务学习（group endeavours in service learning）、学术科目（academic subjects）、普通选修（general electives）（见表 8-4）。这 9 门课程划分成核心课程、专业选修课程、普通选修课程三大类。其课程结构的设置主要有以下几个特点。

---

① INGERSOLL，et al. A comparative study of teacher preparation and qualifications in six nations[R]. CPRE Policy Briefs，2007.

表 8-4 新加坡国立教育学院课程结构表

| 模块 | 内容与目的 | 具体科目 |
|---|---|---|
| 教育研究 | 学生将学习教育领域的关键概念和理论原则，这些概念和原则是学校有效教学和反思性实践所必需的。同时，师范生有机会对教育领域的重要问题进行深入研究 | 教育心理、教学与学生管理、有效教学与 ICT、教学的社会情境等 |
| 课程研究 | 学生将学习特定学科的教学论，该课程设计致力于培养师范生教授具体学科的教学技能。不同学科的师范生需要选择不同的课程 | 艺术、英语、数学、音乐、科学、社会科学、中文、马来文、体育教育和运动科学、品格与公民教育等学科 |
| 学科知识 | 这一模块主要是帮助学生强化相应的学科内容知识，因此，其课程选择必须与"课程研究"模块相一致 | 根据师范生所选择的任教学科，不同学科方向提供的科目课程有所不同 |
| 基础课程 | 帮助学生理解多样化社会，并学会如何在其中生活、工作 | 多元文化研究：欣赏和尊重差异 |
| 实习 | 教育实习是教师培养项目的重要组成部分，让学生能够在提升教学专业能力的过程中逐步进入真实的教学情境，最终树立专业自信心和自主权，独立承担起完整的教学任务，实现从实习教师到新手教师的身份转变 | 四个实习阶段：学校体验教学见习教学实践 1 阶教学实践 2 阶 |
| 语言强化与学术论述技巧 | 这一模块的目的在于让学生掌握教学所需的基本语言和发音技巧，以及提升作业论文等学术写作能力 | 教师交流技能课、学术对话技能课 |
| 学术科目 | 这一模块涵盖 1～2 门学科的内容知识和基本概念与原则等内容。不同学科的学生所需要选择的科目组合有不同的要求 | 艺术、英语、历史等人文社科科目，生物、化学、物理、数学等理工科科目 |
| 选修课 | — | — |
| 团队服务学习 | — | — |

（1）灵活化。

新加坡国立教育学院的教师教育课程采用集严格性和弹性为一体的单元课程体系。该课程体系主要是将一门课程按照知识体系划分为一个个独立的模块，学生可自由选择自己想要学习的模块，同时每个模块的内容由不同教师进行组织授课。此外，模块中的课程除了每位学生的必修课，还有供其自由选择的选修课。这些选修课有利于开拓教师候选人的视野、知识面，能增强对教师职业的理解，提升自身技能，是提高教师质量的好方法。[①]

（2）多样化。

为了丰富教师候选人的学习经历，除了表8-4所示的九大学习课程以外，国立教育学院还为教师候选者提供额外的活动、学习项目。为了顺利从国立教育学院毕业，取得教师入职资格，新加坡教师候选人还有两门必修课程：一是品格与公民教育；二是英语语言学习课。其中，品格与公民教育课程旨在帮助教师候选人了解品格教育的主要概念和问题，并掌握他们在学校品格教育中所扮演的角色。此外，新加坡教师教育尤其重视"服务学习"理念，通过体验式的教学方法来培养教师候选人的公民意识。例如，国立教育学院从2005年起就要求所有的教师候选人通过服务学习经验及义务的国际服务学习经验，并成立"服务学习活动小组"。教师候选人以16～20人为一组，进入社区参加服务学习活动，当他们了解到社区所面临的挑战时，需要采取行动改善情况，通过增强意识让其他人了解到社区内的重要问题，或者成为一个倡导者激励、影响他人做出行动。将服务学习作为教师教育课程的一部分，是进一步培养高素质教师的有益途径。在多样化的课程体系下，教师候选人经历了丰富而有意义的学习体验，从中获得成长并激发了他们的教育热情，在一定程度上保障了教师教育的质量。

（3）国际化。

随着全球化的快速发展，各国之间的文化经济联系日益紧密，教育也呈现出广泛的融合趋势，新加坡教师教育与时俱进，致力于培养具有国际视野和理解力的高质量教师。除录取国际学生进入教师教育培训之外，新加坡国立教育学院还打造教师教育培育课程的国际化体系。[②]新加坡国立教

---

① 贾万刚.新加坡教师教育专业化发展的特点及其启示[J].世界教育信息，2005（6）：22-24.

② NAZEER-IKEDA R Z. Reforming Teacher education through localization-internationalization：analyzing the imperatives in Singapore[J]. Annual review of comparative and international education，2014（25）：169-200.

育学院教师教育课程以促进人的全面发展、培养具有国际视野的教师为指导思想，注重各种族文化与学科的交融性，强调教师的国际化能力和素养。例如，国立教育学院推出了"全球交换项目"，其中包括国际教育实习项目，学生可以申请到国外合作院校进行为期五周的海外教育实习；此外，国立教育学院还为学生提供国际教育实践项目，教师候选人有机会申请赴海外教育学院实践五周，拓宽国际视野。另外，国立教育学院的学生通过在线网络课程平台或赴海外研修的课程学分也被国立教育学院所承认。综上可得，国立教育学院国际化的教师教育课程体系，从国际视角出发，保障了教师教育质量的国际水准。

（4）精英化。

新加坡从精英教育的角度出发，以培养未来教育的精英为目标，实行精英化高水平的教师教育课程项目。例如，设立在南洋理工大学内部的国立教育学院实行 NTU-NIE 教学学者项目（teaching scholar programme，TSP），为教师候选者提供各种海外教育交流机会，它的目的是培养具有知识素养、强大领导才能和全球视野的教育变革领导者。该项目录取率十分低，每年仅录取约 70 名学生，被录取的学生可以参与前沿教育研究，融入最佳的全球教育系统，扩大全球教育视野，体验丰富的学习生活。例如，参加大学的本科生研究体验以及参加国际会议和海外实习等。[①]

## （三）新加坡教师教育实习质量保障程序

从 20 世纪 80 年代起，新加坡开始日渐重视"实践经验"在教师教育中的地位，其具体表现是安排预备教师进入中小学进行实习教学，并从教学中获得反思。Glickman 和 Bey 提出，实践经验被公认为是教师教育计划中最重要的部分之一。教育实习使得教师在职前能够具备初步教学能力，使他们的教学理念具体化，并形成他们的专业身份，有助于为实际教学做好准备。澳大利亚学者苏珊·格朗德沃特·斯密斯（Susan Groundwater Smith）认为，现代教师教育面临着"实习转向"的挑战，教育实习被建构

---

① Teaching scholars programme[EB/OL].[2018-09-01]. http://tsp.nie.edu.sg/faqs.htm.

成为一种实习课程，成为预备教师提升专业实践能力的必经渠道。[①] 在新加坡 21 世纪教师教育新模式中，教育实习被定位为教师培养的主干，其目的在于帮助预备教师提升教学能力和意识，为未来学校教育情境中的真实教学做准备，是实现教育理论与实践沟通融合的必要条件。[②] 国立教育学院作为教师教育实习的负责机构，从实习组织关系、实习制度、实习时间、实习评价等方面出发，构建了一套严谨、科学、完备的实习制度，全方位来保障教师教育实习的质量。

1. 打造"教育部—国立教育学院—中小学"三方合作模式。

在任何教师教育模式中，中小学校与大学之间的合作伙伴关系都是至关重要的。在新加坡，国立教育学院与教育部以及中小学校之间建立了良好的合作伙伴关系（见图 8-4），所有利益相关者共同合作，这种牢固的三方关系是保障新加坡教师教育实习质量的关键所在。这种合作关系的具体表现形式为：国立教育学院在学术环境中为学生提供正式的教师教育课程，然后由教育部安排当地中小学校积极支持并提供实习机会。这种合作伙伴关系加强了"以大学为基础的学习"和"真实的课堂教学"之间的关系。值得一提的是，该模型是以研究为驱动和以实证为基础的，这利于国立教育学院更高效、更便利地了解和解决预备教师的就业需求和担忧，从而在实习设计方面做出相应的改革。教师教育理论与实践的脱离是当下各国教师教育面临的共同问题，而新加坡强大的三方合作模式为学生的教育实践提供了最好的支持。战略规划与学术质量办公室（Strategic Planning and Academic Quality）主要负责人谈及："保障新加坡教师教育质量保障机制的健康运行，促进教师质量的提升就是我们的工作和利益需求。近年来，新加坡基础教育的发展成绩是我们利益得到保障的最好证明。但由于我们自身没有在中小学任教，有时候对于不同学校的细则和更新创造没有那么敏感。为了更好地给予他们帮助，我们要做的或者说机制要做的就是及时加

---

① GROUNDWATER-SMITH S. Foreword to a practicum turn in teacher education[M]//MATTSSON M，EILERTSEN T V，RORRISON D. A practicum turn in teacher education. Netherlands：Sense Publishers，2011：ix-xi.

② NIE Office of Teacher Education. Practicum handbook 2018[EB/OL].[2018-08-15]. https：//www.nie. edu.sg/teacher-education/practicum/.

强我们国立教育学院与中小学校的联系，保证培养师资的队伍和师资要输往的学校之间是紧密联系，也是信息互通的。新加坡在这方面正在日渐完善。"增加合作伙伴关系为教育实践和教育理论学习提供了共同的目标和互相协作的框架，在教师教育理论与实践之间搭建起了牢固的桥梁，弥合了学校学习和真实课堂教学之间的差距。从对教师教育实习质量保障的层面来看，强化三方合作伙伴模式使教育实习成为有意义有保障的指导，利于教师候选人向在职优秀教师和领导者学习教学管理经验，通过赋予责任和实践的机会提升预备教师的能力。除此之外，三方合作伙伴模式不仅能使教育实习在目标、内容、评价等方面保持一致，还能使预备教师的教育实习与入职后的实际教学相联系，有利于促进教师教育培养过程的专业性和连贯性。

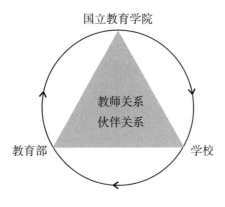

图 8-4　合作伙伴模式图

2. 建构导师指导制度。

要保障学生教师的实习质量，一定离不开优秀导师的监督和指导。古德温等学者指出，教师教育项目的质量取决于教师候选者的专业素养。[①] 新加坡为了保障教师教育实习质量，建构了严格的导师指导制度：聘请具有丰富经验的在职教师和教师主管人作为实习教师的导师，为实习教师提供问题咨询、教学指导、实习评估与反思等服务。其中，导师队伍大致由三

---

① GOODWIN A L, SMITH L, SOUTO-MANNING M, et al. What should teacher educators know and be able to do？ Perspectives from practicing teacher educators[J]. Journal of teacher education，2014（4）：284-302.

种类型促成：国立教育学院主管、学校协调导师和合作导师。学校协调导师主要从中小学校长等领导中委派，负责实习教师的统调事务。合作导师也称指导教师，主要来源于中小学一线优秀教师，给予实习教师具有针对性的教学指导。国立教育学院主管主要对实习教师的实习过程进行评估，给予反馈意见并促使其对实习进行反思。尽管三类导师的身份和职责不尽相同，但是他们对于实习教师的角色是一致的，都是他们的实习指导者和学习榜样。

荷兰学者冯克（Vonk，J. H.C）针对教师候选人导师的角色和职责做了相关研究，认为作为优秀的教师导师，应具备三方面的基本知识：掌握教师专业发展过程中的维度，分析教师课堂教学的框架，理解以有意义学习为目标的教师专业学习过程。[①] 为了确保导师自身的质量，能承担各自的职责，更好地保障学生的实习质量，国立教育学院也为导师人员制订出了一套结构化培训方案，使导师在实习教师实习前、实习中、实习后不同阶段都有明确的角色定位，给予其具有针对性的专业指导。（如表 8-5 所示）

表 8-5　导师在预备教师实习中的角色

| 阶段 | 导师的角色与职能 |
|---|---|
| 实习前 | 1. 领导预备教师、国立教育学院监督协调员、专业学习问询小组一起商议和探讨实习的准备及期望；<br>2. 引导实习教师进入学校系统，并指导其合理安排分配工作时间。 |
| 实习中 | 除了担任协调者的角色，导师们还要扮演团队领导者和教练的角色：<br>（1）观察实习教师的课堂表现；<br>（2）及时给予实习教师客观的反馈；<br>（3）向国立教育学院导师和学校输出实习教师的相关情况和表现，用于评估；<br>（4）与专业学习问讯小组总结反思实习过程。 |
| 实习后 | 1. 组织预备教师、学校指导教师和国立教育学院导师合作，共同对实习经历进行反思与总结；<br>2. 与实习教师进行会谈，结束实习。 |

---

① VONK J H C. Mentoring beginning teachers：development of a knowledge base for mentors[C]. Paper presented at the annual meeting of the American educational research association. Atlanta，GA，April 12-16，1993.

新加坡教师教育严密的导师制度是预备教师能顺利且高质量完成实习的重要保障，为其提供了来自一线教师、学校和教育部主管的经验、训导以及各种建设性意见，有利于培养出善于思考和反思、熟练掌握教学技能且富有创新性的 21 世纪新教师。

3. 合理安排实习时间。

充裕的实习时间是保障实习质量的前提。新加坡国立教育学院借鉴美国斯坦福大学的教师教育模式，从教师候选人正式开始第一学期的学习时，就在理论课程的基础上开展实践实习活动，比如进校教学和环境体验等各式的实习活动。同时，这也为教师教育职前培养课程和职后工作搭建了联结的桥梁。在教师教育培养体系中，国立教育学院会在每学年预留一定课时的时间，为学生安排不同主题的实习。以四年制的文/理学士（教育）项目为例，第一学年实习时长为一周，教师候选人进入中小学观察实际教学课堂，主要以体验和反思为主；第二学年实习时长为五周，除了课堂观察外，教师候选人的主要工作是听课、备课、安排教学计划、学习课堂管理等；第三学年实习时长也为五周，教师候选人开始学习教学设计、准备相关教学资源并开展学生管理工作；第四学年有十周的实习时间，教师候选人在最后的实践阶段需要独立完成教学任务，涉及的范围更广泛，包括设计课外活动、进行学生评价等内容。

除理论课程学习外，国立教育学院给教师候选人预留了充足时间进行实践实习，这是整个实习机制能高效运转的前提条件，也是实习教师提高实习质量的一大保障。

4. 建立客观公正的实习评价体系。

新加坡构建了"以实证为本"和聚焦专业发展的预备教师教育实习考核评价体系，把好教育实习"出口"关。国立教育学院设计了一张教学表现评价表，教师候选人在真实学校情境中的表现和行为都会被记录在该评价表中，在实习结束阶段作为成绩考核以及导师指导评价的客观依据。在保障实习质量上，新加坡国立教育学院对教师候选人的实习评价坚持从价值观和技能两个维度出发，建立客观公正、科学严谨的实习评估体系。同时，国立教育学院利用绩点评价法、电子档案袋等多元评价工具，以收集并保存教师候选人实习实践历程实证资料为证据，努力做到对预备教师的实习表现科学公正的"整合式"(holistically)评价考核。①

此外，新加坡国立教育学院的教育实习评价体系是由国立教育学院、中小学校、导师和教师候选人等利益相关者共同参与的，各主体秉持着沟通协商、自我反思、及时反馈、客观公正等原则，从提升教师专业能力、素养和价值观等多维度来打造独特的教育实习评估机制。客观公正的实习评价体系对实习教师的实习过程起到直接监督的作用，让实习教师以及利益相关者可以随时了解与审查其实习的质量，反过来又能促进实习过程的改进和专业发展。总之，客观公正的实习评价体系是保障新加坡教师教育实习质量的重要一关。

总而言之，在新加坡教师教育三方合作伙伴模式下，每位实习教师都配备专业的导师作为实践指导，拥有充足的实习时间和合理的实习安排，实习过程能受到客观公正的评价，并从中获得有效的反馈信息来改进提升自己。在这样的实习框架下，新加坡教师教育的实习质量获得了坚实的保障。

### （四）新加坡教师教育评估质量保障程序

由于教师教育培养的是具有主观能动性的主体，对教师教育项目进行质量评估是当前教师教育质量管理面临的难题。对此情况，新加坡国立教育学院对教师教育全程各阶段实施持续性、跟踪性的评价，从多角度、多主体出发对教师教育质量实行动态性监控。泰托与皮平两位学者将新加坡教师教育的质量评估模式称作"聚焦成效、自我导向"的质量评估模式。该模式主要凸显评估的目的不仅在于质量问责，更在于以评估主体的自我反思为导向，促进质量的提升。②

1. 框架保障：国立教育学院教师教育评估框架。

国立教育学院的学术质量管理办公室建立了一套职前职后相衔接的评价工具，具体有四种，皆由国立教育学院自主设计研发并实施，从而建立对每个阶段的预备教师进行基于证据收集和分析的评估框架（见图8-5）。

---

① NIE Office of Teacher Education. Practicum handbook 2018[EB/OL].[2018-08-15]. http：// www.nie. edu.sg/teacher-education/practicum/.

② TATTO M T，PIPPIN J. The quest for quality and the rise of accountability systems in teacher education[M]//CLANDININ D J，HUSU J. The SAGE handbook of research on teacher education. London：SAGE Publications，2017：68-89.

新加坡国立教育学院教师教育评估框架主要将教师教育的发展过程分为四个阶段：萌芽阶段、发展阶段、实施阶段、评估阶段。在以上四个发展阶段进行的同时，新加坡学术质量管理办公室又设计了四种测评工具来记录和评估预备教师在学习和教学过程中的学习成效、价值观和信念等。工具的开发是依据全球各国在关于教师教育质量的建构经验下进行的，包括中期项目体验调查、项目结束评估调查、毕业生准备调查、利益相关者调查。

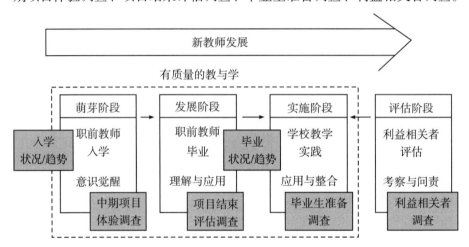

图 8-5 新加坡国立教育学院教师教育评估框架和工具图

资料来源：NEIHART M F，LEE L. Quality assurance in teacher education in Singapore[M]//
TAN O，LIU W，LAW E. Teacher education in the 21st century. Singapore：
Springer，2017：283-300.

首先是萌芽阶段。通过申请、面试和体检正式进入国立教育学院学习，预备教师开始意识到教与学的基本理论基础，这也是预备教师对于教师职业的意识觉醒阶段。在这一阶段，中期项目体验调查负责收集预备教师在四年制教师教育项目中的前两年数据，主要评估预备教师的学术学习成果、价值观和职业信念以及他们对学习项目质量的满意度。

其次是发展阶段。教师候选人开始在国立教育学院学习相关理论课程和实践课程，在这一阶段，预备教师能够理解掌握教育知识并能将其运用到实际的教育情境中。项目结束评估调查定期向国立教育学院提供所有教师教育项目的预备教师的总体表现，对国立教育学院毕业生进入教师行业是否做好了充分的准备进行评估和衡量。

再次是实施阶段。国立教育学院教师候选者通过毕业能力认定，将正式从国立教育学院毕业进入中小学校担任新手教师。这是理论学习向真实实践课堂转变的第一步，也是检验国立教育学院教师教育培养质量的第一步。毕业生准备调查收集初任教师在完成其教师教育年限后的感知教学以及学习能力的数据，在这一阶段主要评价衡量的是初任教师将所学知识转化为实践的能力。

最后是评估阶段。这也是新加坡教师教育质量监管的最后一个阶段。主要由教师所在学校的校长、部门主管和经验丰富的优秀教师对其教学专业能力进行观察评价，主要调查从国立教育学院毕业进入教师岗位的学生是否具备教师胜任力。前三个阶段主要描述了预备教师在职前阶段的专业成长，第四阶段则对这个专业发展过程进行评估，强调并验证了教学对于初任教师的重要性。利益相关者调查测量初任教师督导对其作为教师有效性以及对国立教育学院教师培训项目有效性的评价。这是一种工具，用来三角化初任教师对其技能和知识的认知，也是新加坡教师教育质量保障过程的最后一个阶段。

2. 多元化的评估方式。

在评价方式层面上，目前新加坡国立教育学院采用主客观相辅相成的评价方法，讲究过程性评价和终结性评价相统一。具体的评估手段包括绩点评价法、电子档案袋评价法和 21 世纪教学评价框架等。

（1）绩点评价法。

评估教师候选者最直接的方法是根据他们的课程成绩或考核成绩来对他们进行评分。国立教育学院的学生平均每人要学习 69 个单元课程，最终的课程平均绩点需要高于 2.0。在 69 个单元课程中，不仅包括教育理论知识的学习，还包括实习实践成绩的考核。学生从国立教育学院毕业前，如果未达到相应的绩点要求，会被成绩警告系统检测告知，督促其完成学业考核。达标后的毕业生根据绩点的高低水平会被给予不同层次的证书。综上可得，绩点考核法是一种较为客观的教师评价法，能直观地反映出不同毕业生的能力水平，也是保障教师教育职前培育质量的有力武器之一。

（2）电子档案袋评价法。

新加坡职前教师教育阶段的另一主要评价方式是电子档案袋评价法。电子档案袋评价法是将国立教育学院学生的日常学习情况和成效搜集记录，反映的是学生的过程性表现水平。电子档案袋搜集的资料不仅包括平时纸质作业、PPT 文件等，也包括影视图像等第一手资料。电子档案袋法虽具一定的主观性，但有利于教师候选人通过查阅个人档案袋进行自我总结和反思，在反思中学习进步。

（3）21 世纪教学评价框架。

国立教育学院既是培育新加坡教师候选人的主体，也是评价教师候选人的负责人。在对国立教育学院的学生进行评估时，既关注教师的成绩质量，也强调通过评价反馈来提升学生学习的效率和成果。为了打造高质量的教师队伍，国立教育学院设计了 21 世纪教学评价框架工具，为教师评估提供新时代的框架标准。该框架的重点是既定的评价能力指标，是一套系统的从职前到在职教师的评价能力框架。这一框架不仅是对评价能力标准的简单呈现，更重要的是包括了教师有效教学的核心评价能力：设计适合教学的评价方法；将评价融入为有效教学的组成部分；评价的标准和过程是公开互通的；鼓励教师自评，打造反思型教师；及时向教师候选人提供反馈；监督管理评估体系。①

综上所述，新加坡国立教育学院从机构主体层面构建了教师教育评估框架，从微观方法层面开发了多元化的评估方式，打造了严密客观的教师教育评估质量保障机制。这一质量保障机制呈现出以下三个特点。

其一，构建了以实证为驱动力的教师教育质量监控机制。达琳·哈蒙德（Darling Hammond）谈及：教师教育发展质量与评估在世界各国日益得到重视，教师候选人在课程学习或学校实习等场景中反映出的成果成为各

---

① National Institute of Education. A teacher education model for the 21st century[EB/OL]. http：//www.nie.edu.sg/docs/default-source/nie-files/office-of-strategic-planning-academic-quality/te21-report_a-tchr-ed-model-for-the-21st-century.pdf？sfvrsn=2.

国教师教育质量评估的重要指标。[①]新加坡国立教育学院在不同时期以教师候选人的实际表现和绩点为依据，运用了多元的评价工具对其成果进行评估，正体现了以实证为基础的特点。

其二，多元主体协作参与教师教育质量评估。在新加坡，教育部、国立教育学院和中小学校三方都是教师教育发展的利益相关者和主体。这种三方合作伙伴模式也在教师教育质量评估环节有所体现。新加坡教师教育的评价理念是公正、开放、多元的，也是从教师候选者和各个利益相关者的需求角度出发的，这也体现了对新加坡教师培育的人文价值关怀。此外，教师候选者的评价资料与结果在教育部、国立教育学院和中小学校三方都是互通共享的，既使评价过程和结果得以公开透明化，又为各方评价主体修订、改进评估机制提供重要参考。

其三，是一种连续性、跟踪式的长期质量评估。国立教育学院不仅负责新加坡职前教师培育的评估，也对在职教师的表现进行评估和跟踪。全面系统持续性的评估机制有利于在教师教育发展中建立起职前、职后互通的渠道，在真实的教学课堂和预备培育之间建立起联系。这种评估方式的优势在于可以根据教师候选人入职后的表现和教学成果来反向调整国立教育学院职前培育的课程方案，为教师教育改革提供真实的实证依据。

---

① DARLING-HAMMOND L，NEWTON S P，WEI R C. Developing and assessing beginning teacher effectiveness：the potential of performance assessments[J]. Educational assessment，evaluation and accountability，2013（3）：179-204.

第九章

新加坡教育的

改革走向

新加坡发展成为世界经济发达国家与其独具特色的教育密切相关。新加坡的教育在过去几十年间极大地支撑着新加坡的快速发展，形成了一些值得借鉴的经验和特色。然而，时代在发展，新加坡的教育也难免面临着问题和挑战。新加坡教育未来该何去何从，这是一个值得探讨的问题。

## 第一节　新加坡教育的经验与特色

新加坡的教育具有诸多特色，在此笔者仅列举以下四点：强调政府的支持与管控、加强知识与实践的联结、强化师资队伍建设、国际化办学。

### 一、强调政府的支持与管控

#### （一）权威政策的引领

政策引领最重要的是让教育与经济发展相适应，这不仅体现在基本教育总方针的制定上，并且在课程设置方面也注重与学生未来的就业状况相对应。同时，政府也制定了语言、价值观等一系列教育政策，引领社会文化导向。

1. 出台政策，适应社会经济发展

政府不断出台政策以确保教育发展的方向与经济社会发展相适应，还根据学生毕业就业情况设立课程大纲，以确保培养出能与社会发展接轨的人才，提升毕业生就业率，使教育可以成为推动和引领社会发展的中坚力量。1959 年，新加坡制定了"发展科技实用教育以配合工业化和经济发展需要"的基本教育方针，作为教育活动的指导思想和依据。1965 年新加坡独立后，当时的教育部部长杨玉麟宣布："教育计划必须伴随经济计划，为国民提供技术教育和训练必须被看作是取得任何经济成功的基本要素。"2004 年，新加坡设立了全国人力资源委员会和高校顾问委员会，通过调查监督高校的专业设置、课程结构和教学内容等是否与未来的国家经济和社会需求相适应，以此及时灵活地设置与调整高校的课程。2008 年，教育部出台了测量就业的重要指标，在学生毕业半年后进行就业状况调查，为学生提供及时且具有可比性的数据，帮助学生理性选择专业、科学规划课程。① 政府也会通过调查人才市场，在预测未来经济的发展情况下再确定学校不同学科的招生规模，以此来让学校培养人才的方向与经济发展方向保持一致。这样做从国家层面来说，教育与经济发展是相辅相成的，教育发展会受到国家政治经济的影响，但如果教育能在一定程度上与经济发展相匹配，不出现脱节现象，教育也可以成为推动和引领社会发展的中坚力量。而对于学生来说，学科和课程设置与经济社会发展相适应可以提升就业率，也可以为日后工作提供更多的帮助。

2. 注重共同价值观教育。

针对各年龄阶段的心理生理特征，新加坡教育部制定了不同的国家认同教育政策：小学生要了解并热爱新加坡；中学生毕业后要懂得为新加坡发展而努力；初级学院学生毕业后要为新加坡自豪，并以全球视野看待新加坡与世界的关系。

小学的国民教育课程内容涉及五个主题：个性塑造、与家庭的联系、对学校的归属感、作为社会的一分子、以国家为荣并忠于国家。

中学课程则涉及七个主题：培养良好的品德、发挥个人潜能、促进人际关系、肯定家庭生活、发挥社区精神、加强对文化与宗教的认识、培养献身国家建设的精神。

在 21 世纪更是要求中小学生具备归属感与信念感，新加坡教育部发布了"国家教育计划"和"21 世纪能力框架"（见图 9-1）。

3. 双语教育政策维系政治稳定与经济发展。

在社会文化方面，双语教育政策是新加坡独立初期基于政治稳定、经济发展的需要而实施的一套语言教育政策。由于英语是工作语言，英语在新加坡社会中实际上扮演了第一语言的角色，母语为"第二语言"，体现了对各民族文化传统的传承，其中华语发展迅速。随着与中国的交往日渐频繁，加之中国经济的迅速腾飞，新加坡更加强调华语的推广和普及。为满足国情和客观实际的需要，新加坡教育部从 2007 年起在大学先修班增设"中国通识课"，主要目的是引导学生探讨 1978 年以后中国政治、经济、文

① National day rally 2019（English Speech）[EB/OL].[2019-10-11].https：//www.gov.sg/microsites/ndr2019/press-room/news/content/ndr2019-eng.

化、外交等方面的课题，了解相关历史因素，进而分析当代中国的发展以及面临的挑战，为学生提供一个了解中国国情的平台，帮助学生更为深刻地了解汉语文化背景和实际功用。

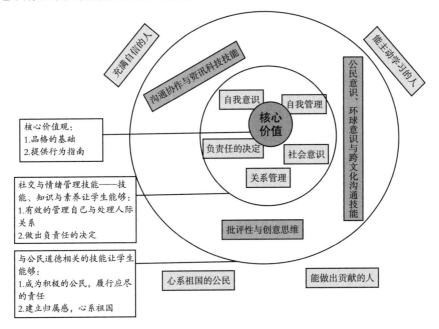

图 9-1　21 世纪能力框架

资料来源：刘薇，施雨丹.深度　长度　广度：新加坡国家认同教育特色探析 [J].中小学德育，2020（11）：9-13，34.

### （二）充盈财政的支持

新加坡政府十分重视教育，为教育提供的经费支持十分雄厚，这一方面减少了学生的就学经济负担，另一方面，丰厚的经费也为学校提供了良好的硬件设施，提高了学校发展科研以及教学的能力。

1. 政府资金投入占比较高。

新加坡政府每年的教育经费占整个国家 GDP 的 4%～5%。其中，中小学的经费全部来自教育部，小学不收学费，只收杂费；初中所收的学费要上缴教育部。[①] 教育部也为新加坡籍学生提供了教育账户和儿童发展账

---

① 宋若云.新加坡教育研究 [M].北京：经济科学出版社，2013：23.

户，账户中的金额可以用于支付学生中学后的教育费用。政府对高校的财政拨款也在稳步上升，在为教育所做的拨款中，为大学提供的拨款占到了四分之一。政府为学校提供资金的增长速度都是超过学生数量的增长速度的（见图 9-2），这一举措旨在保证高等教育不仅拥有较大普及规模，也拥有良好的质量。

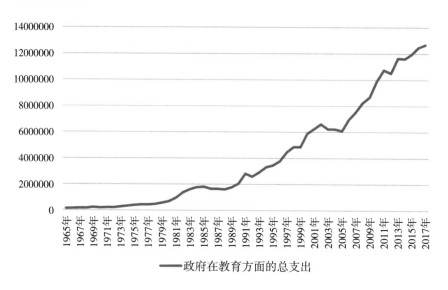

图 9-2　1965—2017 年新加坡政府在教育方面的总支出（单位：千新元）①

2. 资金来源多样。

外界还会提供各种各样的资金申请渠道，如赛马工会基金、校群督导拨款、教育科技拨款、创意基金等，用于校外交流、资助贫困学生、开展课外活动以及培训。经费来源的多样化为新加坡教育质量提供了坚实的物质基础。并且，为建立健全学校的科研发展自主体系，新加坡教育部设立了年度投资基金来资助大学的创新和再发展项目，投资基金由大学自主支配。同时新加坡政府为了激励捐赠者捐款，教育部会对大学吸纳的捐赠资金按 1：1 的方式追加，如果社会捐赠大学 50 万新元，教育部会再追加大学 50 万新元。②

①　王建梁，卢宇峥. 新加坡教育现代化：背景、进程及经验 [J]. 比较教育学报，2020（4）：29-43.
②　曹惠容. 新加坡教育投资政策研究 [M]. 北京：中国社会科学出版社，2012：43-45.

## 二、加强知识与实践的联结

新加坡各阶段的教育，不论是基础教育还是高等教育或是职业教育都十分重视对学生实践能力的培养。

### （一）校企合作全面推行

校企合作为新加坡各阶段的实践课程提供了良好的平台，新加坡的校企合作具有全方位、全领域、全过程的特点，尤为突出的是还在高等教育阶段建立了"教学工厂"模式。

1.校企合作贯穿教育各阶段。

新加坡的各个教育阶段和教育领域都十分重视校企合作。从小学阶段到职业教育、高等教育阶段，针对不同的学生开展家务理财或木工家电等工艺课程，这些课程由老师和企业员工等共同承担。校企合作的加强，一方面推进知识技术与应用的紧密结合，加深了学生对企业的了解，加强他们的创造性和团队合作精神，为以后的工作实习打下基础。同时在学分和时间分配上，校企实践课程也占有很大比重，以加强学生对实践课程的重视程度。另一方面，校企合作也具有稳定性和延续性。新加坡的公立大学每五年会依据"大学素质鉴定架构"对学校科研，教学水平进行评估，还会成立由教育部官员、工商业代表、研究机构代表等组成的外部调查小组，在综合各方意见之后，为大学提出建议和改进方案。此举不但让新加坡的高等教育质量得到保持和稳步提升，同时也加强了高校与社会的联系。得益于新加坡对终身教育和成人教育的重视，已就业的企业员工也可以进入高校学习新技术，以便与不断发展的科学技术保持同步，提升工作质量和稳定性，这在很大程度上也体现出校企合作随着社会经济发展是具有很强的稳定性和延续性的。

2.高等教育阶段的"教学工厂"模式尤为突出。

特别是在高等教育阶段，还开发了"教学工厂"模式。此模式是南洋理工大学为了让学生更好对接就业岗位，借鉴德国"双元制"推出的教学模式，将现代经营、管理理念融入学校，为学生提供产学结合的学习环境，形成学校、企业、实训中心三位一体的综合型教学模式。

（1）在学制、课程设置、教材方面突出培养应用能力。首先，在学制上，南洋理工大学采用了"2+1"的学制。即两年进行基础课程学习，在专业科技中心做实验，从事小研究，第三年从事企业或学校的项目研究或者进行实习。让学生在充分掌握基础知识的基础上进入企业进行实际操作，产学紧密结合，加深学生对知识的理解和提高应用能力。其次，在课程设置上与企业接轨。课程的设置把握四个原则：一是要满足新加坡经济发展的需要；二是要满足企业用人单位的需要；三是要坚持校企合作研发课程；四是要注重课程体系与内容的创新。[①]另外，所应用的教材大部分也是学校自主编撰的，内容来源于南洋理工大学开发的经验积累与分享系统，里面详细记录了教师和学生在研学时获得的经验体会，他们方案的制订、研发过程也会详细记录在案。在编写教材时从这个系统中有针对性地抽离出知识点，实用性很强，贴合了实际操作。教材的装订也体现了新加坡的先进性，采用合页装订，方便老师及时加入新兴的或删除过时的知识点，让教材内容紧贴当下实际，让学生接触到前沿领域。电子教材也得到了很好的普及推广，加强了学生学习自主性、灵活性。

（2）政府资助予以高质量研究硬件。"教学工厂"为强化学生的技能训练，设置了专业科技中心，而非传统的教研室。在教学活动中将企业的生产工艺流程等引入教学，使生产、科研、精英融合在一起。每个实训基地可以直接从事经营活动，获得的利益还可以补贴经费，为实验室的仪器进行更新换代，当然政府也会予以资助，让学生能使用先进、超前的仪器进行研究。

（3）实施"双轨制"配套课程体系。将一个班分为两个小组，每个小组进行不同的课程学习，第二学期两小组交换学习内容。这样分组设置课程学习既缩小了教学规模，提高了教学质量，让每个学生都有充分的实践机会，又有利于实验室的设备保养维护。另外，"教学工厂"还有独特的教学系自制结构：系主任—专业责任经理—学期课程 / 科目组长—科目协调主讲教师—讲师若干人。[②]其中，专门增加了专业责任经理，负责制定新专业文件、协调教师培训、评估教学工作、领导教材编撰等工作，使教学改

---

① 赵香柳. 新加坡工艺教育学院：企业的亲密伙伴 [J]. 教育与职业，2010（10）：92-93.

② 简祖平 . 向新加坡"教学工厂"学什么：从教学工厂的概念谈起 [J]. 中国职业技术教育，2010（19）：34-36.

进工作有领导性、指向性，不至于一团乱麻，便于推动工作进程。

**（二）校外活动不断延伸**

1. 基础教育阶段实行"少教多学"。

在基础教育阶段，教学设计上还采用了"少教多学"的课程计划，其目的是让学生在为接受高等教育做好准备的同时，专注于发展核心技能，享受学习的乐趣。[①] 例如，将英语、数学、科学等主要科目融为一体，教师制定任务后，学生通过自主探究、实践等形式，完成教师布置的任务。为了使这样的探究活动进行得更加高效，学校会根据成绩将学生分为能力较高的班级和能力普通的班级，并为能力较高的班级编写更适合他们的教材，在教材的设置方面体现出差异性，以更好地激发学生的潜能。学校也会根据不同年级开展不同的活动课程，活动课程有初、中、高级之分，也包含了多种类别，如生存技能课、艺术课等。例如，凤山小学的活动课程在各年级的安排是这样的：一年级有语言与戏剧班，二年级有语言戏剧、基本舞步和球类技巧等，三年级至五年级均有羽毛球、溜滑球、游泳等。

2. 高等教育阶段课程设置具备市场导向。

在高等教育阶段，课程设置的市场导向也十分有利于学生日后的发展就业。工艺教育学院实施"一个工艺教育系统、三个分院"新模式，每个分院都有自己的专业导向，专业招生流程也是建立在对新加坡近期经济发展状况和人力部制订的劳动力需求计划的基础上，准确预测社会劳动力需求量与离校生数量，充分保证毕业生就业。在课程比例上，均由主修、选修和生活技巧三个单元组成，主修单元占80%，生活技巧单元占15%，选修单元占5%。文化理论课占比很少，只有30%，实践课占70%。其中生活技巧单元会重点培养学生的社会能力，如开设职业发展规划、人际沟通技巧、客户服务技巧等，让学生在步入社会之前就具备一定的社会工作能力。

为了让校外活动能够保质保量，新加坡教育部还专门成立了"家长—教师协会""社区及家长支持学校咨询委员会"等教育组织，多管齐下加强家庭、社会、学校之间的协助合作，共同为培养孩子健康的身心付出行动，并且彼此监督，为学生提供知行结合的良好学习环境。

---

① 陈曦. "少教多学"：新加坡教育改革新视角 [J]. 外国中小学教育，2008（7）：39-42.

### 三、强化师资队伍建设

新加坡在各阶段都十分重视教师的师资和自身素质的培养。在师资培养方面，新加坡一方面加强对本土师资的培养，另一方面也积极多源引进人才，强化师资队伍。

#### （一）加强基础师资的本土培养

1. 学前教育阶段分级对幼师培训。

新加坡设有专门的教师培训机构，教师先从事教育工作，然后根据幼儿园教师的实际需求进行专业培训。培训分为初级、中级、专科、本科四个年级。家庭和社会发展部要求每位教师必须接受幼儿教育培训。自2001年以来，政府已提供足够的教育经费，鼓励教师参与培训，并设立各种奖项。首先是创新奖，该奖项于2008年开始实施，主要目的在于鼓励幼儿园开展文化创新，从而提高学前教育机构的整体素质和水平。其次是教育和早期儿童教育工作者协会奖。至2011年12月，共有28所幼儿园、9名幼儿园教师获得了该奖项。[①] 最后是优秀幼儿园教师奖，主要奖励那些为幼儿教学做出重大贡献的教师。新加坡政府出台了一系列对幼儿教师培训和激励的措施，吸引了更多优秀的学前教育教师，此举是提高学前教育质量的基础。

2. 基础教育阶段重视教师选拔与培训。

在基础教育阶段，教育部严格挑选从教人员，提供资金支持教师进行校外培训，吸引优秀教师从教。新加坡的中小学教师都是国家公务员，由教育部统一负责新教师的招录。新教师对国立教育学院在教育政策、理念、方法等方面进行培训，考取教师资格证之后可担任教师职务。大学预科班毕业生在教育学院中学习两年，可担任小学教师，而大学毕业生学习一年，可担任中学教师。[②] 这样根据学历对教师进行分流可以保证教师水平与岗位的有效匹配。担任教师之后，教育部规定每位教师每年要参加100小时左右的培训，每5年可以有一次出国深造的机会，每次两个月，教育部提供

① 姜峰，程晴晴.政府资助计划推动下的新加坡学前教育发展及其启示 [J].外国教育研究，2013（6）：36-43.

② 宋若云.新加坡教育研究 [M].北京：经济科学出版社，2013：35-36.

经费。2011 年还设立了以新加坡开国元勋、教育部前部长吴庆瑞的名字命名的"吴庆瑞教育中心"为教师提供培训。从 2003 年起，中小学教师只要工作满 3 年，就可以利用假期到校外工作，甚至可以申请 1 年的无薪假期到企业工作，丰富社会经验，教育部会为其提供 4 个星期的经费支持。[①]

教育部对教师的招聘、培训、后期的能力提升都给予了政策和资金方面的支持，让师资提升有了更强有力的后台保障。学校为保证教师的质量，也会对教师的专业发展制订详细的规划，会加强教师的基本功培训，吸纳其他行业的优秀者从教。要求新加入的教师参加为期 1 年的"新师指导"活动，在职的学校领导要不断进修，对有潜质的教师进行提拔，并为教师的成长制订详细的规划，教师要先在部门进行集中学习，重视教师的个人反思和进步。设置学习日，在学习日中教师对教学问题进行讨论，进行二次教学设计，并进行观摩学习，最后召开分享会。教师的能力水平会在期中、期末进行评估，学校会根据评估出的等级发放奖励。此措施推动了教师教学能力的发展，对教学质量的提高有很大帮助。

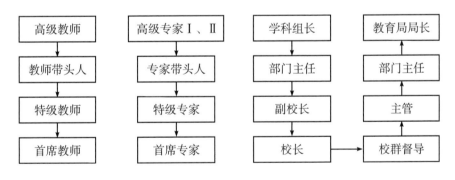

图 9-3 教师、专家、领导发展路线分层 [②]

## （二）加强高等师资的多向引进

在高等教育阶段，例如在上文提到的"教学工厂"模式中南洋理工学院打造了双师教学队伍。双师型教师除了拥有大学以上学历之外，还要有

---

① 陈曦."少教多学"：新加坡教育改革新视角 [J]. 外国中小学教育，2008（7）：39-42.
② 邓涛宁. 新加坡中小学教师培养模式研究 [J]. 文教资料，2020（31）：148-150.

3 年以上企业工作经验。[①] 这样的教师不仅有很强的基础知识理解、实践应用能力，也在企业拥有自己的人脉，可以增强校企合作，为学校研究提供项目支持。教师培训遵循"六超越"原则：超越现有工作经验，超越现今职位，超越现处部门，超越现今状况，超越理工学院，超越国土。南洋理工学院要求教师每两年进行专职项目开发轮换，加强教师能力，使教师能力多元化的同时，项目的不断更新换代让学校与企业的合作有很好的稳定性与延续性。

在教师招聘的标准和条件中，南洋理工学院明确说明学历不是越高越好，而是要求具有本科以上学历，专业对口，3 年以上的企业工作经验，有从事项目开发的能力，具备丰富的实战经验的教师。目前，南洋理工学院 85% 的教师都曾是企业的经理或业务骨干，他们不仅带来了他们的学识、工作经验，还带来了企业的人脉关系、企业的项目。[②] 正是有了这些既有较高的理论水平，又有企业实际工作经验的教师，才保证了"教学工厂"的有效落实。

## 四、国际化办学

从 20 世纪 90 年代开始，新加坡政府将发展国际化教育作为带动经济发展的工具，力图改变新加坡人才资源匮乏的局面。再加上全球化时代的到来，国际教育市场扩大，并且由于高等教育在《服务贸易总协定》框架中被列为可跨境交易的商品，全球跨境高等教育市场出现了井喷式的增长。新加坡抓住这一契机，通过发展多源开放的国家教育产业，用双语教育打开通往国际化的大门，用国家化的课程设置和管理体系，成功打造了具有全球影响力的"国际教育枢纽"。

### （一）以双语教育开启国际之窗

李光耀曾经在接受采访时说，他会把重点放在汉语和英语上，推行英

---

① 朱丽献. 新加坡 NYP "教学工厂" 对我国高校"双师型"教师队伍建设的启示 [J]. 西部素质教育，2018（3）：111.

② 同①.

语是因为你必须和世界接轨。①

以英语作为官方语言，让新加坡更容易与世界接轨，让新加坡人了解到世界先进知识技术的同时，提升其教育质量，推动其教育的国际化。

新加坡为了发展以转口贸易为主的经济，急需培养经济与科技人才。英语是国际贸易的主要用语，也是现代科学和技术资讯传播的主要语言，英语的这些功能符合新加坡谋求科技与经济发展的需要，能够协助新加坡快速发展国际贸易。以英语为共同语的双语教育为新加坡培养了更多掌握国际先进技术的人才，为产业升级和提升国际竞争力提供了强大的智力支持。

## （二）国际化的课程设置与教学管理

1. 国际化的教学管理体系。

国际化办学同时拥有相匹配的教学管理体系。教师有严格的聘用和晋升体系，采用同行评议、合约管理，实行"非升即走、高淘汰率、强流动性"的人事管理制度。在新加坡各高校的二级教学机构中均设有教学质量评价机构，这些机构成员均由来自国际专业领域的专家和国际学术权威组成，审核评估教学研究项目，严格考核教学成果，为学校的教学质量和学术研究提供专业的技术和学术支持。新加坡高等教育拥有全面的、国际化的高等教育质量认证体系，学生的所有课程都需要校外高水平专家评审，如新加坡国立大学的学生，其高等教育的资格认证均得到国际学术机构认可。新加坡高校在人事管理方面采取国际化的教师聘用制度和晋升体系，采用斯坦福大学的学术评价体系对教师进行严格的聘用、考核、晋升和终身职业教育工作，对教师实行严格的聘用管理制度。②

2. 国际化的课程设置。

新加坡高校的课程推行多学科综合性，强调学科之间的交叉性，注重文化和科学的交相呼应，课程设置主要以跨学科的形式进行，打破了原有人文、社会、自然的分类方法，重点培养具有国际视野、国际交流能力、能适应国际性工作的高素质综合应用型人才。例如，南洋理工大学研究课

---

① 黄明.新加坡确立英语为双语教育共同语的因素分析 [J].集美大学学报（教育科学版），2016（4）：61-65.

② 傅钰涵.新加坡高等教育国际化的战略举措及其借鉴意义 [J].教书育人（高教论坛），2021（2）：53-55.

程是建立在模块系统基础上的。这一模块化的课程建设既体现了英国大学课程系统的严谨，又具有美国课程系统的灵活，对国际研究生的学业评价更客观科学，以此保证研究生培养质量的提升。[①]

课程设置具有如下特点：（1）课程组织形式国际化。新加坡高校积极与世界各国名校开展多种课程方面的合作，将国际名校课程引进新加坡高校，在课程组织上积极与世界名校保持一致。（2）国际化的课程结构。新加坡高校课程结构设置强调国际性的思维和理念，注重人的终身发展和全面发展，充分将国际性理念和思维融入课程内容、教学内容、课程实施、课程评价体系等核心环节。（3）课程设置灵活多样。新加坡各高校在完成本国要求的必修课程的同时，根据国际社会的需要，结合高校自身特点，合理调整学科和专业课程设置。（4）高校广泛应用最新的信息技术与世界名校建立课程合作。充分利用互联网、多媒体、电子媒体服务通道、数字化校园联合系统、图书馆联合系统等高新技术开设远程教育课程，如迪肯大学、伦敦大学、莫纳什大学等世界名校，以保证教学效率和教学质量，实现多种课程的共享。[②]

## 第二节　新加坡教育的问题与挑战

新加坡的教育为其政治、经济和文化领域输送了大批人才，极大地助力新加坡腾飞，成为世界发达经济体。新加坡的教育有着不可否认的特色和优势。然而，新加坡的教育发展仍存在一些充满考验又亟待解决的问题和挑战。

### 一、人口老龄化对教育发展提出新的诉求

对于新加坡来说，人口老龄化日益成为一个严重的社会问题。然而，

① 买琳燕. 新加坡高职教育国际化发展：历程、举措与特征 [J]. 现代教育管理，2018（10）：94-99.

② 傅钰涵. 新加坡高等教育国际化的战略举措及其借鉴意义 [J]. 教书育人（高教论坛），2021（2）：53-55.

人口老龄化是一个短期内不可逆转和无法改变的趋势，将深刻影响着社会的各个领域。而作为连接个人和社会之间的教育，则不可避免地面临着由人口老龄化带来的问题和挑战。人口老龄化对新加坡的教育而言又意味着什么呢？

首先是对高质量以及创新型继续教育提出更高的要求。在人们的职业生涯中，工作年限将会延长并且可能会拥有好几份工作。在职培训将不足以应对工作岗位持续变化的需求。因此，未来新加坡的职业技术院校和高等院校可探索面向中老年人的成人入学考试，为中老年人提供升学机会，满足中老年人学习技能、积累知识、发展自我需求和期待；教育机构也需因时而变、顺势而为，为中老年人提供灵活多样、实用便捷、优质实惠的培训课程和内容，扩大中老年人增强自身再就业能力或发展个人志趣特长的渠道和途径，进一步释放中老年人的劳动价值。

其次是注重与养老服务相关的专业建设和人才培养。随着世界及新加坡本地老龄人口的增加，"银发经济"也逐渐迸发出巨大的发展潜能和态势。老年人在日常生活中面临出行、医疗、社交、心理、数字鸿沟等方面的困难和障碍。联合国人权事务高级专员办事处主题宣传部门的负责人佩吉·希克斯认为，使用辅助技术和护理机器人等技术可以提高老年人独立自主生活的能力，并保障老年人的人权。[①]当今高科技赋能智慧养老进一步增强的趋势下，催生了一大批研发和推广 AI 机器人陪伴、智慧护理和远程医疗等相关人才的需求。这就要求教育领域，尤其是高等教育和职业教育，要关注和重视养老服务相关产业的专业建设和人才培养，加快推进相关技术创新和规范建立。因此，新加坡未来的职业教育与高等教育体系也可对专业建设和人才培养做出相应的调整，加快养老人才培训基地和养老人才队伍建设，培养一批能力突出、品质优良的养老院院长、养老护理员和养老社区工作者，推进医疗、管理和人工智能等专业的人才培养部分往"适老化"方向发展。

---

① 王婧嬅.世界人口老龄化：暗藏隐忧还是蕴藏机遇？[EB/OL].（2021-04-18）[2021-10-01]. http://news.chinaxiaokang.com/shehuipindao/shehui/20210418/1155475.html.

## 二、吸引外籍高端人才的磁性相对减弱

新加坡早在独立后不久就奉行"人才立国"的政治思想，一直坚持选拔和任用精英人才，而且不局限于本地。作为一个高度国际化的发达经济体，新加坡具有较大的开放性，与世界上许多国家有着紧密的经济合作，依赖国外市场和外来劳动力。随着吸引外籍研究型人才的磁性相对减弱，未来新加坡教育也需发挥其独特作用以平衡人才供需。

首先需重视为引进高素质劳动力的发展提供支持，其次需注重对本土人才的培养和善用。新加坡的整个教育体系应当构建起全面、可持续、高质量的人才培养方案，以提升本地人才的能力和素养，增强其在全球劳动力就业市场中的竞争力。学前教育阶段需更加重视对儿童智力的开发，充分发挥每个儿童的潜力；基础教育阶段既要继续发挥新加坡双语教育的人才培养优势，也要注重对学生的素质教育与价值引导；职业教育要不断增强学生的实践应用能力及自我学习发展能力；高等教育则需注重对中高端技术专业人才的培养，同时重视对人才科学研发和创新能力的发掘。

## 三、科技创新政策对人才培养提出了更高的要求

随着全球化的深入发展，科技创新成了各国综合国力的关键因素和重要表现，是一个国家国防军事力量增强和经济高质量增长的助燃剂和推动力。科技已成为 21 世纪人类社会发展的重要动力来源。科技革命深刻地影响和改变着人们的生活方式与全球发展局势。作为全球化中的一员，新加坡近几年的迅速发展与其科技进步和创新息息相关。近年来，新加坡政府推出了一系列科技发展政策，增大政府和私营部门的科研投入，支持和鼓励科技研发与应用。据联合国数据库显示，新加坡的出口结构不断优化，其出口产品由以初级商品、自然资源和低技术产品为主转向以高科技产品为主。科技进步对新加坡经济增长的贡献率显著提高，已成为新加坡经济增长的关键动力。

科学技术已成为世界各国发展的焦点，而新加坡政府近年来逐渐加强科技在国家战略中的重要地位，出台颁布了一系列的政策措施。这为国家的总体发展指明了方向，但也对教育发展提出了更高的标准和要求。

首先需要加大科研资金投入，建设科技创新平台。新加坡政府长期以

来重视国际交流与合作对国家科技创新的重要作用与价值，为跨国公司的科技研究与发展提供资金，支持跨国公司在与科研机构和企业合作的过程中推动技术研发创新，促进技术创新效能外溢。<sup>①</sup>此外，早在 2002 年，新加坡政府便推出了"环球校园"计划，支持"世界一流大学"在新加坡本地办学，吸引全球各地人才到新加坡留学，试图打造具有国际影响力的新加坡高等教育品牌。<sup>②</sup>这为新加坡科技创新的发展聚集了人才、资金、设备和资源等各种条件，极大地助推新加坡高技术科研的发展及人才的培养。企业作为市场经济的重要主体，对科技创新也发挥了不小的作用。新加坡政府重视企业在科技创新中的重要作用与价值，对其实行相关的税收优惠政策，推行概念资助验证计划，鼓励其与大学、科研机构联盟合作。<sup>③</sup>资金是科学研究发展重要的物质基础和保障。政府加大研发经费投入对科技创新能力、水平的提升具有重大的意义。新加坡政府在应对其考验和挑战时，可主动搭建科研创新相关的高校科研平台，积极整合人力、资金、设备和信息等方面的条件与资源，实现各方资源利用效益最大化，为高等院校中科技人才的成长提供舞台。

其次需要进一步完善创新创业教育，加强校企合作、产教融合。创新是实现突破发展的重要因素，而创业则是将想法落地转化为现实成果的重要途径。在科技创新日益重要且科技政策随之而来的背景下，鼓励高校学生通过创新创业实现个人的全面综合发展显得尤为重要。这有利于激活人才的多方面潜力，以及锻炼其将科研成果转化为商业项目从而创造经济价值的能力。而想要推进教育领域科研创新能力和水平的进一步发展，不是单靠学校就能实现的，还需多方力量联动配合。企业作为社会创新力量中的重要角色，掌握着市场动态前沿，与高校形成互补，有利于实现科研创新成果的最大化。新加坡教育需进一步推进职业院校、高等院校与企业的合作发展，释放产教融合优势和潜能，为培养高素质高质量科研人才、加强领军人才和创新团队的培养提供更多的机遇。

---

① 李鸿阶，张元钊 . 韩国与新加坡科技创新政策及其成效的启示 [J]. 亚太经济，2016（5）：64-69.

② 李一，曲铁华 . 新加坡"环球校园"计划政策透析 [J]. 中国高等教育，2018（5）：61-63.

③ 同①.

## 第三节　新加坡教育的未来发展趋势

新加坡教育想要实现进一步发展，既需发扬其已有的特色和优势，也要克服所面对的问题和挑战。未来新加坡的教育将可能会朝着缩小社会各阶层之间的教育差异、促使教育现代化稳步发展、推进跨学科研究与教育的发展，以及深化终身学习的理念与实践等方向发展，同时加大对本土人才的培养。

### 一、缩小社会各阶层之间的教育差异

教育是新加坡独立 50 多年实现飞跃发展的重要支柱，也是人才培养的关键平台。20 世纪 70 年代末至 80 年代初，为了培养大批的工人以适应新加坡工业经济的崛起和集中资源培养高层次人才，新加坡政府建立了"分流"教育制度，为新加坡迅速、高效地培养了一大批各行各业的人才。然而，随着新加坡社会形势发生转变，新加坡原先的教育制度也需要因时而变。

首先是改革和优化"分流"体制，优化学生升学和考试制度安排。2019 年，新加坡政府宣布对中等教育分流制度进行改革。这是新加坡政府化解教育分流制度带来的社会问题的重要举措，内容主要包括推动学制并轨、全面施行科目编班和改革考试制度。

其次是提供丰富的技能培训课程和课后活动服务，助力学生全面发展和不断进步。随着经济社会的发展及教育理念的更新，新加坡政府在教育方面将更加注重素质教育和"全人教育"。而学校教育的课程设置及课后辅导则是落实素质教育和"全人教育"的两大阵地，也是推动新加坡教育公平往更深层次发展的重要改革方向。因此，未来新加坡政府可更加主动地提供资金和出台方案为学生提供更高水平和更加丰富的技能培训课程以及课后活动服务，例如开设覆盖面更加广泛及教学质量更有保障的游泳、绘画、舞蹈等兴趣课程，同时组织博物馆参观研学、植物园或动物园探究性学习、社会志愿活动实践以及国外访学交流等课后活动。这有利于学生在学校就能够较大程度地获得优质的教育，弱化家庭背景差异所塑造的不同环境条件而造成的教育差异，有利于让学生形成正确的价值观和树立成长

的自信心，掌握 21 世纪生存和发展所需的品质和技能，最大限度地发挥个人的优势和潜力，成为能够对新加坡社会发展进步有所贡献的"全人"。[①]

## 二、促进教育现代化稳步发展

首先是教学方式现代化。教学方式是解决实际问题的最小功能单位，可以针对性地解决具体问题。教学方式随着信息化时代的不断发展也在不断变革，可能会出现授课形式的转变，且教学不再具有明确时空界限等趋势。一是授课形式更多采用混合模式。由原先的大型团体授课变为线上学习和小型面对面课程混合模式。二是"授课"不再具有明确的时空界限。"去教室"将不再是花时间在一个定义明确的、受限制的物理位置。课堂已经变成虚拟的、无边界的，并且可能在一天中的任何时间都存在。学生们可以在上课时间和课外时间通过多种网络和应用程序进行合作与交流。他们可以通过在线工具和社交媒体与坐在图书馆旁边的同事合作，或者与世界其他地方的朋友和同事合作，地理和组织上界限的影响变得越来越小。学生的互动将越来越多地从一对一（如辅导），或一对多（如讲座）转向多对多互动（如社交网络）。

其次是学习环境现代化。学习方法和环境的现代化将让大学与社会更好融合，推动科技创新进一步发展。这些变化在新加坡国立大学、南洋理工大学和新加坡管理大学已经很明显。新加坡国立大学建造了 UTown，以创造一个支持性的友好环境，通过社会、教育和文化互动培养"有活力的"社区。南洋理工大学建造了"蜂巢"作为学习中心，使学习超越课堂，而"SMU Connexion"是一座为协作和经验学习而设计的建筑，已于 2020 年1 月完工。新加坡国立大学正在新加坡北部建设一个新校区，以创建一个学习—产业—社区中心，数码区预计将于 2023 年完工，并被设想为一个"生活实验室"，学生和行业可以在这里测试和实施创新。

最后是自主化学习愈加凸显。与自主学习相关带状课堂在新加坡越来越多领域得到使用，学生在课堂外学习概念框架，从而在课堂上腾出时间，通过解决问题、辩论等来应用这些概念。这个概念对于使用案例研究法教

---

① 杨柱森. 从新加坡基础教育"少教多学"看"全人教育"[J]. 教师博览：下旬刊，2017（1）：2.

学的教育工作者来说，可能并不具有革命性，但这是一种由哈佛大学推广的教学方法，与其他教学方法类似，课堂的重点从听讲转移到概念和理论的应用。这种有条件的课堂变化无疑与现在通过富媒体、社交网络和视频会议平台随时提供的学习可能性相一致。而且在学习进程中，要求学生更多地去自主学习。

### 三、推进跨学科研究和教育的发展

首先是跨学科研究倾向。创新是引领发展的动力，推动跨学科研究是新加坡提升大学科研创新力和获取竞争优势的客观要求和必然趋势。在政府引导下，在已有技术的基础上，结合新需求，新加坡大力推进跨学科研究，进一步提升其研究实力。一是技术发展为跨学科研究提供基础。技术为跨学科的教育和对紧迫的社会问题的研究创造更多潜力。二是政府牵头引导学科融合。在跨学科研发方面，政府和社会提供了研发需求和方向，政府为跨学科研究提供了经费和设施。三是社会进步为跨学科研究提出新需求。越来越多的新问题跨越学科界限，需要整合来自不同领域的知识、技能和洞察力，并无视既定的模板。因此，需要拓宽学生的智力基础，培养学生综合不同领域知识的能力，因为他们是未来问题的解决者。做到这一点的关键是在课程中拓宽课程并增加跨学科性，无论选择的学科或专业如何。[①]

其次是跨学科人才培养。由于知识具有嵌入性、异质性和内隐性，知识整合发生在各个领域的研究中。[②] 而跨学科人才是跨学科研究的重要因素。为推进跨学科人才的培养，新加坡建立了跨学科课程体系，组建了跨学科研究团队，进一步深化跨学科研究的发展。一是建立跨学科课程体系。许多大学已经对跨学科的需求做出了回应。由于没有传统的院系，新加坡科技设计大学的课程是围绕着四个最初的支柱来组织的，并有一定的界限。

---

① LAI S H S.The experience of contact tracing in Singapore in the control of COVID-19：highlighting the use of digital technology[J].InternationalOrthopaedics .https：// doi.org/10.1007/ s 00264-020-04646-2.

② 张雪燕 . 跨学科研究团队社会资本对知识整合的影响机制研究 [D]. 哈尔滨：哈尔滨工业大学，2021.

建筑和可持续设计是四大支柱之一，其次是工程产品开发、工程系统和设计以及信息系统和技术设计。新加坡科技设计大学园区的设计也通过将不同的支柱组合在一起实现了这种无缝整合。例如，在他们的自动驾驶汽车项目中，会发现五个支柱的代表都坐在一起，为项目工作。最近，新加坡管理大学推出了结合不同学科的学士课程。这些课程包括"智能城市管理和技术理学士""计算机和法律理学士"等。其他新推出的跨学科专业包括"卫生经济与管理""政治、法律和经济"。二是组建跨学科研究团队。跨学科研究团队不仅为跨学科研究提供人才支撑，也是培养跨学科人才的重要"基地"。由拥有多学科研究经验的资深教授带领的跨学科融合团队可以带领更多年轻人进入跨学科研究领域，研究团队可融合各个领域的人才，如自然科学、社会科学和工程技术等。

### 四、深化终身学习的理念与实践

为了应对新加坡当前经济形势，新加坡未来经济委员会提出"产业转型蓝图 2025"（ITM2025），要求在接下来的五年内为 23 个领域制定增长策略，更专注于就业与技能的策略，为未来五年的发展规划一条新道路。[①] 产业转型的发展需要一大批素质和能力与之相匹配的人才来推动和支撑。这无疑对新加坡劳动力水平提出了更高的要求。一方面是产业转型升级带来的劳动力高质量高水平要求，另一方面是新加坡人口老龄化的趋势愈发突出，这就要求新加坡未来教育的发展要朝着充分发掘个人潜力、倡导和推行终身学习的方向发展。

首先是转变教育理念，完善终身教育体系。新加坡政府长期重视公民的终身学习和终身成长。1997 年，新加坡教育部颁布有关终身学习的重要文件——"思考型学校，学习型国家"。该文件强调，终身学习的核心任务是培养批判性和创造性思维，在教育中运用信息产业、公民教育及卓越的管理能力。[②] 这是新加坡教育转变育人理念，更新发展思路的重要一步。除

---

① 中新互联互通项目库.新加坡制定产业转型蓝图 2025[EB/OL].（2021-05-07）[2021-10-01]. https：//mp.weixin.qq.com/s/SgYYjIR4y90cv7C7Jhh84g.

② 陈雪芬，郭腾飞，甘立.新加坡终身学习发展历程及动向分析 [J].职业技术教育，2020（12）：76-80.

此之外，新加坡未来还需大力发展职业培训和继续教育以完善终身教育体系。2015 年，新加坡政府开始推行"技能创前程计划"，其核心目标有四点：一是助力个人教育、培训及职业选择；二是发展顺应产业需求的高质量综合教育体系；三是规划职业架构；四是培育教育终身学习文化。该计划为处于不同起点的新加坡人提供机会，帮助他们实现自己的愿望、充分发挥自身的潜能，内容主要包括技能创前程补助计划、技能创前程职业中期加强津贴、技能创前程进修奖、技能创前程领袖培育计划、技能创前程导师计划等。[①] 这些都体现了新加坡政府对个人终身学习愈发重视的态度和趋势。

其次是进一步推进终身学习自主化和现代化。面对社会快速发展对个人技能提升的要求、人口老龄化趋势及"全人教育"理念兴起，新加坡未来教育会越来越强调个人知识和技能的终身学习与不断发展，并在原有的职业培训和继续教育的基础上进一步完善和呈现出新的特征。一是通过突出个性化终身学习和营造良好的终身学习氛围以推进终身学习自主化。由于每个人的知识结构、学习能力和就业处境各不相同，为了促进个人成功就业及可持续发展，新加坡未来的终身学习体系可从个人的实际情况出发，推行针对性的、满足个性化需求的终身学习项目。除此之外，新加坡未来仍需注重培养学生的独立思考能力，设立终身学习奖学金和打造相关交流平台，加强宣传自主学习的成长理念和营造终身教育的社会氛围。二是提升终身学习的内容和设备的适老化及科技化以推进终身学习的现代化。终身学习是面向人一生的教育，但新加坡人口老龄化问题要求终身学习也要考虑到学习群体的特征。因此，未来新加坡的终身学习体系也将在流程、内容及方式等层面越来越充分地考虑老龄人口的群体特征，推出适合老龄人口参与、满足老龄人口实现再就业或自我提升需求的终身学习计划。此外，由于世界科技革命浪潮的到来和新加坡产业转型，今后新加坡的终身教育会越来越侧重于为受教育者提供科技创新技能学习方面的内容，让越来越多的受教育者拥有科技创新理念及能力，以顺应科技创新方面的发展导向。而在终身学习的条件设备方面，也将逐步重视互联网和人工智能等在其中发挥的独特作用，促使终身学习环境实现智能化。

---

① 李建兰 . 新加坡技能创前程计划下终身学习政策分析 [J]. 中国成人教育，2021（9）：51-55.

## 五、加大对本土人才的培养

随着产业转型升级且结构不断优化，新加坡的发展越来越离不开各类人才尤其是中高端人才。而优质劳动力供给的数量和质量可能尚不足以支撑当地产业转型发展和经济结构调整的趋势。教育是协调个人发展与社会发展之间的重要桥梁。面对人才供给与经济发展之间的矛盾，新加坡教育未来发展需承担起解决这一问题的重大责任。未来新加坡教育要加强对本土人才的发掘和培养，使学生能够接触到更加优质的教育资源，从而提升个人能力和素养，成为当地经济社会发展所需要的人才，并推出更完善的职后培训和继续教育以进一步发掘本土人才潜力。

# 参考文献

[1] 藤布尔.新加坡史 [M].欧阳敏,译.上海:东方出版中心,2016.

[2] 凌翔.李光耀传 [M].北京:中国友谊出版公司,2014.

[3] 施春风.在全球化世界中的城市与大学的互动发展:小岛国家的视角 [J].黄超英,译.复旦教育论坛,2005(6):13-15.

[4] 柯立群,徐庆,张锦.地理位置成就新加坡石化工业 [J].中国石化,2013(4):83-84.

[5] 李志东.新加坡国家认同研究(1965—2000)[M].北京:中国人民大学出版社,2014.

[6] 李大光,刘力南,曹青阳.今日新加坡教育 [M].广州:广东教育出版社,1996.

[7] 汪鲸.新加坡华人族群的生活世界与认同体系(1819—1912)[D].广州:暨南大学,2011.

[8] 苏瑞福.新加坡人口研究 [M].薛学了,王艳,黄兴华,等译.厦门:厦门大学出版社,2009.

[9] 李光耀.风雨独立路:李光耀回忆录 [M].北京:外文出版社,1998.

[10] 陈桂生.常用教育概念辨析 [M].上海:华东师范大学出版社,2009.

[11] 卢艳兰.新加坡高等院校人文素质教育研究 [M].北京:人民出版社,2012.

[12] 武建鑫.全球顶尖年轻大学的学科布局及其战略选择:兼论后发型国家建设世界一流学科的制度空间 [J].中国高教研究,2017(5):68-75.

[13] 薛珊,刘志民."后发型"世界一流大学建设的路径及启示:以新加坡两所大学为例 [J].高校教育管理,2019(4):27-38.

[14] 刘玲.浅谈欧美发达国家的教育行政管理制度及其对我国的借鉴作用 [J].才智,2009(17):241-242.

[15] 乔桂娟，杨丽．新加坡高等教育发展趋势、经验与问题：基于近三十年研究主题变化的探测 [J].黑龙江高教研究，2018（10）：96-99.

[16] 新加坡国家档案馆．李光耀执政方略 [M].北京：人民出版社，2015.

[17] 周进．新加坡双语教育政策发展研究 [D].保定：河北大学，2014.

[18] 夏惠贤．教育公平视野下的新加坡教育分流制度研究 [J].上海师范大学学报（哲学社会科学版），2018（5）：98-107.

[19] 刘虹豆．从族群关系视角看新加坡教育分流政策 [J].高教学刊，2015（20）：10-11.

[20] 黄人颂．学前教育学 [M].3 版．北京：人民教育出版社，2015.

[21] 普琳焱．《培育幼儿：新加坡学前课程》研究 [D].重庆：西南大学，2015.

[22] 中国驻新加坡大使馆教育处．新加坡学前教育现状及发展趋势 [J].基础教育参考，2016（21）：67-70，74.

[23] 黄甫全．现代课程与教学论 [M].3 版．北京：人民教育出版社，2014.

[24] 杨明全．课程概论 [M].北京：北京师范大学出版社，2010.

[25] 曾明鸣．提升质量：近十年来新加坡学前教育改革研究 [D].昆明：云南师范大学，2011.

[26] 姜峰，程晴晴．政府资助计划推动下的新加坡学前教育发展及其启示 [J].外国教育研究，2013（6）：36-43.

[27] 车丹．基础教育定义综述 [J].现代教育科学，2011（5）：5-6.

[28] 吴志勤．新加坡基础教育的特色及其对我国的启示 [J].教学与管理，2014（14）：58-60.

[29] 钟启泉．课程论 [M].北京：教育科学出版社，2007.

[30] 顾明远．教育大辞典 [M].增订合编本．上海：上海教育出版社，1998.

[31] 洪玲玲．新加坡教育分流理念下基础教育课程设置及其启示 [D].沈阳：沈阳师范大学，2018.

[32] 黄甫全，王本陆．现代教学论学程 [M].2 版（修订版）．北京：教

育科学出版社，2003.

[33] 丁瑞常，徐如霖.统一下的多样：新加坡中等教育分流制度改革评析 [J].世界教育信息，2021（7）：66-72.

[34] 余振.新加坡中小学教育督导评估 [J].教育，2017（40）：80.

[35] 路一凡.新加坡：换一种思路考核督导 [J].甘肃教育，2019（5）：128.

[36] 周健.走向核心素养的新加坡教育：新加坡学校和课堂观察 [M].福州：福建教育出版社，2020.

[37] 张治贵.开放且系统的新加坡教育管理体系 [J].科学咨询（教育科研），2014（12）：7-9.

[38] 董立彬.浅谈新加坡卓越学校模式的特点及启示 [J].教育实践与研究，2006（11）：16-18.

[39] 胡雪，郝春东.新加坡卓越学校模式及对我国教育督导的启示 [J].侨园，2019（10）：161.

[40] 杨燕楠.中国和新加坡中小学教师聘任制度比较研究 [D].南宁：广西民族大学，2017.

[41] 袁霞.新加坡中小学教师聘任研究 [D].长沙：湖南师范大学，2012.

[42] 赖新元.新加坡中小学教育特色与借鉴[M].北京：中国戏剧出版社，2009.

[43] 驻新加坡使馆教育处.新加坡"不一样"的教师绩效管理 [J].人民教育，2015（8）：69-70.

[44] 博克.回归大学之道：对美国大学本科教育的反思与展望 [M].2版.侯定凯，梁爽，陈琼琼，译.上海：华东师范大学出版社，2012.

[45] 罗宾逊.让思维自由 [M].闾佳，译.杭州：浙江人民出版社，2018.

[46] 孙元政.考察新加坡高职教育的几点启示 [J].辽宁高职学报，2004（3）：1-3.

[47] 杨明全，时花玲，王艳玲.我国教育硕士专业学位教育课程设置的调查研究 [J].全球教育展望，2010（7）：57-61.

[48] 张国民．新加坡职业院校课程教学的特点分析及其启示 [J]. 高等职业教育（天津职业大学学报），2018（4）：35-39.

[49] 周清明．中国高校学分制研究：弹性学分制的理论与实践 [M]. 北京：人民出版社，2008.

[50] 任常愚，丁红伟，尹向宝，等．基于 CDIO 的应用物理学专业人才培养模式的探索与实践 [J]. 高师理科学刊，2013（2）：94-97.

[51] 陈文杰，任立军，张林，等．新加坡理工学院基于 CDIO 模式的项目教学改革 [J]. 职业技术教育，2009（35）：91-93.

[52] 伍琼．浅谈新加坡的通识教育：以新加坡义安理工学院为例 [J]. 科技展望，2014（22）：82.

[53] 李文璟．新加坡义安理工学院职业教育的特色及启示 [J]. 郧阳师范高等专科学校学报，2016（4）：139-141.

[54] 覃敬新．南洋理工学院的"教学工厂"理念 [J]. 机械职业教育，2010（1）：59-60，63.

[55] 张扬．国际比较视角下高职学生核心素养的培养路径探究 [J]. 中国高校科技，2017（S1）：39-41.

[56] 陈荣生．新加坡高等职业教育发展模式及对福建省的启示 [J]. 东南学术，2016（5）：240-245.

[57] 董立彬．新加坡经济转型期的教育对策及其启示 [J]. 河北学刊，2008（2）：222-223.

[58] 马早明．亚洲"四小龙"职业技术教育研究 [M]. 福州：福建教育出版社，1998.

[59] 田慧生．时代呼唤教育智慧及智慧型教师 [J]. 教育研究，2005（2）：50-57.

[60] 梅特林克．智慧的力量 [M]. 吴群芳，王宇飞，译．北京：中国档案出版社，2001.

[61] 联合国教科文组织国际教育发展委员会．学会生存：教育世界的今天和明天 [M]. 华东师范大学比较教育研究所，译．北京：职工教育出版社，1989.

[62] 胡塞尔．逻辑研究：第 2 卷 [M]. 倪梁康，译．上海：上海译文出版

社，1998.

[63] 段晓明.学校变革视域下的新加坡教师教育图景 [J].比较教育研究，2013（6）：61-65.

[64] 孔令帅，丁笑炯，吕杰昕.当前教师教育改革的国际经验与启示 [J].外国教育研究，2013（9）：3-10.

[65] 谌启标.新加坡教师专业主义传统与变迁 [J].基础教育参考，2004（6）：25-27.

[66] 贾万刚.新加坡教师教育专业化发展的特点及其启示 [J].世界教育信息，2005（6）：22-24.

[67] 王建梁，卢宇峥.新加坡教育现代化：背景、进程及经验 [J].比较教育学报，2020（4）：29-43.

[68] 曹惠容.新加坡教育投资政策研究 [M].北京：中国社会科学出版社，2012.

[69] 刘薇，施雨丹.深度　长度　广度：新加坡国家认同教育特色探析 [J].中小学德育，2020（11）：9-13，34.

[70] 赵香柳.新加坡工艺教育学院：企业的亲密伙伴 [J].教育与职业，2010（10）：92-93.

[71] 刘超群.新加坡"未来技能计划"的启示 [J].职业技术教育，2016（27）：64-67.

[72] 简祖平.向新加坡"教学工厂"学什么：从教学工厂的概念谈起 [J].中国职业技术教育，2010（19）：34-36.

[73] 陈曦."少教多学"：新加坡教育改革新视角 [J].外国中小学教育，2008（7）：39-42.

[74] 宋若云.新加坡教育研究 [M].北京：经济科学出版社，2013.

[75] 邓涛宁.新加坡中小学教师培养模式研究 [J].文教资料，2020（31）：148-150.

[76] 朱丽献.新加坡 NYP"教学工厂"对我国高校"双师型"教师队伍建设的启示 [J].西部素质教育，2018（3）：111.

[77] 黄明.新加坡确立英语为双语教育共同语的因素分析 [J].集美大学学报（教育科学版），2016（4）：61-65.

[78] 傅钰涵. 新加坡高等教育国际化的战略举措及其借鉴意义 [J]. 教书育人（高教论坛），2021（2）：53-55.

[79] 买琳燕. 新加坡高职教育国际化发展：历程、举措与特征 [J]. 现代教育管理，2018（10）：94-99.